教子新三十六计

郑光春◎编著

U0838355

中原出版传媒集团
大地传媒

大象出版社
·郑州·

图书在版编目(CIP)数据

教子新三十六计 / 郑光春编著.— 郑州 ：大象出版社，2014. 11
ISBN 978-7-5347-8198-8

Ⅰ. ①教… Ⅱ. ①郑… Ⅲ. ①家庭教育 Ⅳ. ①G78

中国版本图书馆 CIP 数据核字(2014)第 249378 号

教子新三十六计
郑光春 编著

出 版 人 王刘纯
责任编辑 邵培松
责任校对 毛 路
书籍设计 文 悦

出　　版 大象出版社(郑州市开元路 16 号 邮政编码 450044)
网　　址 www.daxiang.cn
发　　行 全国新华书店
印　　刷 河南省诚和印制有限公司
开　　本 787mm×1092mm 1/16
印　　张 17.25
字　　数 299 千字
版　　次 2014 年 11 月第 1 版 2014 年 11 月第 1 次印刷
定　　价 30.00 元
若发现印、装质量问题，影响阅读，请与承印厂联系调换。
印厂地址 郑州市中原区小岗刘村(秦岭路与 028 公路交叉口)
邮政编码 450007 电话 0371-68613303

序　言

我们每个成年人都是从孩提时期成长起来的。做孩子时，我们曾经遇到过种种困难，曾经犯过各种小小的错误，曾经陷入过迷茫之中。那时，我们的父母是如何帮助我们走出困境、纠正错误的，相信我们都多少会有些记忆。现在，我们身为新时代的人父人母，当我们的孩子遇到困难、犯下错误、陷入迷茫之际，我们又该如何帮助、如何引导、如何参与？这是摆在我们面前的新课题。

一些父母抱怨自己的孩子逆反、排斥、娇气和霸道，有些父母面对孩子所表现出来的种种现象，要么求全责备，要么纵容庇护，要么放弃管教。这些消极的处置方式所得结果，只能是加速“问题孩子”更加问题化。当然，大多数父母都希望能在孩子有“问题”时，给予妥善解决，并且希望“问题孩子”能转变成自己所期望的“好孩子”，可现实又让这些父母因找不到适合的方式来处理而深感苦恼！

正是带着帮助处于困惑中的父母解决问题的目的，我撰写了这本《教子新三十六计》。本书从父母平时遇到的关于孩子的常见问题、敏感问题以及教育孩子的误区等选取了大量的实例进行深入的阐述。在这些实例中，有成功的范例，也有经验式的提示，完全可以为正处于困惑中的父母提供借鉴、指导。

《教子新三十六计》里的实例，适合拥有各年龄段孩子的父母阅读，幼儿时期孩子的教育问题、小学阶段孩子的教育问题、中学阶段孩子的教育问题、大学阶段孩子的教育问题，无论你的孩子属于哪个年龄段，都可以在这里找到自己想要的解决问题的最佳方式。比如，《远交近攻计：我让儿子学会了新礼仪》说的就是当今孩子如何效仿成人交际方式的问题，当文中的父亲发现儿子在交际中用金钱的多少来衡量“人情”的亲疏时，他从自我的改变做起，把往常的“送物质”变成了“送精神”，让儿子在他的一系列“新的礼仪方式”中目睹、感受到人际交往不应该是“物交”而需要“心交”。又比如，《容过计：我花重金给犯错的儿子买教训》，讲述了另一位父亲在发现儿子犯了“私自贱卖祖传文物”的错误后，领着儿子“跟踪追击”一个又一个倒卖文物的贩子，最后不惜花费重金赎回祖传文物，这位父亲的良苦用心是让儿子学会做一个遵纪守法的人。诸如此类的成功家教，在《教子新三十六计》一书中随处可阅。

《教子新三十六计》就像一个病症治疗中心，有各种“毛病”的孩子来到这里，父母就是他们的“心理医生”，为他们把脉，为他们开处方，为他们熬汤送药。医治的结果，自然是把一个身心健康的孩子送回学校、交给社会。

现在的孩子大都是父母生活的中心和重心，与父母的关系也最为密切，好的父母不只是要为孩子提供良好的物质环境，还要帮助孩子在人生旅途中能够自我完善和成长，形成独立的人格、良好的习惯和坚强乐观的态度。《教子新三十六计》这本书，兼具了事例的典型性和教育理念的新颖性，是现代父母寻求帮助的良师益友。

2013 年 7 月 12 日

目　录

上　部

下　部
教子补漏　父母是孩子的“修复匠”

上　部

教子謀略　父母是孩子的“救心丸”

第一计

借女说男计：把儿子当女儿养

在一般家庭里，对于男孩，往往会采取传统的教育理念，家长会鼓励男孩子去学习和培养刚强、果断、富于理性思维这样一些传统男性所应该拥有的男性品质；而对于女孩，家长们则教授那些比较柔弱和富有爱心的活动。

在传统教育过程中，家长们对男女两性采取的泾渭分明的教育策略可能有些时候是有失偏颇的，因此，有许多学者提倡“双性化教育”。持“双性化教育”者认为，家长应该转变传统的家庭教育观念，适当采取一些促进儿童双性化的措施，培养比传统男性化或女性化更加优质的儿童，从日常活动中影响孩子，注意培养孩子吸取男性或女性的优良品格，诸如注意培养男孩子温柔、体贴、善解人意的一面，培养女孩子勇敢、果断、坚强的一面。

案例说法

口述：廖玉花，女，31 岁，某文化单位公务员

（一）

我们家是书香门第。按遗传学的说法，生长在这样一个书香气十足的大家庭中，儿子应该也是个很文气的男孩子。可出人意料的是，儿子小虎并没有继承家庭的优良传统，反而行事鲁莽粗放、顽皮霸道，活脱脱一个愣小子。

一天下午，读幼儿园的儿子与另一个小朋友课间在操场上踢足球，就在他俩踢

得正起劲时，一个长得胖乎乎的小男孩儿从旁边闪了过来，不经同意就抬腿抢接了朝儿子飞过来的球，还把球踢飞到一边。

这下可惹火了儿子，他跑到胖男孩儿的面前，冲他厉声号叫起来：“谁让你乱踢我的球？”胖男孩儿根本不把他放在眼里，两手叉腰，强词夺理地说：“球又不是你家的，我想踢就踢！”儿子见他不买自己的账，便大骂了一句：“你个死猪胖子！我让你嘴硬。”说完，不等胖男孩儿反应过来，儿子伸出小拳头，对着他的脑门就是一拳。同学叫来了班主任老师，这才制止了两个脸上、身上已挂花的小男孩儿。

班主任当即把两个好斗的男孩儿带到办公室，狠狠地训了一顿，末了，她又分别给两个男孩儿的父母打电话，通报了此事。我闻讯赶到幼儿园，看到儿子这副狼狈相，真是啼笑皆非！

“打架事件”后，一个周末的晚上，我带儿子去参加大学同学的聚会。在宴席上，儿子对前来聚会的叔叔阿姨不喊不叫，一副愣头愣脑的样子。而对面另一位男同学的女儿却很乖巧很懂礼貌，用甜甜的声音跟在座的每一位长辈问好，然后文文静静地端坐着，那可爱的神态令在场的同学们很是喜欢。

宴席开始了，只见儿子不管不顾地伸手去拿菜盘子上的卤鸡爪，狼吞虎咽地大嚼大啃起来。吃完卤鸡爪，他习惯性地把油淋淋的手往身上一抹。对比之下，对面的女孩儿不仅吃得斯文，还不时地给身边的爸爸和阿姨递餐巾纸，那细腻的举止让我羡慕不已！我想，要是我的儿子也能像这个女孩儿一样文气就好了。

这晚回到家里，我躺在床上难以入眠，面对儿子的“野性”十足，我心想，尽管自己曾经反复对儿子进行了“正统教育”，并且还搬用了书本上的大量人物故事加以引导，虽然每次儿子都口头表示接受，可没过两天，他的“老毛病”就又犯了。看来，要想彻底改变儿子的不良习惯，必须寻找一种适合儿子这一年龄段的方法。

整整一个晚上，我的脑子里不断闪现同学聚会时那女孩儿文静而乖巧的形象，忽然，一个奇异的想法掠过我的脑海：假如我用教女孩子的方式来教小虎，会不会让他有所改变呢？

（二）

有了这个想法后，顺着这条思路，我猛然想到了自己哥哥的女儿悦悦，悦悦比小虎大两岁，正在读学前班，是个听话、文静、懂事的女孩子，很招亲朋好友的喜爱。我想，如果能把悦悦“借”到自己家里来，让她与儿子朝夕相处，或许能让儿子从她身上学到一些文静的气质。

第二天凌晨时分，我理清了思路，决定向哥哥伸手“借”悦悦。中午吃饭时，我给哥哥打去电话，把自己的想法告诉了他。哥哥也知道小外甥的“霸道”，他当即答应了我的要求。

当天晚上，我与丈夫一块儿带着儿子去接悦悦。听说悦悦姐姐要来自己家里住，可把儿子高兴坏了，虽说儿子在外面很顽皮，但他对悦悦姐姐还是很友好的，毕竟两人从小接触的时间较多，每次儿子使性子，悦悦这个小姐姐都会让着他。

来到了哥哥的家，悦悦很亲密地拉起儿子的手，走进了自己的小房间，她拿出芭比娃娃、熊猫盼盼、孔雀公主等一大堆玩具给弟弟玩。儿子问悦悦：“姐姐，你有冲锋枪和坦克玩具吗？”悦悦摇了摇头说：“没有，不过，你想玩的话，我可以带你去门口的商店买。”说着，她走到小书桌前，从一个小储蓄罐里倒出了几枚硬币，然后，拉着儿子的手跑出门去。

正在客厅里说话的我看见这对表兄妹亲密的样子，很有信心地对哥哥说：“我想，悦悦的懂事和良好习惯肯定会感染小虎，他就服这个姐姐。”

把悦悦“借”回来后，当晚，我就开始对儿子实施“双性化”教育。在过去的日子里，尽管我对儿子反复强调每晚睡觉之前，要刷牙、洗脸、洗脚，可往往我一不留神，儿子就会省略了这些程序。今晚也不例外，他趁我给悦悦整理床铺之际，没刷牙、没洗脸、没洗脚就钻进了被窝。

我发现后，即刻批评了儿子。可儿子对我的话无动于衷。

一旁的悦悦听见后，吃惊地叫道：“小虎不洗脸不洗脚就睡觉，这是不讲卫生的表现，太羞羞脸了！”悦悦的话起了很大的作用，只见儿子一骨碌翻身下床，他不好意思地辩解道：“我……我是躺一下，不是睡觉。”

悦悦当即拉着儿子的手说：“小虎，走，我们去刷牙、洗脸。”儿子很听话地跟着悦悦走出房间。

第二天，吃早餐时，儿子的“老毛病”又犯了，他伸手就抓盘子上的油条往嘴里放。我马上对他说：“小虎，你看悦悦姐姐吃油条都拿筷子，用手拿是不文明、不卫生的。”

要在过去，儿子对我的话是这边耳朵进那边耳朵出，会继续他的狼吞虎咽。可这回，他抬头见悦悦用一种惊讶的目光望着自己，便马上停止了不卫生的举动。

周末来临，这天上午，我准备带儿子和悦悦去动物园玩。临出门前，我见儿子衣冠不整，我即刻把悦悦作为楷模，向儿子灌输说：“你看悦悦姐姐穿得漂漂亮亮的。整洁干净的外表，给人一种健康的精神风貌。”说着，我拿出一条背带裤和一件小格子衬衫给儿子换上，接着又给儿子的领口配上了黑色小蝴蝶结，之后，我帮儿子梳理了小平头，末了，还向头上喷了定型水。不一会儿，儿子就酷似一个小帅哥。

去动物园的一路上，我遇见了几位熟人，每见到一位熟人，悦悦就很有礼貌地叫叔叔或者阿姨，而儿子则是不理不睬的神态。

我当即加以引导，我故意问悦悦：“谁教你这么讲礼貌的？”悦悦如实地说：“是我爸爸妈妈。他们说，见到大人，就要热情地打招呼，这样，别人就会喜欢你的，你也会成为可爱的人。”

我又把头转向了儿子，问道：“小虎，以前，妈妈是不是也对你说过这些话？”儿子红着脸，点了点头。

我语气和蔼地又对他说：“以后，你要好好向悦悦姐姐学习，做一个可爱的人，好吗？”儿子看着我期望的眼神，又一次点了点头。

走进动物园，来到猴山景点，儿子找了一截树枝，对一只小猴子进行挑衅。旁边的悦悦当即制止道：“小虎，动物是我们人类的好朋友，我们对它要有爱心。”说着，悦悦把手中的饼干抛给小猴子吃。儿子停止了戏虐性的挑逗，也学着悦悦抛饼干。

随着时间的推移，我“借”悦悦来家感染儿子已有一年多了。儿子在与悦悦姐姐的朝夕相处中，不知不觉地磨掉了凡事莽撞的锐气，多少变得遇事要考虑后果。

一天傍晚，儿子与悦悦在住宿区的大院里玩耍，他俩与另两名邻居家的小朋友玩跳方格游戏，两人一组，接力跳方格，看谁跳得准、跳得快。儿子与悦悦一组。可在第一轮比赛中，由于儿子在跳方格时踩了线，旁边的一位小朋友叫了起来：“小虎踩线犯规了！要扣分。”儿子停下脚步，梗着脖子不认账地说：“我没有犯规！”那位小朋友坚持自己的看法：“我看得很清楚，你还想赖皮。”一听这话，儿子的脸涨得通红，他捏紧了拳头，怒视那位小朋友。

这时候，悦悦站出来说公道话：“小虎，你是踩了线。”儿子松开了拳头，他退让一步地对那位小朋友说：“那你就扣分吧。”就这样，一场即将爆发的争斗自行消失。

回到家里后，悦悦把刚才他们做游戏的事告诉了我，我听后，当场表扬了儿子：“今天小虎做得对，承认错误，就是一种勇敢的表现。”儿子得到了我的赞赏，为自己的退让行为感到很得意。

（三）

儿子读小学了。我除了抓好儿子学习的辅导，更加关注儿子性格的培养。此时，悦悦早已回到她父母身边去了。我对儿子的“双性化”教育，只能通过日常的一些人和事来实现。

一天傍晚，我正在厨房里切菜，一不小心，锋利的菜刀切到了左手小拇指的指尖，顿时鲜血直流，我本能地叫出声来。

此时，正在客厅里看动画片的儿子闻声赶进来，急忙问我：“妈，怎么啦？”我本不想让儿子看见这一惨状，可见儿子那急切的神情，转而一想，这不正是培养儿子关心体贴别人的机会吗？于是，便把捂着的血指头伸到儿子的面前说：“妈不小心切了一个小口。”儿子一看我的血手指，心疼地说：“妈，你别动，我去拿创可贴来给你粘上。”说完，他跑出厨房。

不一会儿，儿子拿来了两张创可贴，小心翼翼地给我受伤的手指贴上。之后，儿子对我说：“妈，你去歇着，我来给你切菜。”我阻止儿子说：“你别动，还是等你爸回来切。”可儿子坚持要帮助我切菜，我只好站在一旁指导儿子把剩下的菜切完。

由于我手指受了伤，儿子知道我不能沾水洗东西，甚至连洗脸都成问题。往日，每次饭后的碗筷，都是我或他父亲包办，可这两天他父亲很忙，难得在家，儿子便主动承担每餐的洗碗义务。早上起来后，儿子第一件事，就是给我端洗脸水，还亲手为我擦脸；晚上睡觉前，他又给我倒上洗脚水。

这次儿子的良好表现，让我感受到了儿子细腻、富有同情心、乐于助人的一面，这些都是我当初所希望的。

儿子的奶奶要过 72 岁生日了，两天前，我就把这件事告诉了儿子，想看看儿子对此有什么反应。

已经读小学六年级的儿子得知这一消息，当天中午下课后，就跑到大药房去，用自己多年积蓄的压岁钱，给奶奶买了五盒脑白金口服液。

两天后的傍晚，我们一块儿来到了奶奶家，当全家人聚集在大圆桌前，儿子当着亲人的面，对奶奶说：“除了脑白金的礼物外，我还有一件礼物要送给您。”奶奶忙问：“我的乖孙子，还有什么礼物呀？”儿子很神秘地说：“暂时不告诉您，待会儿您就知道了。”

7 点 40 分，儿子准时打开电视机，他摁到本市的有线电视频道，此时，屏幕上正好在播放《点歌台》。儿子很兴奋地用手指着电视，对家人说："你们大家看，这就是我送给奶奶的生日礼物。"

在场的亲人立刻朝电视机望去，只见屏幕上正在播放歌曲《祝你生日快乐》，画面上方还掠过一长条字幕：孙子代表爸爸、妈妈、姑姑、姑父衷心地祝愿奶奶长命百岁、寿比南山。

这意外的惊喜，令全家人都沉浸在兴奋之中，尤其是奶奶，更是高兴得像个老小孩儿，嘴都合不拢……

时光飞逝，已经读高三年级的儿子通过英语雅思考试，提前被澳大利亚悉尼的中央昆士兰大学录取。

来到异国他乡，远离父母的儿子的第一感受是：今后的生活完全要靠自己了。

刚到悉尼时，儿子吃住在学校内，与他同住一间宿舍的有马来西亚、巴西和刚果的留学生。从未有过集体生活的儿子一开始有点儿不适应。

入住集体宿舍的第一天，他就把从国内带来的香水、面霜、镜子和梳子摆放在床前的书桌上。一旁的巴西同学见之，很好奇地问道："你怎么会喜欢这些女人的化妆品？"儿子反问他："谁说我们男人就不能化妆？"接着，儿子亮出了自己的观点，他认为无论男女，注重自己形象的美化，不仅是对别人的尊重，也是对生活的热爱，是一种自信的表现。巴西同学点头赞同了他的观点。

也就从这一天起，儿子每天出门前都要穿戴整齐，还不忘给自己喷洒香水，用他的话说："在异国他乡，个人形象的好坏，不只是代表自己，也代表着一个国家。"

住在集体宿舍里，由于国度不同，难免会因为生活方式的差异而产生碰撞。有一次，喜欢歌舞的刚果同学晚上 12 点多还在宿舍里听 VCD，他边听着音乐边自我陶醉地跳着非洲舞蹈。这一举动立刻惹恼了马来西亚同学，他突然从床上跳起来，对着刚果同学厉声叫道："你是个非洲疯子！要疯，到外面去疯！"一听这骂人的话，刚果同学马上停止扭动，一步蹿到马来西亚同学的面前，逼视着他。马来西亚的同学也目露凶光地盯着他。眼看一场男人间的拳脚战一触即发，睡在下铺的儿子立刻赶过去，插在他俩中间，不断地用好言好语给两位同学"降火"。在儿子的诚恳劝说下，两位同学才平息了对抗。

与异国同学相处，儿子总是抱着谦让、包容的心态。有一件小事足以说明这一点：巴西同学有贪小便宜的坏习惯，时常趁儿子不注意动用他的牙膏，终于有一天早晨，儿子发现了他的劣迹。巴西同学本以为儿子会很愤怒，没想到，儿子却很宽容地对他说：“以后我们一块儿用吧。”

儿子与人为善的谦和性格，使他赢得了同寝室留学生的一致欢迎。

转眼间，儿子去澳大利亚留学已近两年，由于他学习成绩优异并在课外人际交往中有良好的口碑，当儿子向学校申请奖学金时，学校经过认真考察后，批准他获得中央昆士兰大学学费 33% 的最高奖学金。

当儿子打电话把这一喜讯告诉国内的我时，我激动的泪水不住地往下掉，我为儿子的健康成长而高兴，也为自己从小对儿子“双性化教育”的成功而自豪。

专家谈心

时下，兴起了一种别开生面的家庭教育新理念，那就是实行“双性化教育”。所谓的“双性化教育”，是摈弃了传统的、绝对的“单性化教育”后应运而生的一种家庭教育新理念。“双性化教育”设计者认为：教育孩子，过于严格、绝对的性别定型（即男孩只培养其粗犷、刚强等男性气质，女孩只培养其温柔、细致等女性气质），只会限制孩子智力、个性的全面健康发展。

对如何开展“双性化教育”，美国专家们提出了一些建议，例如注意增加男、女孩子接触的机会。孩子向异性学习应通过非常自然的接触，故应为他们提供交流的机会，鼓励孩子们在发挥自己的性别优势的同时，注意向异性学习，促进身心的全面发展和人格的日趋完美。

当然，“双性化教育”绝不是让孩子混淆性别角色的教育，一定不能走极端，切忌过了头。要是男孩学过了头，就会显得“娘娘腔”；要是女孩学过了头，就会变成“假小子”——这就有悖“双性化教育”的初衷了。

方法左右

文中的妈妈对儿子有意识地进行女孩式的培养。这种家庭教育新方式的好处是显而易见的：能使儿子温柔而细致，成为兼具双重气质的孩子，使他的智力、体力和性格得到全面的发展。她的“双性化教育”育子经验，也许对当今的父母有一定的启示作用。

如何对孩子进行“双性化教育”？故事里的父母采取了以下几个方面的措施来帮助孩子：

（一）孩子向异性学习应通过非常自然的接触

家长们应该为孩子们提供异性交流的机会，鼓励孩子们在发挥自己的性别优势的同时，注意向异性学习，促进身心的全面发展和人格的日趋完美。不要以性别为由阻碍他们积极探索。如鼓励孩子玩异性特点明显的玩具和游戏。

（二）要营造良好的家庭教育环境

环境对孩子的影响非常大，孩子耳濡目染家长的生活习惯、生活态度、交流方式等。在家庭中，父母既要履行自身性别角色的职责，又要避免典型女性化或男性化的倾向，只有如此平等宽松的氛围，才能为孩子的双性化教育提供有利的家庭条件和环境。同时，要注意培养孩子良好的习惯和兴趣，不要对幼儿过分强化性别角色，而要为孩子提供更加广阔的发展空间。如果孩子喜欢并愿意尝试，只要没有危险和害处，父母就应该放手让他们去做自己想做的事。

（三）父母要以身作则，让自己成为孩子的榜样

家长只有自己做了，孩子才会跟着学习。如果光说教育，而自己不去做，那么，这种教育不过是“金玉其外，败絮其中”的教育，起不了任何作用。丈夫在工作之余，也要为妻子分担家务、抚养孩子、与孩子游戏、指导孩子学习，成为孩子的偶像和榜样；而母亲也要有自己独立的工作和思想，使夫妻在家庭中的地位趋于平等，角色趋于相似。

第二计

以毒攻毒计：与儿子一块儿“恶搞”

如果孩子偶尔淘气，不听父母的话，父母往往不以为然；如果孩子经常不听话，管不住，父母就会深感头疼。“不幸”的是，许多父母发现，随着孩子年龄的不断增长，孩子不听话的行为愈来愈严重，而且在父母不断唠叨下，孩子甚至产生了叛逆心理，不管父母说什么，也不管对自己有多大好处，一律是先否定再说。

每个孩子到了青春期都会有或大或小、或强烈或明显的青春期叛逆心态出现。主要表现在自我意识增强，行为好标新立异，事事喜欢自己做主，反感父母和老师的说教，嫌老师父母唠叨等等。

从孩子成长发育阶段来看，青春期是否顺利过渡，关系到孩子的一生。所以如何应对孩子青春期心态变异，将其正确引导到理性、成熟的方向上，是每个父母都想做好但又切切实实感到非常头痛的事情。

案例说法

口述：蒋元凯，男，45 岁，某中学教师

（一）

我儿子良良正在读初中二年级，他是个伶牙俐齿、精灵古怪的小孩儿，蜡笔小新、加菲猫、周星驰是他的最爱。上了初中以后，他的口味又变了，竟然喜欢上了以损人为乐的“恶搞”游戏。

喜欢给人做红娘的妻子，一直想为她的大龄外甥牵线搭桥。那天，约好了双方在我家见面。整个晚上，大家交谈得很愉快。女孩子离开后，妻子试探外甥的心意：“姑娘还挺漂亮的吧？”腼腆的外甥正要开口，却被一旁的儿子抢了先：“那也叫漂亮呀？这个大姐姐的长相，只能打 55 分。”一句话说得大家目瞪口呆。儿子皱皱眉：“小鼻子小眼睛，没有赵薇大气，扣除 20 分；粗粗的眉毛，没有安银美秀气，扣 5 分；扁扁的嘴唇，没有张惠妹性感，扣 5 分；皮肤太黑，没有张柏芝滋润，扣 10 分；还有身材不好，没有王菲苗条，扣 15 分。这样算来，共计扣除 45 分。离漂亮远着呢。”

儿子的评头论足，激起了妻子的愤怒，她朝他吼道：“小小年纪，就满嘴胡说八道，从哪儿学来的？这儿有你的事吗？”

儿子见妈妈发怒了，跳起来往房间跑，边跑还边继续嘟囔：“就是不及格，我说的是事实嘛！”

外甥这次相亲，经我儿子这么一“恶搞”，没戏了。

一周后的一个傍晚，我的一位歌坛文友来家造访。落座后，我问起了他的近况。

提起朋友酷爱的歌唱事业，歌坛文友得意地说：“上个月，我唱的两首民歌分获华东地区‘龙华杯’民歌大赛一等奖、二等奖。”

一听朋友获此殊荣，我由衷地为他高兴，说：“那可要恭喜你啦！有这个成绩，很不容易的……”

我的话音未落，儿子尖声尖气的声音又“横飞”了过来：“这有什么，不就是两首老掉牙的歌得奖嘛！”

大家都愣住了，我见歌坛文友的脸色有些不自然，就教训儿子说：“你这孩子，怎么这样说话？！”

儿子把脖子一梗，挑衅似的问歌坛文友：“叔叔，你听过台湾歌星阿弟仔唱的《宝贝别哭》吗？你听过阿杜演唱的《哈罗》吗？你听过周杰伦的《七里香》吗？你听过刀郎的《北方的天空下》吗？还有，你听过韩国歌星安在旭唱的《感谢》吗？那才叫厉害呢！”这些流行歌曲都是儿子最喜欢的。

歌坛文友真的傻眼了，主攻传统民歌的他，历来对流行歌曲不屑一顾，万没想到，他一直秉承的信念，却被我那宝贝儿子贬得一文不值，这很伤他的自尊心。

（二）

在一次又一次地领教了儿子的损人伎俩之后，我和妻子明白：到了不管不行的时候了。对付儿子这种鬼灵精，一般的管教方式根本没用，一定要想个好办法。

这时，我想起了兵法里“以毒攻毒”的绝招。对！不妨借用一下。所谓“以毒攻毒”，就是以儿子的损人伎俩反其道而行之。而要达到“以毒攻毒”的目的，关键在于知己知彼，首先要“破解”儿子行为的来龙去脉。我经过上网查证，发现儿子的这种怪异行为被称为“恶搞”。这是当今不少中学生乃至大学生喜爱的一种游戏和处世方式。

了解了青少年这一新的动向后，我准备对儿子“下手”了。

一天晚上，儿子的两位同学来我家，他们三人在儿子的房间里，正在交流着被疯狂“恶搞”的三首歌曲——陈奕迅的《十年》（跳楼版）、光良的《童话》（笑话版）和周杰伦的《双截棍》（民工版）。

一位瘦小的同学纵情念着《十年》（跳楼版）的歌词：“如果那两个字没有颤抖，我不会发现我难受，怎么说出口，也不过是跳楼。如果对于明天没有要求，跳跳楼就像旅游，成千上万个屋顶，总有一个人要先走……”

紧接着，另一位胖嘟嘟的同学声情并茂地朗诵着《童话》（笑话版）：“我已变成笑话里，你爱的那个傻瓜！前仰后合，变成赵本山围绕你！你要相信，相信我们会像笑话故事里，搞笑和快乐是结局！”

最后，是我儿子出场，他手舞足蹈地朗读《双截棍》（民工版）：“教运砖砌瓦的老大，搬水泥管，搭脚手架，硬底子功夫最擅长，还会挖地道打地桩……快使用大铁锹，哼哼哈兮，快使用大铁锹，哼哼哈兮，打工之人切记，帮派无敌……”

当我儿子念完后，另两人同时拍手叫绝！

趁三人正处在兴奋的高潮，我走进了房间，对他们交流的歌词大泼冷水，我评价道：“虽然你们交流的这些恶搞歌曲通俗易懂，但毕竟是拾人牙慧！有本事，你们自己恶搞一些作品出来。”

一听我点中了他们的要害，两位同学顿时傻看着儿子。

此时，东道主的儿子脸涨得通红，他恼怒地看着我，说：“爸爸，你太小瞧我们了，等着瞧，会让你看到我们风靡网络的恶搞作品问世的！”

首次“以毒攻毒”激怒了儿子，取得预想效果，没过几天，我又“报复”了儿子一回。

那是一个双休日的上午，我陪儿子到鹰潭特价书店买书。在书店里，儿子遇到了一个女同学，他即刻与染着五颜六色头发的女同学站一边说话。

这时候，我很不知趣地走了过来。

儿子即刻介绍说："爸爸，这是小萌同学，我们班的美眉。"

小萌说了一声"叔叔好"。

我瞄了眼小萌花里胡哨的彩色头发，脑海里当即闪出"恶搞"的念头，于是乎，脱口而出："闺女呀，你这头发颜色是不是太多太杂了些，像火鸡似的，不好看！"

小萌红着脸，望着儿子说："你爸怎么这样？"

儿子急了，冲着我说："爸爸，你说话叫人太难受了！这是时尚，懂不懂？"

我回击儿子说："我知道是时尚，可怪模怪样的，老外不像老外，国人不像国人，杂毛一个！"

小萌听了这话，自尊心大伤，一扭身，生气地走了。

儿子追上一步，没叫住小萌，反转过身来，怒视着我说："爸爸，你太伤人自尊了！"

哈，太好了！这小子觉得丢面子了。有戏！

儿子喜欢交朋友，他为了显摆我们家的富有，时常邀请他的要好同学来家喝酒聊天。

一天，他正在与两个同学边喝着听装啤酒并吃着买来的一大堆烧烤，边吹嘘道："下次，我请你们去市里最好的旋转餐厅吃自助餐。"

一个同学夸奖道："你真够哥们义气！"

"哇，儿子哎，你可真够阔气的！"正在这时，我神兵天降一般出现在儿子面前——事先，儿子跟我约定好不准进他房间的。我大有"恶搞"的架式："老爸都没吃过旋转餐厅，你比老爸更会享受！"

儿子听出苗头不对，一把推着我走出房间，小声恳求道："老爸，今天是我的生日，你能不能给我点面子？有什么，等 party 结束了再说。行吗？"

见儿子第一次用这样平和的语气说话，我觉得他进步了。于是，我主动退出了热闹中心。

（三）

party 收场后，儿子果然主动来到我的房间，对我说："爸爸，谢谢你今天给我面子！"

"其实，爸爸也不是诚心要与你过不去。我那样做，只是想让你知道，当面戏谑别人，会给人留下恶劣的印象，也会把本来美好的东西破坏掉。"

儿子恍然大悟："老爸，原来你在演戏呀！吓死人了！"儿子心情轻松了许多，对我的观点也表示了赞同：“不过……戏谑是得注意场合和分寸……”

见儿子满脸悔悟的表情，我感到“以毒攻毒”的目的基本达到了，便又说道：“说实话，你能直言不讳，说出自己心里的感受，是有勇气的，而且有些观点也很有主见。但是，那毕竟是你自己的看法，有时过于偏激了，表达看法的方式也很不文艺！”

“现在，大家都是这么说话的。”儿子有些不服气，他是又想起自己的那些偶像了。

“不就是‘恶搞’嘛！我太知道了。”我说出这个孩子们的流行词，是要告诉他，老爸也不老土。儿子冲我坏笑：“老爸，这么说，你也知道‘恶搞’啊？”

“当然。你以为什么是‘恶搞’？其实‘恶搞’并不是你想象中那么简单。电影《无极》中的谢霆锋那么说话，是要让大家笑。生活里呢，他如果也这样的话，谁还敢与他交往？不说他是神经病才怪呢！”

儿子点了点头。

“你们要好的同龄朋友在一起的时候，彼此间说些夸张的话，开些‘恶搞’的玩笑，也没什么，这是一种轻松的生活态度。可是，无论什么，都得有个度。过分的‘恶搞’玩笑，就会是把伤人的利剑，伤害了别人，也就不那么好玩了。”

“针锋相对、冷嘲热讽，要有度。一件事、一个人值不值得去较真、‘恶搞’，你得有一个正确的标准去衡量，这个标准，是道德，是尊严，是良知。一个有修养、有智慧的人，一定收放自如。评价别人，也要有度。有些东西你觉得不好，可它并不一定真的不好。如果总从自己的观点出发，不考虑别人的感受，你的恶搞也只能是尖刻的中伤，根本不能让人信服。这也不好玩，因为你在别人眼里，是个吃不到葡萄的狐狸。”

儿子像个好学上进的学生，认真地听我讲解着“恶搞文化”。末了，儿子领悟了：“爸爸，我知道自己以后怎么做了。”

给儿子“洗脑”后，我发现他的言行果真有了改变。一天晚上，我的姐姐——也就是儿子的姑姑来家串门，她向我诉苦，说姐夫像机器人一样，整天埋头工作，从来不管家务，也不管她和女儿，她说这样的丈夫形同虚设。

这些话让一旁的儿子听见了，他喷笑起来，而后摆开“恶搞”的架式：“姑姑，你说姑夫像机器人，那他太伟大了！机器人可是不吃不喝不拉屎不撒尿，只知道兢兢业业埋头苦干，他所做的贡献是您干家务活的一百倍，一千倍，一万倍！”

闻听良良的“奇谈怪论”，姐姐很是惊讶，她啼笑皆非地说：“你这孩子，说

话这样怪怪的，我听不懂！”

见姐姐满脸的怪异神情，轮到我表态了：“姐姐，良良说的机器人是一种比喻，是说姐夫在外所做的贡献与你在家里所做的贡献是对等的！”

姐姐又把目光转向我：“他的话是这种意思？”

我马上抚慰姐姐说：“良良的话是正话反说！他可是从反方向来表扬你为家所尽的职责。”

姐姐摇着头：“现在的孩子，说话越来越莫名其妙，就当是这么一说吧。”

姐姐带着平衡的心理离开了我的家。

这一出“劝说姐姐”的交谈，在我和儿子的“合唱”下，总算圆满解决。鉴于儿子这次“恶搞”有方，我当场给予他精神鼓励。

儿子参加完中考，感觉考得并不理想。

这可急坏了妻子，她一心想让儿子读重点高中。为了保险起见，妻子决定走“送礼路线”，她准备事先走访教育系统的一些实权人物。

对于妻子的这一“歪门邪道”，儿子准备“恶搞”一番，他对妻子说：“妈，你又要去敲校长、教育局长家的大门啦？”

妻子马上表明自己做法的合理性：“我这还不是为了你嘛！”

儿子立刻咯咯笑了起来：“我的好老妈，我看你买的这些礼品，太老土太小儿科了！会被校长、局长扔出门外的！你不知道现在送礼的行情吗？那可是送银行的金卡银卡，没个五位数以上，还甭想进人家门！”

妻子吃惊地望着儿子：“你是从哪儿知道这些的？”

儿子眉毛一扬，说：“这就连三岁的小孩都知道！你问爸爸，是不是这个行情？”

我读懂了儿子脸上戏谑的表情，知道他想打消妻子“送礼路线”的念头，于是，我配合他的“恶搞”，对妻子说：“良良说得一点没错！如今没个万字头的银行卡，校长、局长大人根本不放在眼里。你就是送了礼，他也不会给你办事。”

妻子苦恼了：“要送这么多钱，我可拿不出。”

我抛出自己的观点：“拿不出，就别送呗！这样，世界上还能少一个行贿的人。能考得上，是良良的本事；考不上，进普通高中，也照样光荣。”

无计可施的妻子叹息了一声：“说的也是，那就看良良的造化了！”

妻子放弃了“送礼路线”，再次证明我与儿子联手“恶搞”的成功。

随后的日子里，无论是亲戚来我家宣泄心里的不满，还是朋友来串门炫耀自己的荣耀，或张扬自己的财大气粗，只要儿子在场，他就像往常一样，必定要“恶搞”一番。不过，此时儿子的“恶搞”，很注重技巧，懂得掌握对方的心理，让当事人听得入耳，心服口服地予以接受。

儿子在我的配合下，在家里屡次“恶搞”成功，这为他走向社会“恶搞”奠定了基础。

一次朋友聚会，我带儿子一起参加。晚饭时，一个做生意的朋友带着他的儿子坐在我们旁边。整个晚上，姓魏的生意人口若悬河，向大家吹嘘自己的发家史和全球旅游见闻，言辞漏洞百出，真让人受不了。他的儿子则在一旁得意地跟良良炫耀自己的名牌服装、名牌手表：“我们家很有钱，住花园别墅，坐高级轿车，你能行吗？放暑假时，我跟爸爸坐飞机到欧洲好几个国家玩了一大圈，我这手表是在瑞士买的，要好几千块钱，你有吗？”

儿子拿起可乐没有说话。

我心里暗暗发笑，真是有其父必有其子，好在儿子已经收敛了不少，不然的话，他俩会有一番恶战了。

就在这时，儿子突然打破了沉默，回敬道：“你说你爸爸是富翁，可我爸爸也是大富翁呀。”魏姓的儿子疑惑地望着我儿子：“不会吧，你爸爸也是富翁？”

儿子极其自豪地说：“Yes！我爸爸发表的作品，绝不少于100万字，他有一部作品正在翻译成德、法、日、美文字，马上就要周游列国了，我爸爸可是精神上的百万富翁。你爸爸能行吗？还有，我爸爸经常给我买课外读物，有了这些精神财富，以后，我可以去创造更大的物质财富，你能行吗？”

真让我意外，儿子反其道而行之的“恶搞”话语掷地有声，不卑不亢，竟颇有几分大将之风。

回家的路上，我突然给了儿子一个大大的拥抱。儿子有些摸不着北，我摆出一个儿子常做的pose：“父子‘恶搞’二人组在此！”

儿子会意地笑了，我也笑了。随后，我俩不约而同地伸出小拇指拉了钩。

专家谈心

教育专家普遍认为，人一生中有两个典型逆反阶段：3 岁至 5 岁为“第一逆反期”，12 岁至 20 岁为“第二逆反期”。到了第二逆反期，孩子的生理发育已逐渐成熟，出现第二性征，在心理上则正处于断乳期。随着成人感的产生，独立意识不断增强，他们要求成年人将他们视作大人，理解并尊重他们。如果这种理解与尊重的需要无法得到满足，自然会产生很强烈的逆反心理。

孩子有逆反心理一般是从家庭而来的。因为孩子很多时候都是在家度过的。随着孩子的长大，你的压力也许会加大，因为你得为他提供更好的生活。可是家长更多时候却忽略了孩子的感受。也许你的孩子只是想引起你的注意，或者是想得到你们的一句肯定而已，其实孩子真正想要的并不多，只是想要和家长多一点儿相处的时间，因为缺少交流，他们也不会主动用语言来表达，一般就表现出了叛逆。

纠正逆反心理，首先要从家庭做起。每个父母都应树立正确的教育理念，重视孩子德、智、体、美、劳全面发展，要善于发现孩子的闪光点，对孩子的期望和要求要合理。父母要以身作则，起到榜样作用。避免用暴力等严厉措施惩罚孩子或过度溺爱和保护孩子，要用适度的爱和宽容融化中学生的逆反心理。

方法左右

文中的父亲在屡次感受到儿子的“恶搞”后，没有采取说教的方式，而是运用了“以毒攻毒”的回敬手段，让儿子“臣服”于他。对待儿子的“恶搞”，父亲知道这是当今青少年的一种生活态度，他表示理解。与此同时，为了能与儿子有更多的共同语言，后来，他竟然加入到儿子的阵营里，与儿子一块儿“恶搞”。

对于有逆反行为的孩子，故事里的父母从以下几个方面来帮助孩子：

（一）父母与孩子冲突时要冷静，可以暂停或抽时间谈心

这位父亲在儿子屡次“恶搞”造成尴尬局面时，没有正面与儿子发生冲突，而是采取了缓解的方式。等儿子的“恶搞”结束后，他才找儿子谈心，指出他这样做的损人不利己之处。父母应多与孩子谈心，了解孩子想什么，喜欢什么，多与孩子沟通，就可以减少冲突的发生。

（二）一旦孩子表现出变通时，父母要给予他正面的表扬和鼓励

面对儿子的“恶搞”，这位父亲抛出了“以毒攻毒”的策略。他的儿子感受到了“以毒攻毒”的厉害，决定不再恶意“恶搞”。父亲见儿子“改邪归正”了，马上对他进行了肯定和表扬。这样一来，父子的矛盾冲突得以化解。故事告诉大家一个道理：父母在孩子的面前不要一副高高在上的样子，试着把孩子当作你的朋友来看待，让他感受到你们的友善和温暖，也许会有意想不到的效果。

（三）努力与孩子合作，加深亲子关系

为了纠正儿子的不良“恶搞”，这位父亲决定加入儿子“恶搞”的阵营，与他合作“恶搞”了几次并获得成功。这样一来，不但引导儿子走出了“恶搞”误区，还加深了父子关系。故事中的父子合作成功的事例告诉其他父母这样一个道理：父母应做孩子的顾问、盟友。顾问只细心聆听，协助选择，而不插手干预，仅给出建议，而不要做经理人。只有这样，才能让孩子乐意接受。

第三计

金蝉脱壳计：不再做孩奴

父母作为成年人，对于孩子在青春期出现的逆反情绪，应该及早地了解，甚至在孩子还未意识到的时候，就早早地告诉孩子在下一个年龄阶段自己会有什么样的行为表现。父母也应该有意识地提醒自己孩子长大了，要给孩子空间，与孩子保持距离，父母应该遵循这个正常的生理、心理规律。

父母指导孩子太多，关注孩子太多，或者采用的强制措施和管束太严格，都会不利于孩子自由、健康、快乐地发展。所以，对于孩子的发展一定要因人而异，一定要给予孩子一定的自由空间。

案例说话

口述：郝子君，女，41 岁，某科技研究所研究员

（一）

在我的精心“陪读”下，读初中一年级的女儿各科成绩在班里名列前茅。对此，我心满意足，我觉得自己远离事业、远离友情、远离个人爱好的“牺牲”，值得！

然而，到了女儿读初中三年级的时候，她的学习成绩开始走下坡路了。

学校期中考试，女儿的语文和数学成绩各掉了十几分。看着女儿“考砸”了的分数，我第一次痛心疾首地责备女儿：“你怎么这样粗心呀？这两门功课，妈妈给你温习过好几遍，几道简单的题都答不出来，太让我失望了！”

女儿从来没见过我如此“给脸色”，小小的自尊心受到了伤害，她突然委屈地哭了起来。瞧见女儿“梨花带雨”，我的心一下子软了，自责道：“妈妈不该把话

说得那么重。乖女儿，原谅妈妈。”说着，我把女儿拉到身边，用餐巾纸给她抹去脸上的泪珠。

安抚好女儿后，我自己跟自己过不去了，一连好几天，茶饭不思，坐立不安，精神处于恍惚之中，整天唉声叹气。这种坏心情被带到了我的工作中，以致同事把我当鲁迅笔下的“祥林嫂”看待。

女儿学习成绩下降了，我不敢有半点松懈，加大力度地进行“陪读”。过去，每天晚上，我要求女儿 9 点半准时睡觉；现在，我延迟到 10 点钟才让女儿上床。当天的功课，我要给女儿讲解好几遍。

有一次，我正给女儿不厌其烦地讲解一道数学题，她听着听着，竟然趴在桌上呼呼地睡着了。

此后的一段时间里，不断有女儿上课睡觉、走神的消息从班主任那儿传来。我对女儿上课不认真听讲的事，很是烦恼。好几次，我想对女儿发火，又担心她受不了，只得压抑着，自己生闷气。

随着女儿学习成绩的下降，她厌学的情绪也滋生了。一天傍晚，我接到班主任打来的电话，通报说女儿当天下午旷课。接听电话后，我走到正在卧室玩电子游戏的女儿面前，问她下午为什么逃课，上哪儿去玩了。

见我一副兴师问罪的神情，女儿低着头，一句话也不说。我终于忍不住怒火，一把夺过女儿手中的电子游戏机，狠狠地往床上摔去，嘴里说：“妈妈为了你，现在什么也没有了！而你，却逃起课来，你对得起谁呀？”说到这儿，我急火攻心，竟抑制不住自己的情绪，潸然泪下……

接下来又是好几天，我因为女儿逃课的事，心神不宁。

（二）

女儿在学校“犯的事”还没有了结，又出事了。期末考试的第一场物理科目考试，女儿在监考老师的眼皮底下，抄袭了其他同学的试卷。她的舞弊行为，被监考老师当场抓了“现形”。

当天中午，正在单位食堂吃饭的我接到班主任打来的电话。得知女儿“不光彩”行为的一瞬间，我脸色刷白、胸口憋闷难受。此刻，我忽然感到有种挫败感，原以为牺牲自己的一切，能够换来女儿的“骄傲”，没想到，女儿竟然“堕落”成这样，这叫我无论如何也接受不了！

对面的一位女同事瞧见我神色异样，关切地问：“子君，你脸色这么难看，哪儿不舒服？要不要去医院看看？”

我还想隐瞒，装出若无其事的样子说：“没事的！”说完，我扒了一口饭，可难以下咽，便起身准备离开，这时，本就憔悴的身体摇晃了几下，差点晕倒。那位女同事急忙奔过来扶住我，马上把我送到了附近的一家医院。

半个小时后，我躺在医院的病床上打点滴，医生的诊断结果是：我患上了隐匿性抑郁症。医生说，这种病症是由身体长期处于心悸、紧张、头晕、胸闷和疲劳状态引起的，表现为情绪低落、缺乏信心和悲观消极。医生建议对我进行药物结合心理疗法，强调身心同治，加强心理疏导，调整心态，对我实施心理、精神和躯体同步综合治疗。

我病倒后，好朋友姜惠珍来医院看望我。姜惠珍瞧着我刀削般憔悴的脸颊，直言不讳地说：“你何苦为了女儿把自己折磨成这副鬼样儿！我都不会像你这样，心里除了女儿，什么都不感兴趣！不是自吹自擂，你看我，工作上不会像你搞得这么糟，女儿也不会像你这样膏药似的黏住不放，我的女儿不是同样也有出息吗？子君，该醒醒了！”

姜惠珍这番诚恳的劝导，让我不得不反思造成自己今天“失败”的原因，我确实把自己和女儿绑在了一个设定的目标柱上，导致自己慢慢失去了自我，女儿也失去了快乐成长的自由，再这样下去，两人都将被这“沉重的十字架”压垮！

我明白了，是到了改写自我的时候了！

（三）

出院后，我所做的第一件事就是与女儿开诚布公地恳谈一番。一天傍晚，吃过饭后，我把女儿叫到自己的房间，郑重其事地对女儿说：“飞飞，妈妈想和你订立一个自由协议。”

女儿一听我要和她订合同，感到很新鲜，急忙问：“什么叫自由协议？”

我停顿了片刻，而后很艺术地说：“你看，你和妈妈现在都过得很不开心！妈妈在单位，事业没有发展；你在学校，学习也没有进步。这都怪妈妈没有给你太多的空间，同时妈妈也把自己给圈进去了。你看这样行吗？今后，我俩像好朋友一样，相互保持自由空间，相互监督制约，共同争取进步。妈妈违反了约定，你有权批评；你违反了规定，妈妈也可以指出来。你愿意和妈妈订立这个自由协议吗？”

女儿的眼睛转了一圈，试探性地问：“那如果我不想学钢琴，你不会强迫我吧？”我稍加考虑了一下，说：“妈妈当然要尊重你的自由选择了。”女儿立即高兴地与我击掌，表示同意自由协议，并大叫一声：“好啊！”

我与女儿口头订立自由协议不久后的一天，我接到大学同学殷雯丽从上海打来的电话，说我们研究生班同学想在上海的母校搞十五周年聚会，邀请我前往参加。要在过去，我肯定会因为女儿需要照顾一口回绝，可这次，我没有拒绝，而是留有余地地说，这事要和丈夫商量后再定。

能暂时离开女儿几天，过一种“自由生活”，给自己的心情放个假，这对目前身体需要恢复的我来说，无疑是一次机会。当我把这一消息告知丈夫时，通情达理的丈夫一口答应了。而女儿得知我要去上海，则表现出了不乐意，说：“你去上海玩，谁来给我烧好吃的菜？”我马上推出丈夫说：“还有爸爸给你烧饭做菜呢。”女儿嘴巴噘得老高，说：“我不喜欢爸爸做的菜！”我见女儿缠住我不放，马上搬出了自由协议：“飞飞，你可别忘了我俩订立的自由协议第一条——相互保持自由空间，妈妈想自由几天，你要是不同意，可就违反了约定。”一听这话，女儿大眼睛眨了眨，而后说：“那好吧，反正我也想自由几天。”

临行前，我反复交代丈夫如何照料女儿的生活起居。然后，我乘上了去上海的火车。这是我有了女儿以来第一次外出，那份牵挂的心情可想而知。

到上海后的前两天里，尽管同学聚会的节目丰富多彩，可我的心里始终放不下远在家里的女儿，每天早中晚，我都要给丈夫或女儿打电话，遥控指导他俩的生活，尤其女儿的一举一动，我都问长问短。前来参加聚会的几位女同学，笑说我是“遥控警察”和“超级孩奴”。

我已经意识到这一点，随后的几天里，我努力克制自己习惯了的生活方式，每天最多打一个报平安的电话给丈夫。其他时间，我与久别的同学们尽情地“游山玩水”和畅谈分别后各自的人生经历……

上海同学聚会，让我初次尝到了“自由空间”的甜头。回来后，当我把自己的感受对女儿说了后，没想到，女儿竟然说出了这番话：“妈妈，你不在家的几天里，我超开心！爸爸烧的菜超好吃！你看，这是我写的作文《妈妈出差的日子里》。”

我接过女儿的习作，边读边流下了激动的泪水，我好久没读到女儿这么真挚畅快的作文了。心想，“相互保持自由空间”确实能给我和女儿带来全新的感觉。

此后的日子里，我与女儿按照自由协议行事，我不强行干涉女儿的“内政”（学习、交友），只作引导；女儿也不搅扰我的“业余生活”。

时光飞逝，转眼女儿读高中一年级了。现在，我已从“以女儿为中心”的状态中脱离出来，恢复了对事业、个人爱好的追求。每天，在单位，“迟到早退”不再与我相伴，上班时间我也不再为女儿的事“煲电话粥”，而是用心研究一些学术课题；在家里，我除了必要的照顾和关心女儿的生活、学习外，有了参加朋友聚会、跳健身操、逛街购物、看精彩电视剧的自由空间。

今年元旦，我当选为市劳动模范，参加了市里的授奖大会。更让我感到欣喜的是，在这一年里，女儿不仅学习成绩拔尖，而且因为出色的组织能力担任了班长。

专家谈心

“孩奴”用来概括形容父母一生都在为子女打拼，为子女忙碌，为子女挣钱，而失去了自我价值，体现出的生活状态。

综观当今社会，“孩奴式”家长比比皆是。其主要特征表现为“过度地以孩子为中心”，为了孩子不遗余力，有关孩子的事交给别人去做不放心，因而事事亲力亲为；给孩子买东西只买贵的不买对的，盲目攀比，铺张浪费；还有的家长望子成龙心切，在孩子咿呀学语的时候就开始报各种各样的早教班、特长班，为了让孩子上名校，不惜倾家荡产购买学区房等，结果造成巨大的物质压力。这样的家长一方面在体力上疲惫不堪，在遥遥无期中“受”；另一方面在精神上却自我感觉良好，在盲目无知中“乐”。

方法左右

文中的母亲是典型的“孩奴”，她为了女儿放弃了自己的事业理想和追求，她的思想、情绪始终脱离不了女儿，不料，却患上了“孩奴抑郁症”。直到这时，她才猛醒过来。随后，她决定改变自己，与女儿签订了自由协议。这个自由协议最终解放了她，也放飞了女儿。

从这一案例中，我们看到了，当今父母在教育子女方面，应该正确地处理好孩子与自己生活、事业的关系。

（一）不要放弃自我，成为“孩子的奴隶”

现实生活中，有不少父母为了孩子心甘情愿地放弃自己的事业、爱情，全身心地做起了“孩奴”。可他们这样做的结果并不如他们所想象的那么好，在他们全程“陪护”下的孩子，有的长大成人后却做出了令父母大失所望的事。直到那时，已经为孩子失去自我的父母才悔不当初！即便你的孩子长大后很有出息，可是父母却失去了人生中原本属于自己的东西，等孩子独立后，他们才感悟到人生太短暂了！

（二）把自由权还给孩子，父母只需站在远处提出建议

在现实生活中，有不少做“孩奴”的父母，对孩子凡事都大包大揽，其结果，并不如愿！其实，做父母的，在尽量满足孩子独立的要求时，要恰如其分。具体到实际情况，比如孩子到了初中后，穿什么样的衣服，买什么样的衣服，父母最好不要去干涉，只根据家庭条件适当地限制他买什么样价格的衣服就可以了。另外，在学习上，制订什么样的学习计划，父母只需把自己想到的问题提出来，让孩子自己拿方案去考虑怎样才能做得更好，有时可提一点小小的建议，这样孩子的主动性就会很强。

（三）距离产生美，解放了父母也放飞了孩子

故事中的母亲，在体验了一系列捆绑孩子的生活而导致的不良结果后，终于从“孩奴世界”中摆脱出来，与女儿签订了自由协议。这一聪明而理智的自由协议，不但解放了父母自己，也放飞了孩子的天性。最后所得结果是很理想的——母亲又找回了自己的事业，实现了自我价值；女儿也因此提高了学习成绩、当上了班干部。这里的母女自由协议使“距离产生美”这句话得到了完美的体现。

第四计

训俭计：对儿子的红色家教

做父母的都希望自己的孩子将来能生活得幸福，但究竟怎样才能使孩子获得幸福呢？许多家长对此并不真正明白。现在的孩子们“运气”好，生在盛世，长在盛世，家庭的物质生活条件要比我们做父母的小时候好了不知多少倍。然而，许多的家长还不满足，对孩子娇惯得不得了，“捧在手里怕掉了，含在嘴里怕化了”，舍不得让孩子吃一点点苦，经受一点点磨难。在生活和学习上，孩子遇到一点点困难，家长就心疼得不得了，赶快替他们排除。

案例说话

口述：戚冠龙，男，46 岁，某部队军官

（一）

我们家的生活达到小康水平是不争的事实，正因为如此，我的儿子戚晓晨便肆无忌惮地奢侈消费，一会儿让我买电脑，一会儿叫我带他去吃旋转餐厅，一会儿又闹着要佩手机……他的消费项目简直五花八门。我们家还算富裕，承受得起宝贝儿子的大手大脚。但问题的关键是，宝贝儿子不懂得珍惜我们给予他的“优越生活”，从骨子里认为这一切都是应该的。

一个双休日的下午，我带儿子去逛街。路过一家鞋店，我拉着儿子的手走进了店铺，给他挑选了一双经济实惠的球鞋。不料，儿子瞟了一眼后，噘着嘴说：“我才不要这么难看的球鞋，我要穿名牌的。”无奈之下，我只得按照他的意愿挑选了一双安踏牌球鞋。

让我没想到的是，两天后的傍晚，我正在家中的厨房做菜，儿子汗淋淋地走进来，我一看，他脚上那双名牌球鞋沾满了泥土，上面还有几处划痕，就气恼地责问他："你怎么这样不爱惜鞋子？才穿了两天，就弄成这副样子。"不想，儿子却很轻松地说："破了再买呗！反正我们家有钱。"儿子的回答差点儿没叫我背过气去！

一个双休日的中午，我们三口在小酒店里用餐。入席后，儿子不断点他喜欢吃的菜，我们一一满足了他的要求。菜上来后，我和妻子都尽量把菜推到儿子的面前，希望他多吃一点。可出乎意料，儿子每一样菜只吃了两筷子就拒绝再吃。我问他："这不是你喜欢吃的菜吗？怎么不吃了？"儿子的回答是："你没看电视里的皇帝吗？他每道菜也就吃一两口。"我马上对他说："那是过去的皇帝。"儿子接过我的话头儿理直气壮地说："那我也是家里的小皇帝呀！"听了这话，看着儿子摆出一副理所当然的享受架势，我和妻子真是啼笑皆非。

儿子 11 岁生日，我和妻子商量，准备把双方的家人请来家里一块儿庆贺。可儿子不同意，他说："我们班上的辉辉过生日，他爸爸妈妈都上大酒店去过，还请了我们班上的许多同学去祝贺。我也要去酒店过生日，还要请要好的同学一块儿去。"对于儿子想搞攀比的要求，妻子稍加考虑后同意了。而我却不赞同，我觉得儿子的这个要求太铺张浪费了，小小的生日没必要这么大张旗鼓。

儿子见我反对，便使出了"一哭二闹三罢吃"的手段。万般无奈下，我只好满足了他的要求。

3 月 21 日傍晚，在欣圆大酒店隆重举办了儿子的生日晚宴，足足摆了六大桌，光是同学就摆了两大桌，极大地满足了儿子的攀比欲望和虚荣心。

晚宴后回到家里，我问儿子："爸爸妈妈今天这么隆重为你庆祝，你总应该高兴了吧？"谁知，儿子口气很大地说："马马虎虎吧，同学的爸爸妈妈都是这么做的。"

儿子如此评价我和妻子的"功劳"，真叫我俩寒心！

（二）

面对儿子不懂得珍惜眼前的优越生活，我看在眼里，急在心上。怎么办？总不能任其发展下去。我静心分析造成儿子目前这种大大咧咧享受的原因，归根结底是儿子吃苦太少，对艰苦朴素的革命传统精神没有一丁点儿感知。

我是在军人家庭中长大的，从小受到祖辈父辈革命传统思想的教育，深知今天

的幸福生活来之不易。正因为如此，我决定对儿子也进行“红色教育”。所谓“红色教育”，就是向儿子灌输艰苦朴素的革命传统思想。我也要让儿子知道，今天他所能享受到的幸福生活是怎么来的。

决心已定，经过两天的考虑，我准备采用三种方法来进行：首先是“图文并茂”的形式；其次是“实地感受”的形式；再就是“亲自动手”的形式。

采用“图文并茂”的方法，我主要选取课外读物和影视作品为素材。2004 年 9 月一个双休日的上午，我和儿子来到市里最大的新华书店，我有意识地领着他走到纪实文学作品专柜前，给儿子挑选了《方志敏烈士传》、《红军二万五千里长征纪实文选》和《陈毅在梅岭》。儿子翻看后，不以为然地说：“这种老古董的书，有什么好看的！”见儿子露出不屑一顾的神情，我马上对他说：“你仔细看看，这些传记作品，不但文字深入浅出，还配有这么精美的图片，故事性很强。你平时不是很喜欢看故事吗？”我的话提醒了儿子，他拿着《方志敏烈士传》，专注地看了几行，读出了一点儿味道，口气有所改变地说：“那好吧。”我当即付款买下了这几本书。

回到家里，儿子每天做完课堂作业后，会抽出一些时间来阅读这些传记作品。开始几天里，我发现儿子“三天打鱼，两天晒网”地阅读《红军二万五千里长征纪实文选》，精力不集中，读速也缓慢。可一个星期后，他的阅读情况渐渐起了变化，每天的读速加快了。再过了一个星期，儿子不但把《红军二万五千里长征纪实文选》看完了，而且连《陈毅在梅岭》和《方志敏烈士传》也阅读完毕。

那天晚上，儿子对我说：“爸爸，明天你再给我买几本这种类型的书。”对于儿子的这种合理要求，我满口答应了。

又过了一个月，我给儿子提供“红色作品”的频率大增，形成了“供不应求”的局面。于是，我干脆到图书馆给他办理了一张借书证。这样一来，既能极大满足儿子的阅读欲望，又能节省开支。我要让儿子知道，这也是一种节约闹革命的手段。

为了配合儿子阅读“红色作品”，在不耽误他做作业的情况下，只要电视上播放革命历史题材的影视剧，我都尽量安排儿子观看。一天晚上，电影频道的《流金岁月》栏目播放电影《小兵张嘎》，我马上把正在上网的儿子叫过来，对他说：“爸爸从小是看着这部电影长大的。你也来看看人家小嘎子在那么艰苦的年代里，是如何生存，又是如何机智地与日本鬼子周旋的。”开始，儿子看电视的眼神是散的，随着剧情的推进，他的目光渐渐地被小嘎子的机灵和勇猛所吸引，到后来，他竟然忘情地为小嘎子的神勇而叫好。看完这部怀旧影片后，我问儿子："怎么样？你对小嘎子的印象如何？"儿子兴奋地说："小嘎子真棒，我要是出生在那个年代，也会像他一样勇敢地与鬼子兵作斗争！"瞧见儿子摩拳擦掌的样子，我马上对他说："爸爸给你布置一道作业，你现在就写一篇影片观后感。"儿子接受了我的建议，当晚就写出了600多字的观影感。

在接下来的日子里，我陪儿子观看了《鸡毛信》、《红孩子》和《永不消逝的电波》等影视片。每看一部影视片，我除了向儿子讲解当时艰苦卓绝的历史背景，还要给他布置一篇影片观后感。半年时间下来，儿子的影片观后感足有四个日记本那么厚。

有趣的是，儿子在观赏完这些"红色经典"影视片后，为了加深印象，主动到图书馆去借来这些文学原著读一遍。一次，儿子看完电视连续剧《长征》后，第二天一下课，就赶到图书馆去借这部纪实文学作品，谁知，这本书已被人借走了。儿子为尽快阅读到《长征》的原著，他拿出了压岁钱到新华书店买了一本回来，以满足自己的阅读欲望。

通过"红色阅读"与"红色观赏"相配合的教育，儿子对革命战争年代前辈们的艰苦卓绝有了大致的了解。

在"图文并茂"方法的基础上，我打算加大"红色"力度。与妻子商量后决定，利用几个长假，带儿子去一些革命圣地，对他进行"实地感受"和"亲自动手"的教育。

国庆节长假，正好本市一家旅行团推出了"井冈山之旅"活动，于是我报了名。10月1日一大早，我们三口随旅行团坐大巴车前往井冈山旅游。下午4点左右，当车进入这片"星星之火，可以燎原"的红色土地时，映入眼帘的是云雾缭绕下漫山遍野的红杜鹃、青青的翠竹和黑瓦白墙的农舍，眼望着一座座雄峰峻岭，生长在城市的儿子大发感慨道："井冈山太雄伟壮观了！"我指着不远处的一座山峰告诉儿子："你知道吗？那座山叫笔架山，它就是我们旧版100元人民币背面的图案。"儿子眼里流露出很兴奋的神情："真的！嗯，是很像！"我接着说："这座奇峰与红军战士也有许多动人的故事。"随后，我向儿子讲述了当年红军战士一些艰苦朴素的故事……

10月2日上午，我们参观完黄洋界后，来到了三湾镇，讲解员讲述了红军吃"红米饭南瓜汤"、"啃树皮草根"和"吃盐巴下饭"的故事。中午时分，我选了三湾镇上的一家红军饭店，专门挑选了"红米饭南瓜汤"让儿子品尝。当儿子难以吞咽地吃着红米饭喝着南瓜汤时，他感叹地对我说："当年的红军伯伯真够苦的！"听了这话，我与妻子会心一笑。

接下来的两天里，我们一家三口的足迹几乎踏遍了这片红色土地的每个角落，所到之处，都让儿子感受到了革命战争年代的艰难困苦。

结束了四天的井冈山“红色之旅”，儿子回到家里的当晚，就写了一篇小散文《我眼中的井冈山》。没想到的是，半个月后，儿子这篇有感而发的短文竟然发表在市报的校园版上，还在同学中产生了一定的反响。

我在“实地感受”取得了一定的效果后，又马不停蹄地对儿子进行“亲自动手”的教育。儿子放暑假了，我通过父亲联系了附近县城的一位老红军——阿泉伯，他曾经参加过方志敏领导的抗击国民党的战争，现仍居住在农村老家。一天上午9点多，我带着儿子坐长途汽车来到阿泉伯的家里。当我俩走进阿泉伯居住的“小洋楼”时，这位年过80岁的老人仍然身体硬朗地在自家后院种菜种花。一番介绍后，阿泉伯领着我俩来到“小洋楼”背后一大片金灿灿的稻田边，老人记忆犹新地说：“这是红军时期就开垦出来的稻田，那时，我们战士常挂在嘴上的话是‘自己动手，丰衣足食’，我永远忘不了那艰苦年月还能吃上自己栽种的大米……”亲耳听到老阿伯的亲历回忆，儿子的眼睛闪亮，他忽然转过身来，对我说：“爸爸，今天我们也体验一下自力更生的生活吧？”儿子的建议不错，我马上答应了。临近中午，我主动向阿泉伯提出，借他家的锅灶，我与儿子一块儿到他的菜地采摘各种蔬菜，亲手做一顿农家饭吃。一个多小时后，我和儿子共同制作的四菜一汤完成了。吃着自己亲手烹制的“农家饭菜”，儿子很有感触地说：“自力更生，丰衣足食，真的很有意思！”

吃过中饭，在阿泉伯的指点下，我与儿子来到该村的一所“完小”考察。走进了红石头围墙的校园，一位女教师热情地领着我俩参观了几间桌椅板凳极其简陋的教室。此时，三年级正好有一个班在补课。女教师指着坐在教室里偏角的一个女孩儿，说她名叫霍梅青，她的父亲外出打工两年未归，母亲又瘫痪在床，她是家中的长女，下面还有一个六岁的弟弟。霍梅青每天除了要给瘫痪的母亲擦身子和洗脏衣服外，还要照顾母亲和弟弟的吃喝，就是在这样的家庭压力下，她始终没忘了挤时间学习。每当夜深人静时，霍梅青就在小方桌上写老师白天布置的作业。有一天晚上，她疲劳得实在支撑不住，就趴在小方桌上一直睡到大天亮。听了女教师的述说，我的眼圈红了，一旁的儿子也受到了震动。下课铃声敲响后，女教师把霍梅青同学叫了过来，把她的作文本拿给儿子看。儿子看后，脸上露出了惭愧的表情。目睹了老区孩子艰苦的生活条件，儿子马上从口袋里掏出了 50 元压岁钱，当场捐助给了霍梅青同学。

（三）

经过五年多的全方位的“红色教育”，儿子在吃穿玩乐的消费方面比过去有了明显的改观。

一个周末，我们三口到郊外的龙虎山风景区游玩。中午时分，我和妻子在选择用餐的酒家时犹豫不决。这时，儿子站出来说：“我看，还是选一家经济实惠、价廉物美的酒家，那儿就有一家。”说着，儿子指着不远处的一家农家饭馆。我们采纳了儿子的意见，走进农家饭馆。点菜时，我把主动权交给了儿子。儿子比较了一下价格，他挑选了家乡麻辣豆腐、干煸小河鱼、黄瓜火腿肠、韭菜炒蛋和三鲜汤，总价格算下来，才 37 块钱。吃饭时，儿子胃口大开地吃喝着，到最后，连盘碟上的汤汁也一扫而光。见此情形，我和妻子忍不住开心地笑了。

又到了儿子的生日。在怎样给儿子过 18 岁生日的问题上，我和妻子想征求儿子的意见。我本以为儿子会像往年一样，提出到大酒店去隆重庆祝。没想到，这回儿子却不想那么铺张浪费，他对我说：“爸爸，今年我的生日，我们三个人就在家里过。”我问他为什么这样选择，儿子很认真地说：“你看过去的红军战士生活那么艰苦朴素，比起他们来，我现在的生活已经很不错了。”儿子的选择显然是对的。

儿子高中毕业参加了高考，以 557 分的成绩被名牌学府浙江大学录取。就在儿子收到录取通知书几天后，一位邻居给我家送来了一份请柬——这位邻居的女儿考取了上海的一所大学，他准备在本市一流的酒家宴请亲朋好友。参加宴请的那天晚上，我们三口一块儿出席，当儿子看到足有五十多桌的盛大场面，他的眼里并没有流露出羡慕，而是说出这样的话：“这太奢侈了！不就是考上大学吗，何必如此兴师动众！”

出席完邻居的盛宴回到家里，妻子首先提议说：“我们家过几天也搞一次宴请吧。”还没等我表态，儿子就站出来反对说：“我不同意！”妻子不解地问：“为什么？”儿子很懂事地说：“爸爸妈妈赚钱不容易，我要珍惜每一个铜板，像过去的革命先辈一样，节约闹革命。”

听了儿子如此进步的话，妻子用异样的目光望着儿子，像看陌生人似的。我却在一旁乐了，说真的，我为儿子的“脱胎换骨”而感到由衷的高兴，也为自己“红色教育”的成功而欣慰。

如今，儿子把艰苦朴素的优良传统带到了大学里……

专家谈心

“俭朴”和“谦虚”一直以来就是中华民族的优良传统，它不仅体现了中华民族的传统美德，也体现了社会主义新时代对青少年的具体要求，继承和发扬这种精神，在今天改革开放的新时期尤为重要。当前，在学校德育教育中特别值得重视的问题是如何对学生进行艰苦朴素的教育。由于提倡一对夫妻只生一个孩子，独生子女的比重也越来越高。与非独生子女比较，他们确实有着得天独厚的条件：容易获得比较丰富的营养，容易获得玩具、图书和各种学习资料，容易获得父母与家庭成员的爱抚、温暖。这一切，都有利于他们身心的健康成长。但是，由于家庭条件好而教育不当，也带来了不少问题和负面的影响。

方法左右

在一些地方，为了增强少年儿童对党和社会主义祖国的朴素情感，各级少先队组织开展了“缅怀革命先烈，继承革命传统”主题教育活动。通过祭扫烈士陵园，讲革命英雄故事、朗诵革命烈士诗歌、学唱红色革命歌曲、观看红色电影等形式广泛动员和组织开展“唱一首红歌、讲一个红色故事、读一本红色少儿读物、看一部红色电影、参观一个爱国主义教育基地、寻访一位身边的党员先锋模范”等“六个一”活动，让少年儿童珍惜现在的幸福生活，刻苦学习。

文中的父亲在发现儿子有铺张浪费的现象后，他便启动了“红色教育”，让儿子直接和间接感受“幸福来之不易”，收到了显著的效果。

（一）首先是“图文并茂”的方法

家长对孩子的教育可通过选取课外读物和影视作品的形式进行。如文中的主人公给儿子选择了纪实文学作品，像《方志敏烈士传》、《红军二万五千里长征纪实文选》和《陈毅在梅岭》，还陪儿子观看了《鸡毛信》、《红孩子》和《永不消逝的电波》等影视片。每看一部影视片，父亲除了向儿子讲解当时艰苦卓绝的历史背景，还要给他布置一篇影视片观后感。

（二）其次是“实地感受”的方法

在“图文并茂”方法的基础上，文中的父亲加大“红色”力度。他利用几个长假，带儿子去革命圣地井冈山旅游，对儿子进行“实地感受”的革命传统教育。在井冈山，陪儿子参观完黄洋界后，来到了三湾镇，听讲解员讲述红军吃“红米饭南瓜汤”、“哨树皮草根”和“吃盐巴下饭”的故事。中午时分，他选了三湾镇上的一家红军饭店，专门挑选了“红米饭南瓜汤”让儿子品尝，让儿子感受到了革命战争年代的艰难困苦。

（三）再就是“亲自动手”的方法

在“实地感受”取得了一定的效果后，文中的父亲又马不停蹄地对儿子进行“亲自动手”的教育。儿子放暑假了，他联系了附近县城的一位老红军，老红军曾经参加过方志敏领导的抗击国民党的战争，现仍居住在农村老家。他带儿子到了这位老红军的家，临近中午，他主动向老红军提出，借老红军家的锅灶，与儿子一块儿到老红军的菜地采摘各种蔬菜，亲手做一顿农家饭吃。亲手烹制的“农家饭菜”，让儿子感受到了“自力更生，丰衣足食”的意义。

第五计

偷梁换柱计：向儿子灌输逆境情商

逆境情商也叫挫折商，就是在面对逆境或挫折时所产生的不同反应。逆境情商必须从小进行培养，这样才会对孩子的成长产生益处，促进其良好性格的养成。

现在，大部分家庭只有一个孩子，许多家长过分关心，照顾备至。孩子被惯得饭来张口，衣来伸手，稍有不顺心就沮丧或发怒。一切得来太容易，孩子就不懂得爱惜，不懂得奋斗，不懂得关心别人。他们喜欢物质享受，听惯了表扬，只爱自己，不考虑别人……

许多家长虽然意识到过度帮助孩子的危害，但当孩子遇到逆境时，却不知该如何适时加以教育——要么代劳，要么任由孩子哭闹。逆境从0岁起伴随每个人，那么对孩子的AQ教育就应该从0岁开始。学龄前孩子是否具有转化逆境的能力，很大程度上取决于父母的反应和教育。

案例说话

口述：高笑河，男，36岁，中学体育教师

（一）

我从大学体育系毕业后进入了一所中学教体育。工作的第三年，我与商贸公司的颜雯结了婚，并于当年的11月9日生下了儿子辉辉。在儿子的培养教育问题上，我与妻子早已达成了共识，那就是想把他培养成一名能够独立解决问题的孩子。我知道如今一些西方国家的父母很重视对子女的AQ（即逆境情商）教育，他们认为这种逆境情商的教育有益于帮助孩子在将来面对各种困难独立地处理问题，化不利局面为有利条件。

我从儿子会摆弄玩具开始，便对他进行逆境情商的训练。一天，我给儿子买了电动小火车玩具，刚开始，三岁的儿子见小火车拉着汽笛在“铁轨”上速跑，高兴地叫起来。在小火车跑完两圈停下来后，我教儿子怎么发动小火车，怎么把它放在轨道上，随后又怎么用遥控器控制它的运行。聪明的儿子很快就掌握了玩小火车的要领，不一会儿，他很兴奋地自己操作起来。整整一个小时下来，儿子成了一名指挥若定的火车司机。就在儿子为自己的高超技术得意的时候，我趁儿子去喝奶茶之际，有意把组合式轨道中间一段的衔接头错位分离。

过了片刻，儿子回来了，他兴致勃勃地想继续玩火车。不料，当儿子再次拿遥控器操纵小火车时，小火车才开出半圈就脱轨了，整列火车翻倒在地。这出乎意料的情况让儿子惊叫起来。我见儿子这副神情，便故意对儿子说：“火车坏了，这下可怎么办啊？”儿子急得马上哭了起来。我忙摸着他的头：“你是男子汉，面对意外，哭不是本事。来，爸爸教你如何应对困难。”说着，我抓起儿子的两只手，让他自己把脱节的轨道接上，之后，我对儿子说：“你再试试火车。”儿子又操纵遥控器，小火车恢复了运行。一看这情形，儿子自我表功地对我说：“爸爸，是我把火车铁路修好的！”“不错，辉辉现在成了铁路养路工人了！以后，再遇到这种事，辉辉怎么办呢？”“我就再做一回养路工人。”“如果是其他玩具坏了呢？”儿子眨巴了一下眼睛，然后说：“那我也想办法把它修好。”

又有一天，我教儿子搭积木，这次要搭的是一座古代的大宫殿。我把搭积木的图样放在儿子的面前，对他说：“我俩今天搭的是皇帝的漂亮宫殿，辉辉要跟着爸爸边搭边仔细看好图纸。”说完，我一边指着图样的“砖瓦”形状和颜色一边让儿子寻找着积木，然后按照图样的顺序，叫他把找到的积木“一砖一瓦”前后左右地往上垒。十几分钟之后，皇帝宫殿的大致模样呈现在眼前。又过了几分钟，儿子看着自己亲手搭起来的漂亮皇帝宫殿即将竣工，拍着小手欢叫起来。也就在这时候，我故意用手碰了一下积木，顷刻间，漂亮的皇帝宫殿轰然倒塌。儿子一见这情景，先是大惊，接着大哭，继而大闹，直怪我把他的劳动成果毁于一旦！

我见儿子对意外事故反应这么强烈，可见他对突如其来的困境难以承受。等儿子的情绪稍微稳定后，我便对他说：“爸爸把你搭好的房子碰倒了，是不对的！可爸爸这是在模仿大地震！现在辉辉搭的房子被大地震给震塌了，辉辉该怎么办呢？”儿子想了想说：“我再搭一次。”“这就对了！既然辉辉已经遭遇了灾难，光哭鼻

子是不行的！得重新振作起来，把遇到的困难克服掉。”接下来，我让儿子重新搭皇帝宫殿，而且要在没有图样的情况下完成，我对儿子说：“大地震把图纸也弄丢了，你要自己开动脑筋，搭出原来的皇帝宫殿。”面对新的困难，儿子“一砖一瓦”地试着搭建皇帝宫殿，虽然他反复了许多次，但最终还是完成了我交给的任务。当新的皇帝宫殿呈现在眼前时，我夸奖他说：“好样的！辉辉能自己搭房子，现在成了建筑师啦！我们男子汉在困难面前就是要勇于战胜它！”得到表扬的儿子灿烂地笑了。

两次给儿子制造“困难”又让儿子自己来克服它的实验，基本上达到了我的预期要求。打这以后，我时不时地为儿子设置一些困难，并在这些困难面前，训练儿子如何平衡自己的心态正视现实，又如何开动脑筋去扭转不利的局面，每次训练都能取得良好的效果。

（二）

虽然我在儿子上幼儿园之前对他进行了一些逆境情商的训练，可当儿子真正进入幼儿园之后，他所遇到的具体事情却不像我制造的困难那么简单。有一天，遗传了“体育细胞”的儿子参加了幼儿园班级组织的50米短跑比赛，按平时我对儿子这方面的训练，他得个一二名是绝对没问题的。可没想到，儿子此次竞跑却得了倒数第二名。

对于这样的结果，儿子回到家里伤心地哭了起来，我虽然也很失望，可我没有指责他，而是采用了引导的方式。我对儿子说：“失败没什么了不起的！只要好好地总结失败的原因，然后再加以改正，相信自己最终能够取得成功。老师不是给你讲过‘失败为成功之母’的话吗？！”儿子在我一番心平气和的开导下，低落的情绪也有所缓解。接着，我根据儿子提供的此次赛跑的情况帮助他分析失败的原因：“你总认为自己是体育老师的儿子，成绩自然会很好，根本不把其他小朋友放在眼里。正是你的自大自满，使你产生了轻敌的思想，不能客观地看待其他小朋友的长处，发现自己的短处。比如，起跑时，你的注意力不够集中；冲刺时，你缺乏斗志，所以你失败了。现在怎么办呢？除了要认清自己的优势和劣势，你从明天开始，每天早上起床后，到体育场去练习50米的短跑，每次跑10趟。”儿子在我的安排下，坚持了一段时间的早上短跑训练。当幼儿园再次组织50米短跑比赛时，儿子接受了上次失败的教训，全身心地投入到了比赛中，最后取得比赛的第二名。尽管儿子没有拿到期望的冠军，但他已经从逆境里走出来了！

两年后，儿子上小学了。也许是儿子“体育细胞”有余，“文艺细胞”不足的缘故，他在上小学一年级时，语文成绩很差，尤其是汉语拼音始终学不好。有一次，老师点名让班里的同学站起来读拼音念一首小诗，当老师点到我儿子，叫他念唐代大诗人李白的《望庐山瀑布》中的诗句，儿子竟然把香炉的香字念成了 shān，而把飞流的飞字读成了 huī，他的走音引发全班同学的哄堂大笑。老师当场对我儿子给予了批评。儿子受到批评后，满脸羞红地低下了头。过了几天，又是上语文课，老师改用了一种方式让同学们上台读拼音念她写在黑板上的一句话。儿子又被老师点名上台了，这回，儿子信心不足地仍然念错了三个字，同样惹来了课堂上同学们的放声大笑。

由于儿子屡次念错拼音，课外同学们给他取了个“别字大王”的外号。戴着这一令人耻笑的外号帽子，儿子整天闷闷不乐。我在听说了儿子情绪低落的原因后，再一次对他进行了逆境情商的引导：“辉辉还记得在幼儿园跑步比赛的事吗？开始你为什么会失败？后来又为什么会成功？你好好想想。”我提示的话让儿子陷入了沉思，过了一会儿，聪明的儿子终于想通了：“爸爸，我知道自己该怎么做了！不过，你要给我买一盒学拼音的磁带。”对于儿子的合理要求，我立刻答应了。这天以后，儿子每天早上起床后，就拿着小录音机到阳台上去跟着学标准的汉语拼音。一连两个星期，儿子天天都很认真地跟学着。

两个星期后的一天，儿子又遇到语文老师让每个学生朗读课文章节，轮到儿子念课文时，他不仅咬字清晰，而且声情并茂，这令老师和同学很是惊讶！等他一念完课文，老师就走到儿子的身边，然后对同学们说：“高辉同学朗诵得很好！大家要像他一样，尽量把自己的感情朗诵出来。”首次得到老师的肯定，儿子心里别提有多高兴了。也就从这天起，儿子的“别字大王”帽子被摘掉了。

（三）

到了儿子读小学五年级时，他已经历过无数次“逆境”的考验，每次考验，他都在我的帮助和引导下走出了困境。随着儿子的渐渐长大，他已能够独自用平静的心态面对每一次意料中或意料外的困境。2009 年夏天，儿子所在学校的五年级组织优秀学生搞了一次夏令营活动，地点选在郊外 20 公里处的云天岭。据说此次夏令营活动为期一个星期，老师要在夏令营基地搞野炊、登山和环保活动。我觉得这些活动有利于培养孩子的自理能力和爱护环境的意识。

出发的前一天，我和妻子给儿子准备好了几天的干粮。儿子上路了，妻子天天牵挂着他在外面的冷暖和安全，吃不香睡不着。我见妻子魂不守舍的样子，便不断地宽慰她说："你放心，学校组织的这项活动，带队的老师肯定会关心这些孩子的生活和安全的。我也是当老师的，我知道他们会怎么做！"在我的开导下，妻子的情绪才得到缓和。

一个星期好不容易过去了。那天傍晚，儿子终于回来了。可我万万没想到，这次儿子去参加夏令营活动却遭遇了一场意外。儿子一五一十地向我回忆了当时的经过。儿子说他们到达夏令营基地的第三天下午，老师安排同学们搞环保活动，让大家在云天岭的周围捡拾塑料垃圾和易拉罐等。老师把学生分成六个小组，每个小组为三个人，儿子分在第四小组。下午两点左右，捡拾垃圾活动开始了，按照划分，儿子与另外两名学生被安排在云天岭北面的山脚下。半个小时后，儿子和小组成员来到了自己的片区，他们沿着崎岖的山路小径一直往上捡拾垃圾。

山里的气候说变就变，刚才还是烈日当空，不想，没过多久，天空乌云密布。正在捡拾垃圾的儿子与同伴见天黑下来，商量准备捡拾完面前的一片就收工。然而，还没等儿子他们把面前的垃圾收拾干净，天空就下起了狂雨，并且伴随着闪电雷鸣。儿子只好与同伴躲进了附近的一个小山洞里避雨。他们本以为雷雨下过一阵儿后会停止，不料，这场狂雨之后，接着又是豆大的密雨连绵不断。没有带雨具的三位同学只得在小山洞里继续避雨。雨天的夜来得早，6 点不到就天黑了。大雨仍在不断地下着，而且山间还泄下了山洪，眼看着被困在山洞里。一位同学被眼前的困境吓得哭了起来，另一位同学也很悲观，他不断地埋怨老师不该让他们来捡拾垃圾，埋怨老天爷瞎了眼睛。而这时候的儿子却格外地镇定，他对同伴说："不要哭！不要埋怨！现在正是吃饭的时间，我们就算提前过野炊生活，先填饱肚子，等雨停了再想办法离开这里，回到基地去。"于是，儿子从背包里拿出我们给他带去的干粮和饮料，另外两位学生也把自己随身携带的水果和食品拿出来，他们三人交换着吃。

大雨终于在一个小时后停止了。而此时外面已是伸手不见五指。一位同伴担心地说："路都看不见了，我们怎么回去呢？"儿子想了想，然后从山洞的旁边找到了一根干柴，他掏出打火机点燃了干柴，然后对同伴说："你们跟着我走！"说着，儿子在前面举着火把带路，两位同伴在后面紧跟着。他们顺着山路小径走了不到 100 米的时候，忽然后面的一位同学尖叫起来："有蛇！"儿子忙转过头去："不要惊慌！"说完，他把火把伸向后面，接着，儿子又从路旁找来三根竹棍，他对两位同学说："每人拿上竹棍敲地，我爸爸说竹棍是蛇的舅舅，蛇听见舅舅来了，很快就会离开的！”儿子的话让两位同伴深信不疑。三人继续往回赶。就在儿子他们走了半里多路时，前面出现了两位老师和一名山林管理员的身影，他们是来寻找儿子三人的。师生一见面，真是惊喜万分！

听完了儿子讲述的“意外故事”后，妻子非常后怕！而我则对儿子当时的处惊不变、镇定自若给予了高度评价。

如果说夏令营活动初步显示了儿子的逆境情商高于过去的话，那么最近的一次全市少年儿童乒乓球比赛则真正显示了儿子的逆境情商已逐渐走向成熟。2010 年六一儿童节期间，由市少年宫主办的“新星杯”少年儿童乒乓球大赛隆重举行。来自十几所中小学的选手云集体育馆。儿子从读小学一年级开始，我就教他打乒乓球，儿子很快就喜欢上了这种运动，每天放学后，他在学校都要和一些同学练上一会儿。到了儿子上四年级时，他的乒乓球打得有点样子，曾代表班级参加过全校的比赛，并获得过第二名。这次全市“新星杯”乒乓球赛，儿子被学校当作头号种子选手。经过各代表队的抽签，儿子抽在了 A 组（少年组）的第三小组。A 组共有四个小组，每个小组为四名选手。按比赛规则，采取淘汰赛的方式进行，每个小组最后只能留下两名队员进入前八名。

比赛的第一天上午，第一场就轮到儿子与另一所小学的选手比赛。几乎天天手不离球的儿子一上场就气势压人，只打了四个回合，就以 4∶0 战胜了对手。轻松取胜的儿子在下午的比赛中有些“霸气十足”，自我感觉良好。上场后，他不把对方放在眼里，七局下来，儿子失手落败！输了这场比赛，预示着儿子必须在下一轮比赛中战胜对手，不然的话，他就进入不了八强之列。好在儿子很快调整了自己的情绪。到了第三场，儿子克服了自傲自满心理，他一个球一个球地争夺，虽然打得很艰难，可还是在第五局拿下了这场比赛。这样一来，儿子便挺进了前八的行列。

接下来的比赛更加激烈，儿子经过与另外七名选手的交叉角逐，最后只战胜了四名队员，他能否进入四强，还要看其他选手的综合成绩。悬而未决的等待，使儿子承受着极大的心理压力，可儿子却在这种压力面前再一次调整好了自己的心态，他认为只要尽了最大的努力，即使没有杀入半决赛，也无怨无悔！正是因为儿子抱着这种心态，在幸获半决赛资格后，他拼尽全力，一路过关斩将，最后夺得了“新星杯”乒乓球比赛少年组的第一名。

儿子荣获了乒乓球赛冠军后，对我说的第一句话是：“爸爸，谢谢你从小训练了我在逆境中如何调整自己的心理，又如何用自己的智慧战胜遇到的困难。我今天能获得冠军，这与爸爸的帮助分不开！这个奖杯有一半属于爸爸。”听了儿子这番发自内心的话语，我打心眼里为儿子的成熟感到由衷的高兴！儿子的成长成才之路，让我更加坚信逆境情商对孩子教育的重要性！

专家谈心

AQ是一个人面对逆境的能力，也就是我们说的逆境商或挫折商。当面对逆境或挫折时，不同的人有不同的反应，AQ高的人在面对逆境时，不退缩，把逆境当作激励自己前进的推动力，并发挥最大潜能，克服困难，获得成功；AQ低的人在困难面前，沮丧或迁怒别人，败下阵来。研究证实，一个人的AQ越高，越能化危机为转机。逆境情商教育该从孩子多大开始，哪些才是适度的方法呢？其实，逆境从0岁起就伴随每个人，那么对孩子的AQ教育就应该从0岁开始。学龄前孩子是否具有转化逆境的能力，很大程度上取决于父母的反应和教育。

方法左右

文中的男孩从小接受了父亲的AQ教育，当他读小学时，在一次学校组织的夏令营活动，他和两位同学在山上捡拾垃圾时遇到了暴雨、山洪，但他处变不惊、镇定自若，领着两位小同学成功自救。

家长们该怎么做才能帮助孩子提高他们的逆境情商呢？下面介绍一些方法和原则，供父母们借鉴。

（一）教孩子做事要善始善终

家长应从小教育孩子做事情要善始善终。玩玩具后一定要求孩子自己收拾（孩子太小时家长帮忙收拾，但孩子一定要在一边看着），放回原处。孩子在完成一件事有困难的时候，家长可以帮忙，当孩子完成后，家长应给予表扬，来强化和巩固好的行为和习惯。

（二）帮助孩子树立自信心

交代孩子做一些他能够自己处理的事情，给孩子充分的信任。即使孩子没有完成或者做错了，家长也应该鼓励孩子，帮助孩子找出问题的原因，再重新开始。家长在孩子成长的过程中应该不断地对孩子说：“你一定能行！”用积极的言语鼓励孩子。

（三）家长可适当惩罚孩子

家长可以采用科学的方法适当惩罚孩子。孩子犯错时，家长一定要先耐心地让孩子知道为什么这样做是错了，有什么后果。如果孩子当时哭闹，不听劝说，家长应该暂时“冷却”孩子，等他自己的情绪平静下来，再去找他谈心。其实，避免惩罚孩子的一个措施就是家长一定要立好规矩，决不妥协，这样久而久之，孩子就明白规则、规矩的重要性，也就相应地不会刻意抵抗规矩了。

第六计

以弱胜强计：给柔弱的女儿一双法律的翅膀

针对孩子们的暴力行为不仅来自外界，同学之间恃强凌弱的事件也时有发生。而未成年女孩面对恐吓威胁，往往胆怯顺从，不敢告诉师长，更不敢反抗，也间接助长了行凶者的嚣张气焰。摆在教育者、家长、社会面前的是个让人无法轻松的话题——花季女孩如何远离暴力保护自己？在这里，一位父亲告诉了我们一套可行之道。

案例说话

口述：涂言劲，男，36岁，某局级机关科长

（一）

我的女儿亚芝是个生性柔弱的女孩儿，这一点，从她上小学起就突显出来。

一天傍晚，我去小学接女儿，只见她眼睛红红地走出大门。见此情形，我问她发生了什么事，她并没有回答我，只是委屈地哭出声来。

我慌了神，再次追问到底出了什么事。

女儿这才道出了原委，说同班的一位男同学抢了她一盒蜡笔。她想向他要回来，可是男同学就是不给，还很霸道地威胁说，如果她敢告诉老师，就揍她。女儿慑于他的恐吓，便不敢言语。

听了女儿的讲述，我很气愤，当即要找老师反映这位男同学欺负女儿的情况。可女儿死命拉住我的衣襟，不让我去找老师。

我见女儿苦苦哀求的神情，只得叹息地放弃了这一打算。

又有一次，一位坐在后排的男同学，把一张写有“我是坏女孩”的纸条粘在女儿的背上。下课后，周围的同学看到女儿背后的字立刻哄堂大笑起来……

女儿又气又急地羞红着脸，可她对后面的男孩儿根本不敢说一句指责的话。

这天之后，后面的男同学便时常得寸进尺地拿女儿寻开心，要么在女儿的背椅上画粉笔线，要么把女儿的长辫子用图钉摁在桌子上，要么把废纸屑扔进女儿的课桌。

尽管男同学一而再再而三地搞恶作剧，可女儿始终没有反抗的表现，哪怕向老师反映情况，她也没有这个勇气。

一天下午，女儿所在的第一小学五年级（六）班上体育课。在学校的操场上，体育老师组织同学进行 100 米跑步比赛。跑步是女儿的强项，她很有信心跑出好成绩。

谁知，这时候，有一个与女儿同小组的女同学，趁女儿不注意，在她的跑鞋上粘了双面胶。当体育老师吹响起跑的口令后，女儿由于鞋底有双面胶粘着，跑起来怎么也迈不动大步，结果，跑了小组倒数第一名。

当女儿发现鞋底的真相后，看着那个女同学的得意表情，她只是忍气吞声地自我伤心。

一天上美术课，老师让同学们临摹绘画书上的一张人物头像。可是，课间休息时，旁边一位顽皮的男同学趁女儿去厕所之际，拿过她的美术作业本，在作业的下方画了一张女儿哭泣的肖像，并且在肖像的一旁写上了“我是一个好哭的女孩儿”。

交作业时，女儿并没有发现上面的肖像。

当天下午，美术老师把女儿找去办公室，狠狠地批评了她，说她在作业本上乱画，不认真按老师的要求做。

一旁的女儿没有辩解什么，而是垂着头嘤声哭泣。

（二）

随着时间的推进，到了女儿读高中时，她的柔弱和逆来顺受的言行举止越来越突显出来。

一天，语文老师布置了一篇课外作文，题目是“回忆童年印象最深的一件事”，要求写 800 字。

当晚回到家里，匆匆吃过晚饭后，女儿就走进自己的房间，闭门写作文。

第二天，早餐时，我翻看了女儿写的作文，全文记叙了女儿六岁时清明节的那

天我带她到郊外去采摘清明叶的事。文中较为详细地描写了她在采摘过程中，不慎被锋利的荆棘划破了手，鲜血直流，当时，我用随身携带的手帕给她包扎，然后，抱着她赶了两里多路，到了一家乡镇卫生院打了破伤风针……

读完女儿这篇真情实感的作文，我当场就拍案叫好。

两天后的中午，女儿放学回家，刚一进门，我就瞧见她泪眼汪汪的。

我猜想，她准是在学校里受了同学的欺负。

果然，在我的一再追问下，女儿才说出了一个让我吃惊的事。原来，女儿的那篇作文，被另外一位女同学拿去抄袭了。而语文老师阅读了两篇同样内容同样字数的作文后，气愤地把女儿与那位女同学一块儿叫到办公室里去训话。那位女同学狡辩说，作文是她自己写的，她怀疑女儿抄袭了她的作文。女儿听后，脸涨得通红，她声音低沉地说："不是的！我没有抄袭你的作文。作文是我自己写的！"语文老师一时难以辨别谁是谁非，便把两人统统训斥了一番。

当委屈的女儿告诉了我这一情况后，我马上拉着女儿的手，对她说："走，爸爸带你去见老师，爸爸给你作证，作文是你写的！是那位同学抄袭了你的文章。"

女儿有些害怕，她对我说："爸爸，还是别去了吧！"

这回，我没有依女儿，而是理直气壮地对她说："不行，我们一定要找老师讨个说法。"说完，我硬拉着女儿来到了学校老师的办公室，当着语文老师的面，作为证人，向老师讲述了女儿小时候与我采摘清明叶被划伤的故事，还把女儿手臂的袖子撸起来，给老师看那上面仍然留着的淡淡疤痕。

在事实面前，语文老师认可了我的说法，还了女儿清白。

从学校回来的路上，女儿的脸上露出了久违的笑容，她高兴地对我说："今天要不是爸爸为我作证，我就是跳进黄河也洗不清。"

听了女儿的话，看着女儿"阳光"的面容，我的心里酸酸的！说真的，在过去的日子里，柔弱的女儿经常被人欺负后，只知道忍气吞声，根本不懂得维护自己的正当权利。

"作文抄袭事件"发生后，我深感到自己有必要对女儿进行"维权教育"，我要让女儿学会在自己的正当权利受到侵犯后，如何勇敢地与不良行为作机智的抗争。

有了这个想法的当天晚上，我根据女儿这一年龄段的特点，设计了"维权教育"的可行性方案。经过一个晚上的思考，我决定采取三种方式来进行：一是利用电视媒体展播的各类有关法制维权的事例；二是选择报刊上报道的各种维权案例；三是带女儿到现场去感受别人如何维权。

方案出来后，我便开始“维权教育”的实施。第二天中午 12 点 45 分，当中央一台直播《今日说法》节目时，我马上把女儿从卧室里叫出来一块儿观看。

这次《今日说法》播出的是一位 12 岁的男孩状告父亲抛弃他的案例。

刚开始，女儿一边观看一边难以理解地对我说：“爸爸，这个男孩儿怎么能告自己的亲生父亲呢？这太不可思议了。”我马上引导女儿说：“虽然表面上看，是有些不可理解。别急，我们再看看到底是什么原因造成的。”我和女儿耐心地观看着案件的发展过程。

当看完事件的全过程后，女儿抑制不住地给予了评价：“这个男孩儿太可怜了！他的爸爸一点儿人性也没有！怪不得男孩子要告他爸爸。”

听了女儿感叹式的评价，我即刻接过话头说：“芝芝，如果爸爸也这样对你，你会不会去告爸爸？”

女儿睁大了眼睛，吃惊地望着我说：“可是你不会是这样的爸爸。”

我故意假设说：“如果爸爸是呢？”

女儿为难了，她一时不知如何回答：“可是……”

我见女儿犹豫不决的样子，当即帮助她回答这个问题：“你应该去告！爸爸认为，无论是大人还是小孩子，当他的正当权利受到侵害时，就应该勇敢维护自己的权利。”

女儿用思索的眼神看着我，轻轻地点了点头。

这天以后，除了每天与女儿一道观看央视的《今日说法》和《焦点访谈》节目，一些地方台的法制节目，也成为“维权教育”的范本。每次与女儿观看这些节目，我都要调动女儿的大脑，趁热打铁地进行点评。这样做，有利于向女儿灌输维权意识。

在引导女儿观看各类法制节目的同时，我留心采集报刊上的各种维权案例。有一天，我在单位读报时，读到一篇题为《一名女中学生起诉书店侵犯“阅读权”》的新闻报道，文中写了那位女中学生在一家正规的书店买到了一本错字连篇的非法读物，便愤而状告这家书店。

我觉得这篇报道很适合女儿看，当即拿着报纸，到单位门口的打字店去复印了一份。

晚上回到家里，我把这篇报道送到女儿的面前，让她好好看看。女儿仔细阅读后，感慨地对我说：“爸爸，这个女孩儿真勇敢！这种事，我也遇到过。”

我即刻接过她的话茬儿，反问道：“那你怎么没想过去找书店讨说法呢？”

女儿胆怯地如实说：“我……我怕说不过他们。”

我引导女儿说：“其实，你根本不用怕。你看那个女学生，为了维护自己的正当权利，多么勇敢。芝芝，以后再遇到这种事，你要像那个女学生学习，好吗？”

女儿鼓足勇气点点头。

随后的一段时间里，只要报刊上登载有关维权的文章，我马上会复印或购买或借阅，回家后，让女儿认真阅读。

在向女儿进行“维权教育”的过程中，与观看电视、阅读报刊齐头并进的还有现场感受。3 月 15 日——消费者权益保护日的一大早，我领着女儿来到了市中心广场。这儿早早地聚集了工商管理部门的消协工作人员，以及物价、税务、电力、邮电等部门的咨询人员，每个摊位前都围上了一些前来投诉或咨询的消费者。

我拉着女儿的手，走到消协的摊位旁。这时，一位中年农民手拿着一个变形的电饭锅，很气愤地向消协的同志投诉说，他到一家电器店花了 268 块钱买了电饭锅，可是，到家里后，他按照说明书上的要求插上电源，没过两分钟，就烧成这样了。当天下午，他就找店家理论，可他们气势汹汹地说他是没有按程序使用，还嘲笑他是农民、“土包子”，根本不懂得现代生活用品。说到这里，中年农民让消协的同志一定要给他主持公道。

消协的一名工作人员拿过烧变了形的电饭锅，认真看后，当场对这位中年农民表态说：“您放心，这件事，我们一定会为你做主的！”在消协同志表态后，中年农民千恩万谢地离开了。

目睹了这一场面，我问女儿有什么看法，女儿毫不犹豫地说：“爸爸，那家电器店不讲理，应该对他们进行处罚！”

这话、这语气从女儿的口中说出，显然，在她的脑海里已经有了维权意识。

一天，本市的一家法院开庭审理一起“名誉侵权案”。我感到这是一次让女儿接受“维权”现场教育的好机会。于是，我通过朋友关系，搞到两张庭审的门票。

上午 8 点 30 分，我带女儿走进了法院审判大厅。这里庄严肃穆的气氛，一下子让女儿的表情紧张起来。

9 点整，法庭正式开始审理这起“名誉侵权案”。只见原、被告双方的代理律师各自陈述了自己的观点，随之双方展开了激烈的辩论。而后，法庭经过合议庭合议，最后由审判长宣读了判决书：判被告赔偿原告精神损伤费 5000 元，并当庭向原告赔礼道歉。

判决结果出来后，女儿紧张的表情放松了，悄声对我说：“爸爸，我猜想原告会赢的！”

在整个庭审过程中，女儿脸上的表情随法庭上的气氛而变化，可见，她确实很投入其中。

（三）

转眼，时间过去一年多，我对女儿的“维权教育”近3年了，女儿的法律维权意识日益增强。

6月中旬，女儿参加了高考。一个多月后，高考成绩下来了，女儿被厦门大学录取。

女儿去大学的前夕，作为父亲，我少不了要千叮咛万嘱咐，我对她说：“你一个女孩子在外地求学，一定要注意自身的保护。”女儿充满自信地说：“爸爸，您放心吧，现在，我已经学会了‘防身术’。”说着，她顽皮地朝我眨了一下眼睛。

女儿到大学三个月后的一天晚上，给我打来电话，告诉我她经历的一件“维权事件”。女儿说，有一天，她到一家美容精品屋去购买活力防晒保湿乳液，当时售货小姐很夸张地向她介绍了此种保湿乳液的好处，还把一份印制精美的广告宣传单硬塞给她。

女儿相信了售货小姐的花言巧语，一下子买了两瓶这种活力防晒保湿乳液。

回到学校的第二天，女儿就开始依照乳液说明书上的使用方法，每天在脸上涂抹两次。

本以为这种防晒护肤品能收到好的效果，可万万没想到，三天后，女儿早上起床梳洗打扮时，一照镜子，看见脸上的皮肤出现了脱皮的情况。这一发现，让女儿大为吃惊！

同寝室的女孩见之，提醒女儿说：“是不是你买的化妆品起化学反应了？”

女儿难以置信地说：“我买的这种护肤品，可是名牌产品，怎么会让皮肤过敏呢?!”

同寝室女孩再次提醒说：“现在伪劣商品假冒名牌的事时有发生。你呀，肯定上当了。”

在同寝室女孩的提醒下，第二天上午，女儿就跑到那家美容精品屋找老板讨说法。

店老板对女儿的质问，不以为然，他的说法是，女儿的皮肤也许受到其他方面

的影响，根本不可能是他们的护肤乳液造成的！

在店老板那儿讨不到说法后，女儿的脑海里立刻掠过了消协这一执法部门。

从美容精品屋出来后，气愤的女儿坐上的士，直奔区工商行政管理局的消协办公室，一进门，她就向里面的两位工作人员反映了美容精品屋销售假冒商品的事实。

半个小时后，女儿领工作人员来到那家美容精品屋。在掌握了强有力的证据后，工作人员作出了查处的决定，女儿因此获得了一定的经济赔偿。

在听完女儿讲述的这桩“护肤品维权事件”后，我为女儿第一次挺直腰杆儿与侵害自己权利的商家作抗争而叫好！

随后的日子里，不断有女儿向一些有损她正当权利的人和事讨说法的消息传回家，每次，我都大加肯定女儿的“正义”做法。

现在，女儿要大学毕业了，她即将步入社会这个大熔炉，在她前面的人生道路上，肯定还会遇到许许多多的烦恼之事。我相信，受过“维权教育”的女儿，一定会处理好的。

专家谈心

家长要培养孩子的维权意识，使他们知道自己有哪些基本权益及怎样维护。孩子的维权意识及能力的提高，对侵权者来说无疑是设置了一道障碍，将减少侵权行为的发生。

在孩子遭遇侵权时，家长要着重引导孩子采取良好的维权方式。如果胆小内向的孩子在被欺负时，往往会害怕而闷在心里，这会大大影响孩子的心理健康发展，个别严重的还会出现精神问题。这时候，家长要特别重视引导，多与孩子交流，多了解孩子的情况，让孩子理直气壮地选择适当的维权方式。

方法左右

文中的父亲在得知女儿在学校里屡次受到同学的欺负后，决定对柔弱的女儿进行“维权教育”。他根据女儿这一年龄段的特点，设计了“维权教育”的可行性方案：一是利用电视媒体展播的各类有关法制维权的事例；二是选择报刊上报道的各种维权案例；三是带女儿到现场去感受别人如何维权。在父亲的“维权教育”下，女儿在大学期间，在自己的权利受到侵犯时，她拿起了法律的武器进行维权并获得成功。

通过“维权教育”，这位父亲还总结出了一套孩子维权的方法：

（一）该谦让时就谦让，让孩子明白相互尊重的道理

如果你的孩子与别的孩子之间发生摩擦，即便别的孩子对你的孩子作出了一些过激的小举动，在不影响你的孩子身心健康的情况下，你要告诉孩子，该谦让时就谦让，该谅解时就谅解，而无须把事态扩大化。要让孩子明白这样的道理：同学之间应该平等友好相处，应该互相尊重，畏强欺弱都是不对的。

（二）细心发现苗头，鼓励孩子把委屈说出来

身为家长，要随时观察孩子的情绪变化，多与孩子交流。如果孩子有受到意外侵害和骚扰的苗头时，你要鼓励孩子把心里的委屈说出来，不要忍气吞声，因为这样会助长违法分子的嚣张气焰。只有这样，父母才能帮助他，为他出谋划策“维权”，讨个说法。

（三）具体情况具体对待，让孩子寻找适合的维权方式

当孩子的权利被侵犯时，要具体情况具体对待。遇到作业被同学剽窃或受到恃强凌弱的同学侵犯时，可以告诉老师和家长，让他们来为你讨说法；遇到生活消费品受到商家侵害时，可以找消费者协会，让他们为你讨公道；遇到抢劫、勒索的侵害，可以机智应对，然后向公安机关报告，以便把不法分子绳之以法。当然，当孩子遇到这些权利受侵害时，要让孩子学会保留证据和证人，并且学会机智应对。

第七计

平等计：与女儿玩时尚

家中有一个十几岁的孩子，就好像多了一个外星人，家长们会发现：孩子们说的话、唱的歌、穿的衣……都在自己所能理解的范围之外。对于孩子们口中的“时尚”，自己眼中的“怪物”，究竟该采取怎样的态度和做法？是加入孩子们的阵营，与他们为伍，还是以说教的家长式方法对待？

案例说话

口述：卢卡莲，女，39 岁，某防疫站药剂师

（一）

我的女儿自小就是个新潮胚子，从幼儿园开始，到小学到初中，一路走来，吃喝玩乐穿，样样都要领潮流之先。尤其到了高中一年级，女儿的前卫意识达到了一个小小的顶峰：淘小店购买发饰、发夹、小挂件、丝巾乃至生肖小首饰；“泡茶吧”品三道香醇茶，聊韩剧偶像；还有蹦迪、溜旱冰、进健身房，凡此种种时尚项目，女儿都乐此不疲。

虽说女儿喜好时尚，目前并未影响她的学习成绩，对此我一直保持中立态度，但我还是有所担心，长此下去，必然会拖她的后腿。

我是个既不守旧也不新潮的母亲，中庸的我，对女儿追求时尚的所作所为，一直抱着听之任之的态度。可当有一天，原先一头秀发的女儿顶着五颜六色、张扬无比的爆炸式假发猛然站在我的面前时，我目瞪口呆。第一感觉是：女儿的新潮新得太离谱了！

刚满 16 岁的她，怎么可以不顾及学子起码的形象，装扮成这副洋不洋土不土

的怪模样，成何体统?! 我第一次恼怒了，冲她吼叫道：“你从哪儿学来这套鬼花样？不伦不类，让人作呕!”女儿对我的话不以为然，反倒取笑说：“妈，你老土了吧！韩剧你看过吗？这可是当今最最流行的假发式样。”说真的，我对那种缠绵煽情的韩国青春偶像剧，确实弃而远之，当然不了解韩流所风行的细枝末节。

女儿的离谱尚未结束，没过几天，她又用压岁钱擅自购买了一套军事味极浓的宽腿袋裤，当她像空投伞兵般降落在我面前时，我的眼珠子凝固了，傻傻地盯着酷似野战排女军人的她，好半天说不出话来。女儿拿手指头在我面前晃了晃，说：“妈，看傻了吧！我酷不酷哇？”说着，还摆了一个军人动作。好容易缓过神儿来的我开口说道：“君君，你是不是做梦都想当军人？”女儿即刻捏着鼻头，嘴里发出一连串的咯咯声：“妈，你要笑死我了！我说你老土，还真是老土，连流行都不懂！”

女儿的离谱愈演愈烈。一个周末的傍晚，女儿说是约了三两个“女死党”遛大街放松一下。我知道女儿学习紧张了一星期，便同意她自由呼吸一晚上。不成想，女儿临出门时，除了给明亮的眼睛周围抹上厚厚的眼影，还给自己尖细的长长的指甲涂上扑朔迷离的颜色。末了，她穿上了一双目不忍睹的高跟鞋。见此情形，我第二次冲面前的中学生发怒道：“你自己照照镜子，像不像个女妖精？太不像话了！”

我的怒发冲冠，并没有震慑住女儿，她一脸坏笑地望着我，倒像心理医生似的开导我：“老妈，消消气吧。你的孩子爱时尚，你就当她自己闹着玩，千万别上心，不然，一激动可要犯心脏病了哦！”

面对女儿如此这般的新潮，我真是啼笑皆非。

（二）

女儿的怪味时尚，有增无减地向前推进。作为一名现代母亲，我是阻挠女儿前进的步伐，成为女儿口中的“老土”，还是迎头赶上女儿时尚的步调？怎么做决定我属于什么类型的母亲。

历来中庸的我，经过一番自我革命，最终选择了与女儿步调一致地追求时尚。我的目的很明确，在与女儿同步前进的过程中，引导她选择有益的时尚方式。

要想达到与女儿同步时尚，不是一件容易的事儿。现代的少男少女喜欢吃什么、喜欢玩什么、喜欢穿什么、喜欢看什么和喜欢说什么……我都知之甚少。有人说：“活到老学到老。”我现在还不老，一切从头学，不耻下问已经有所“成就”的女儿，是我这个初学者的捷径。

一个双休日的傍晚，女儿吃过晚饭后就坐到电视机前，边吃刨冰边看起了一部韩国电视连续剧。为了接受新潮思想，我也放下架子，坐到了女儿的身边。女儿见我这个她眼中的“老土”也来欣赏韩剧，颇为吃惊：“妈，这是韩国片子。”女儿提醒道。“我知道。”“你不是恶心韩剧的吗？”女儿满脸的疑问。“人是会变的，妈也想变变自己的欣赏口味儿。”女儿疑问的表情随即烟消云散，点了点头：“哦，是这样。”

加入到女儿那大呼小叫的欣赏行列，一开始，我怎么也进入不了剧情之中，那人物的装腔作势、那夸张的动作、那令人目眩的穿戴，让我心里泛起一阵阵的不快，可既然下了决心改变自己的胃口，忍也要忍到接受为止。一集又一集地欣赏下来，不知不觉中，我竟然就剧中某个青春偶像的时尚饰品发表评论说：“我觉得金香美脖子上的纱巾很飘逸，正好衬出她白白净净的皮肤。”一听我的评头论足，女儿猛地侧过脸来，像找到知音似的说：“我也是这么认为的！”

第一次与女儿一块儿观看韩剧后，一连几天，只要有空闲，我都会陪伴在女儿的身边。渐渐地，少男少女钟情的这部韩剧，也成为我这个中年妇女的所好。

听流行歌曲是女儿每天的必修课，网络是女儿接听流行歌曲的重要工具。周杰伦、谢霆锋、李心洁、陈慧琳和温岚是女儿崇拜的歌手;《遇见》、《同一个星空下》、《安静》、《祝我生日快乐》和《记事本》是女儿喜爱的歌曲。往日，每天一放学回家，女儿就超分贝地狂轰滥炸，声音震耳欲聋，时常惹起我的怒斥。充耳不闻的她，照旧摇头晃脑、手舞足蹈地沉浸在她那美轮美奂的梦境中。现在，我这个“老土”，不想再采用不起一点儿作用的怒斥方式，而是改换一种与她为伍的方式。

一天傍晚，女儿正陶醉在李心洁的《同一个星空下》，我走到她的面前，和颜悦色、很谦虚地问她：“君君，听什么好歌呢？”女儿见我毫无敌意，便摘下耳麦，友好地套在我的耳朵上：“妈，这歌太优秀了！你听听，简直是极品！”我果真像那么回事儿地听了起来，哎哟喂，这是什么玩意儿？根本与我喜欢的那些民歌相差十万八千里，一点也不合我的口味。“妈，怎么样？够煽情的吧！”望着女儿自我感觉良好的面孔，我不想扫她的兴，便违心地顺应她的话：“是不错。”女儿高兴了，笑脸如花地说：“我喜欢的歌曲，全世界的人都会喜欢。”听着女儿夸张的话语，我想笑又抑制住了。

玩手机是女儿的拿手好戏，从小学五年级开始，她就拥有了当时最新潮的折扇款式。此后，各种星座女生手机、三星双屏A288、诺基亚8250、首信c6088都在她手中把玩儿过，要说造成她如此奢侈消费的元凶，应该归结为我们家的“小康生活”。尽管我的宝贝女儿能够超级享受，可我这个老土的老妈，却从一而终地天天使用一款能进博物馆的老式手机。一天晚上，我再次虚心地向“手机大王”女儿请教手机上网的事儿，女儿像吃豆腐那么轻便地说：“这太小儿科了！”说着，她掏出超爱的宝贝索爱810，指着上面给我说：“只要把wap.waptd.com存入书签，点击就可以进入mospace，你看，多easy呀！”经“手机大王”这么一点拨，我茅塞顿开，原来，带摄像的手机上网确实很容易很方便。

除了虚心请教女儿一些时尚知识，我还有意识地加入到她的玩耍阵营里。每到周末的晚上，女儿都要去蹦迪。过去，我也曾经阻拦过她，怕她在那种场所遇到不三不四的人。现在想来，既然蹦迪是健身运动的一种方式，那我也不妨加入她的阵营，体验一下少男少女热衷的运动项目。女儿见我有心跟她一块儿去蹦迪，扬声大笑起来：“妈，你这把老骨头也想‘发烧’？行吗？”我不服老地回答：“妈才四十冒尖，正当年呢。你没瞧春节晚会上，那些七八十的老太太还跳得那么欢呢！”女儿马上收住了笑，像教练挑选队员似的：“那好吧，我带你去蹦一回‘发发烧’。”

半个小时后，女儿领着我走进了她喜欢的世界里，闪烁的五彩灯、喜笑颜开的青春面容、强劲的狂欢音乐，在这迷幻般的另类世界，我的心第一次受到了强烈的震撼。女儿拉着我的手，闯进了人的海洋中，此时此刻，不容我有片刻的思想，只能有单纯的念头和简单的动作，只能不管不顾地蹦起来、蹦起来……

（三）

三个月下来，我已经全方位地进入了女儿的时尚阵营里，我学会了淘小店，学会了听流行歌曲，学会了吃汉堡和辣唇的凉粉，还学会了看韩剧说韩语。如果说两个月前，我还属于“老土”的话，而如今，我这个中年妇女倒成为返老还童的“老来俏”。

我的行为方式改变了，自然与女儿有了更多的共同语言。

我了解到，女儿几乎每个周末的晚上都要约三两个要好的同学去泡茶吧。一个周末的傍晚，为了引导女儿的文雅消费，我主动邀请她去飘四方茶吧喝茶。女儿不相信地望着我，那意思是说：“这是真的？”在得到我进一步肯定后，女儿惊喜地在我面前一蹦三跳地说：“妈，你越来越可爱了！”到了茶吧，香醇的茉莉花茶泡

上来后，我把自己所知道的有关茶文化的知识灌输给女儿：“你知道吗？我国是茶树的原产地，是世界产茶、饮茶最早的国家。茶不仅是一种饮料，色、香、味俱佳，而且还有益健康。人们在饮茶中，创造了灿烂的茶文化，茶文化是我国民族文化宝库中的精品，我国被称为‘茶的祖国’……”

女儿边抿着香茶边聚精会神地认真听我讲。那晚，我们母女俩一直泡到星星布满夜空才余兴未消地返回家。

我也了解到，平日里，只要有哪怕半点空闲时间，女儿都要一头扎进音响店，选购自己喜爱的光碟。对于女儿的这种有益于身心愉悦的消费，我很赞同。有一个双休日上午，女儿准备出门去音响店，我马上请缨说：“妈今天陪你去买几盘光碟。”女儿喜出望外，随即挽着我的手臂冲出家门。来到音响店后，我事先已经探测到女儿的口味，从琳琅满目的光碟堆儿里，挑选出周杰伦、陈淑桦、孙燕姿和李心洁等新版本的新歌曲，送到女儿的面前。女儿很感意外：“妈，你怎么知道我喜欢这些歌手？”我笑得很神秘地说：“因为我是你妈呀，你肚子里那点弯弯肠子，我一清二楚。”随后，我又推荐了几张能代表中华民族音乐精髓的民歌光碟给女儿，她竟然没有抵触情绪地接受了。一个多小时下来，我帮助女儿挑选了一大摞能让她快乐的光碟。女儿很过意不去地对我说：“妈，今天让你破费太多了！”我表态说：“这种钱，妈心甘情愿花。”

女儿 17 岁生日了，我已基本摸清这个年龄段孩子的时尚口味，于是决定在家里为女儿搞一次化装晚会。女儿一听我的策划，灿烂地笑着说：“知我心者，老妈也！”晚上 8 点左右，女儿纠集了班里的几个“死党”来家欢庆，又吃又喝又歌又舞，还拿出双屏幕手机随意拍下各种姿态的芳影，第一时间上传到网络。身兼东道主和观赏者的我，被眼前一群充满青春活力的少男少女健康的举止感染了，也跟着摇头晃脑起来。

欢庆生日后的第三天，吃晚饭时，女儿超兴奋地告诉我，那天过生日传到网上的化装晚会视频，已经在网络上火了一大把，有 N 多的网友留言祝贺；还说网站的斑竹，奖励了她一辈子也花不完的社区币，简直把她爽歪了。闻听此消息，我也跟着女儿兴奋起来。

寒假来临，我从一份晚报上看到，市青少年宫正准备搞一次主题为“亲近自然、挑战极限、超越自我”的攀岩活动。攀岩是当今青少年喜爱的健身竞技活动，我想，它不仅能锻炼女儿的坚强意志，也能强健她的体魄。回到家里，我征求女儿的意见。

一听有风行的攀岩活动，女儿二话没说，就答应报名参加。女儿本以为攀岩是很好玩的活动，没想到，到青少年宫才训练了三天，她就腰酸腿痛叫苦连天，几次都想打退堂鼓。我不想让女儿半途而废，便诱导她说：“攀岩可是很时尚的运动，如果你放弃的话，就是狗熊，就不配做个时尚的女孩。”这话激发了女儿，她咬牙切齿地发誓：“我才不做狗熊呢，你等着瞧好了。”

在我的激将下，女儿忍受着身体的酸痛坚持训练，到半个月训练结束参加正式攀岩比赛时，晒成山里红梅的她，已经成为了一名勇敢的攀岩小战士，比赛结果，她夺得了小组第二名。当女儿穿着运动服、戴着安全护具伫立在“悬崖绝壁”的顶峰俯瞰我时，她那表示胜利的二指禅高高地举起。这一瞬间，我也激动地朝上方回了一个二指禅。

女儿有了攀岩活动的经历，且拿回第二名的战绩，我对她继续参加集体性的时尚活动充满了信心。五一节期间，我得知市里两家媒体和一家集团公司联合举办“赣新杯时尚女孩选拔赛”，我二话没说，就拉着女儿去报了名。5月2日的选拔赛，经过才艺展示、户外走秀、上镜表演等项目的初赛，女儿过五关、斩六将，跻身10个复赛名单中。5月6日下午，女儿使出了浑身的时尚解数，再次刷掉N名竞争对手，一举夺得了“赣新杯酷炫女孩”的桂冠，现场拿到了大红获奖证书和1000元大红包。

当女儿站在领奖台上像当红明星似的向观众炫耀两件红宝贝时，台下的我，两眼滚出了珍珠般的激动的泪水……

专家谈心

随着社会的发展，时尚逐渐在人群中盛行，影响着社会的每个角落，影响着每个孩子。父母首先要了解孩子追求时尚的心理——是孩子个性化的体现，是孩子追求美好、追求理想的审美意识的提高，是追求虚荣、追求时尚，是盲目攀比，还是从众心理等等。孩子逐渐走向成熟的时期，思维日趋活跃，对新事物既敏感又易接受，竭力寻求独立体验，企图引起他人的关注。爱美之心，人皆有之，孩子对美好事物自然都有一种认可和追求，无可非议。

时尚文化像一把双刃剑，有积极性和消极性双重属性。追求时尚的主流意识是好的，反映了人们热爱生活、追求幸福、崇尚自由的愿望。追求时尚使生活变得更加多姿多彩，使社会变得更加宽松和谐。但是孩子在生理上渐趋成熟，在心理上却有待于完善，人生观和价值观还没稳定，又很敏感，时常处于波动、迷惘、抉择之中，容易偏激和冲动，极易察觉并受到社会上流行思潮的冲击和影响。因此，如果缺乏正确的引导，孩子就很可能出现思想行为的偏差，盲目追求时尚。

方法左右

文中的母亲，当她发现女儿的“时尚”观念和行为与日俱增，经过认真思考后，决定放下居高临下的“架子”，融入到女儿的阵营中去。她由原来对女儿追求“时尚”的反感，到与她“同流合污”，再到有选择地引导女儿进行时尚消费，在这一系列的演变过程中，她由一个“老土”，转化成了一名与时俱进的“新鲜人”，而开发她时尚行为的启蒙老师便是女儿。当然，作为母亲，她在与女儿一同追逐时尚之际，始终没忘记自己所肩负的指导职责。这位母亲的做法，归纳成以下几点，供借鉴。

（一）父母要更新观念，参与孩子的时尚活动

有一天，父母发现了自己的孩子很出格地追逐时尚，面对孩子这种异乎寻常的生活方式，身为新时代父母，是阻挠孩子前进的步伐，还是迎头赶上孩子的追逐时尚的步调？怎么做将决定父母与孩子之间是否能“和平共处”。假设父母一味地去阻拦孩子的时尚追求，其结果自然会受到孩子的排斥，进而强化他们的叛逆行为。如果父母能放下家长“居高临下”的架子，主动参与孩子的追求，肯定会得到孩子的认可和接受，成为他的朋友。

（二）父母帮助挑选好的时尚项目推荐给孩子

父母在参与孩子的时尚活动过程中，已经基本掌握了孩子追求时尚喜好的种类，此时的父母，不能只停留在被动的参与中。作为有经验的长辈，父母还有两个职责，那就是：一方面，要引导和帮助孩子学会欣赏和鉴别什么是时尚美，什么是有品位的时尚，什么是价廉物美的时尚消费，什么又是垃圾时尚，要让孩子在追逐时尚的过程中，充分认识到时尚里也有良莠之分，需要理智地区别；另一方面，父母还要帮助孩子挑选一些有益于他身心健康的时尚项目。如故事中的母亲主动给女儿挑选了“亲近自然、挑战极限、超越自我”的攀岩活动、“赣新杯时尚女孩选拔赛”，让女儿在这两项新的时尚活动中，体验到了成功和快乐。

（三）培养孩子用自己的辛勤劳动换来时尚成果

父母应让孩子逐步认识到，是劳动创造世界，劳动创造价值；让孩子了解包括体力劳动在内的一切劳动在社会发展中的作用，从小就具有劳动光荣的意识，并让孩子在劳动中去体会劳动所带来的幸福和喜悦。要让孩子懂得，只有通过劳动换取来的时尚成果，才是甜蜜和美好的。

第八计

以退为进计：与女儿玩小小博弈术

父母要告诉孩子，“以退为进”的退，并不意味着放弃道理，而是转个弯，为劝说蓄势。据理力争、正面辩解和劝说要分场合、对象，即便你有道理，也并不总是对的。有理走遍天下都不怕，当正面辩解行不通的时候，不妨先退一步，再谋求进取。

我们常常有这样的体会：碰到一个陡坡，实在挺不过去，干脆停下来，退一步甚至几步，歇息一下，调整调整，鼓足劲，再行冲刺，往往一蹴而就。正所谓“忍一步风平浪静，退一步海阔天空”。

案例说话

口述：费芝琳，女，41岁，某社区秘书

（一）

我的女儿莹莹是个自私的女孩，从上幼儿园到读小学，无论在家里还是在学校，她都表现出了自私自利。

到了女儿上初中时，她的这种自私越来越明显。有一次，女儿在学校与一位名叫菲菲的女同学闹别扭了。原因是菲菲向女儿借一盘光碟听，而女儿很喜欢听那位歌手的歌曲，她不肯借给菲菲，为此，菲菲当面说女儿不够“姐们儿”。女儿却理直气壮地说：“我的东西，就不借给你，气死你！”于是，两个昔日的好同学为这件事断绝了来往，成为了“冤家”。

在家里，每次全家人吃饭时，她总是把好吃的菜扒到自己碗里。如果我和丈夫动筷子多吃了几口她喜欢的菜，她就会很不高兴地给我们看脸色。

一个周末的晚上，我带着女儿去参加大学同学的聚会。尽管出门前，我反复交代她说话、做事要有礼貌，可是，一上宴席，我那“野气十足”的女儿目中无人地抓起一只鸡大腿就啃。满桌的老同学都用诧异的目光盯着她，顿时，我出了一身的冷汗，想喝止她，又不便发作。

不到两分钟，女儿就把鸡腿啃完了，她又准备对下个目标下手。这时，旁边一个女同学开玩笑道：“芝琳，没想到，你那么文质彬彬的，却养出了个大大咧咧的女儿。”一句话，引得大家一阵哄笑。

此时此刻，我真是尴尬极了！

（二）

那一夜，我辗转反侧难以入眠。我怎么也不明白，自己一直苦口婆心地教育孩子，她怎么就“恶习”难改呢？是孩子太冥顽还是我没找对方法？都说只有失败的家长，没有失败的孩子，看来问题还是出在我这儿。要想彻底改变女儿的自私自利，必须找到一种适合她的方法。

我曾经读过一篇文章，是写一位青年向一位富翁请教成功之道的，这位富翁拿来了3块大小不等的西瓜放在青年面前，说：“如果每块西瓜代表一定程度的利益，你选哪块？”“当然是最大的那块！”青年毫不犹豫地回答。富翁笑了笑，说：“那好，请吧！”富翁把最大的那块西瓜递给青年，而自己吃起了最小的那块。很快富翁就吃完了，随后拿起桌上的最后一块西瓜得意地在青年眼前晃了晃，大口吃了起来。青年马上明白了富翁的意思：富翁吃的瓜虽然不比青年的瓜大，却比青年吃得多。如果每块代表一定程度的利益，那么富翁占的利益自然比青年多。

这篇文章的内容告诉了我们“以退为进”的道理。我想，这种游戏式的方法，也许对改变女儿的自私自利有一定的作用。我决定效仿这个故事，跟女儿做个小小的博弈游戏，目的自然是教会她懂得“以退为进”的道理。

一天晚上，正好比女儿大两岁的表姐桐桐来家玩，我拿出一个小西瓜来，剖开一半后，我“如法炮制”地故意把一半西瓜分成了大小6块，大的两块、小的4块，然后，放在茶几上。我对她俩说：“现在我们来做个PK游戏吧，这儿有6块西瓜，每块西瓜代表一种荣誉，你们俩一块儿把这些西瓜吃完，谁吃得最多，谁得的荣誉就最多。”女儿见做吃西瓜的游戏，兴奋的她自以为是地说：“我肯定得冠军！”

桐桐没有任何表态，她专注地盯着面前的西瓜，在思考着什么。

“好，开始吧！”我下达了比赛的指令。

女儿没有多加考虑，就伸手拿起了一块大的西瓜（这在我的意料之中），即刻放进嘴里咬了起来。

桐桐却不紧不慢地拿起一块小的西瓜，也咬了起来（也在我的意料之中）。

过了不多一会儿，桐桐首先把小块西瓜吃完了，她又拿起了另一块。旁边的女儿瞧见后，有些着急了，她加快速度地啃着手上的西瓜，顾不上吃干净，就扔掉还有瓜瓤的瓜皮，又伸手去拿另一块大的西瓜（这是女儿争多的惯常心理表现），急忙放入口中。这时，桐桐已经吃完了第二块西瓜，又去拿第三块西瓜了。

一旁的女儿急红了眼，她再次加快啃吃的速度。

就在女儿吃到一半多一点儿时，桐桐吃完了第三块，她准备去拿第四块西瓜。女儿见之，忽然大叫起来：“住手！那一块是我的！”

桐桐回答：“你还没吃完呢！”她不由分说，就拿起了第四块西瓜放进嘴里了。

女儿再次大叫起来：“你不能吃我的！”（女儿的自私心理又一次显露出来）

此刻，作为“策划人”和“裁判”的我，说话了：“桐桐没有违规，可以继续吃下去！”

比赛结束了，桐桐吃了四块小的西瓜，而女儿则吃了两块大的西瓜，我马上公布比赛成绩：“桐桐得了四种荣誉，而莹莹只有两种，PK 的结果是，桐桐第一名。”尽管女儿心里不是很愉快，但我还是借吃西瓜来“说事”，我对女儿说：“你知道桐桐为什么会比你吃得多吗？那是因为她懂得‘以退为进’的道理，从表面上看，你吃大的西瓜好像占了便宜，可是相对而言，由于大西瓜体积大，吃起来很费时费力，在速度上就不及小西瓜吃得快，所以，桐桐就能取得冠军。”

听了我的分析，女儿似乎认可了我的说法，她点着头说：“妈，我明白了，以后做其他的事，我也要学会‘以退为进’。”

（三）

这次小小的 PK 游戏，让女儿知道了“以退为进”也是一种前进的方式。

为了彻底改变女儿的自私习惯，我还准备让女儿明白，“放弃”也是一种前进的智慧方式。

一天傍晚吃饭时，我对女儿说：“莹莹，明天是周末，妈妈想带你去龙虎山玩玩。”我的话音刚落，女儿高兴得差点蹦起来：“真的？你不会骗我吧？”我当即对她说：“除非妈妈明天有意外的事情脱不开身。”在得到我的肯定后，女儿大口地吃着饭，显然她心里很兴奋。

第二天一大早，我和女儿都早早地起床，准备出行的随身品。恰在此时，我的手机响了，是单位的领导打来的，他说今天让我去单位加班赶写一份材料，明天他到省城去开会要用。这意外的出现，使我左右为难。一旁的女儿竖起了耳朵阴沉着脸紧张地听着。一见女儿这副表情，我马上意识到“失信”将给女儿带来怎样的情绪反应。为了兑现自己的诺言，思考片刻后，我主动给领导打去电话，把自己的打算告诉他，说白天有重要的家事，材料我今天晚上加班加点一定赶写出来，决不会耽误他开会。善解人意的领导答应了我的要求。身边的女儿听完我给领导打的电话，脸上的表情立刻“阴转晴”。

一个小时后，我与女儿乘旅游车来到风景秀美的龙虎山。一到大自然，女儿好玩的天性就暴露出来，一会儿三步并两步地攀登山峰的台阶，一会儿与水中小鱼儿嬉戏，一会儿放开嗓门高唱新人类的流行歌曲。看着女儿活蹦乱跳的身姿和开心的笑容，我也受到了感染，情不自禁地与她一同亲近大自然。

我与女儿尽情地游玩回来后，吃过晚饭，我决定带女儿一块儿到单位去赶写材料，这样做的目的，是要让女儿亲身感受我因陪她游玩而耽误了公事，我照顾她的心情，也希望她能理解我的“事业心”。材料一直写到夜里12点多，陪伴在身边的女儿困倦不堪，她感触深切地说：“妈妈，要知道你这样不容易的话，我们今天不去游玩就好了。”听了女儿这番话，我马上高兴地对女儿说：“莹莹，你今天能说出这样的话，说明你懂得了放弃也是一种‘以退为进’的方式。有时候，如果我们只抓住自己的东西不放，就很难接受别人的东西，有所失才会有所得。放弃不是失败，而是智慧。”

随后的一段时间里，我寻找各种机会让女儿体验“当遇到情况变化时，如何抱着理解的态度从容面对”。经过几次的言传身教，女儿开始接受了我的“放弃”理论。

女儿读高中了，为了集中精力学习，我让她住进了学校的集体宿舍。有一次，在集体宿舍里，睡上铺的女孩时常把一些废纸屑扔到女儿的床上，女儿很是恼火，便与她发生了口角。之后的一天里，两人互不理睬。可到了第三天早上，女儿却主动与女同学打招呼，并且帮她买早点。由于女儿的退让和积极帮助，那位女同学很是惭愧，从此以后，再也没有扔过纸屑，女同学与女儿又友好相处了。

女儿终于改变了自私的习惯，成为一个善解人意的可爱女孩！

专家谈心

一个人应该懂得什么时候应该争取，什么时候应该放下。一味地委曲求全，那是一种懦弱；而一味地趾高气扬，那是一种愚昧。一个处处逞强好胜、傲慢无礼、不可一世的人，很难得到别人的认可与肯定，也很难在事业上有所成就，不是在现实面前被碰得头破血流，遍体鳞伤，就是遭人排挤，孤立无援，郁郁而不得志。

教孩子学会放弃，首先家长应学会放弃。有些家长觉得孩子多一门知识就多一份选择职业的空间，于是上午让孩子学钢琴，下午让孩子学奥数，晚上让孩子学美术，星期天也要马不停蹄地让孩子学英语，希望自己的孩子样样全能，处处胜人一筹，不想失去任何一个可以让孩子得到锻炼的机会，相信每种成绩的取得都会对孩子有帮助。家长的用心可谓良苦，但得不偿失。他们望子成龙心切，舍不得放弃任何一个锻炼孩子的机会，孩子就无法学会放弃，只能随着父母的心思疲于应付。殊不知，孩子学得越多，可能输得越惨，什么都想得到，结果却什么也得不到。

方法左右

文中的母亲了解女儿是个有些自私自利的孩子，于是决定给女儿进行“以退为进”的教育。她给女儿做了一个小小的PK游戏，这个游戏，让女儿明白了“放弃”也是一种前进的方式。经过这位母亲的一番“以退为进”的灌输，自私的女儿终于变成一个有爱心、通情达理的可爱女孩儿。总结这位母亲的做法，可以得出以下几点可行的方法：

（一）让孩子把握好努力方向，懂得应该坚持和放弃什么

在设定目标的时候要作出适当的取舍，让孩子确定自己到底能做什么，不能做什么。放弃自我设限的错误做法，树立远大目标。让孩子学会放弃那些自己明显没优势的领域，要学会变通，放弃不切实际的理想，退却与进攻一样，都需要真正的智慧。要让孩子掌握“以退为进”的智慧，敢于放弃，才能不断获得新的生命力。一定要注重培养孩子的专注精神；要教育孩子做事决不能半途而废；教孩子不轻易放弃，提高对挫折的承受力，舍弃自满心理，不要生活在过去的荣耀中。

（二）教孩子敢于作出决定，放弃犹豫和恐惧

人生的道路要靠自己不断去思索和选择，让孩子学会正确选择他自己所想要的，果断决策的能力是成功的先决条件。让孩子克服犹豫不决、优柔寡断的毛病；要让孩子懂得必要的舍弃是为了更好地获得；让孩子放弃恐惧，敢于冒险，培养孩子敢于竞争、善于竞争的精神。放弃思维定式，避免犯“想当然”的错误，让孩子放弃冲动，更理智地进行判断。

（三）让孩子懂得在生活中要有所为，有所不为

要想获得自由，首先得放弃随心所欲的思想，不值得做的事情，就要果断地放弃，让孩子放弃享受思想，甘于为事业付出努力。成功的捷径在于勤奋，必须放弃投机心理，放弃浮躁的思想，学会脚踏实地地去努力。让孩子学会选择、培养和从事有益的爱好；让孩子学会抗拒诱惑，加强控制能力的培养；让孩子坚持学习，注重知识积累。

（四）让孩子学会选择交往对象，放弃狭隘的个人主义

适当地放弃个人利益是成功交往的基础。让孩子学会选择忘记什么，记住什么；教会孩子抛弃虚无又虚伪的面子思想；让孩子掌握一些适时退让的方法和技巧；让孩子放弃斤斤计较的心理，对人多一点宽容和谅解，要让孩子学会能屈能伸，善于忍耐；让孩子果断地与那些不值得交往的朋友尽早断交，宁可放弃物质利益也决不能不守信用。

第九计

奖惩计：给女儿制定作息时间表

现在的孩子大多是独生子女，生活条件优越，特别是祖辈和父母众星捧月的态度，助长了孩子的独占欲，强化了他们以自我为中心的意识。父母总怕孩子受一点儿苦、受一点儿委屈，对孩子过分的需求总是有求必应，容忍、迁就孩子的错误，这样使孩子很自大，不关心他人利益。于是，孩子从无意识的自私行为就慢慢变成了有意识的自私，只在乎自己想要做的事情，而无视他人的感受。

如果你的孩子就是这种情况，该如何引导他们改变自私、霸道的习惯？方法是多种多样的，文中的母亲采用的是别样的“军事化管理”方式。

案例说话

口述：浩子彤，女，39岁，某小学教师

（一）

一天晚上，我的婆婆从省城打来电话说，她和老伴最近身体都不太好，想把准备读初中的女儿送回我们身边。一个星期后，婆婆亲自护送女儿来我这儿。

我半年多没见女儿了，她本来就胖墩墩的体形，比上回见面看长许多，显然是婆婆喂养的功劳。

女儿不仅外形见长，她的娇气也加倍。晚餐时，我做了六菜一汤，谁知，女儿的筷子在每道菜上翻动了几下，就噘着嘴撂下筷子，说，这些菜一点儿都不好吃！

婆婆一见，马上连哄带劝，让她看着奶奶的面子多吃几口。

女儿根本不买婆婆的账，她仍噘着嘴说，不吃就是不吃。

瞧见女儿娇气十足的样子，婆婆无奈地摇了摇头，对我苦笑着，说她就这么个任性脾气。

女儿不管婆婆和我的感受，拒绝进食半点儿美味佳肴，即刻离开餐桌，直奔冰箱，从里面抱出一大盒动物雪糕和冰淇淋，坐到电视机前观看起娱乐节目来。

晚上，婆婆单独和我聊起了女儿在她身边的种种生活习性，说她每天放学回家后，就钻进房间去玩电脑，连吃饭也要在电脑前吃；说她在学校里，不喜欢和同学一块儿玩，原先有一个要好的同学，也不知什么原因，两人就再也不来往了；说她挑食很严重，特别喜欢鸡鸭鱼肉和零食，尤其对高脂肪的膨化食品情有独钟，几乎天天都离不开，而对维生素多的青菜、萝卜和水果从不沾口；说她对老师布置的作业，经常不完成，好多次老师打电话来通报情况……

听完婆婆絮絮叨叨的讲述，我知道，隔代教育，爷爷奶奶对待孙子孙女大都采取溺爱的方式，这种宠爱所养育出来的孩子，不仅娇气自私，还缺乏责任感。我是个教育工作者，深知溺爱孩子的危害性。耳闻目睹女儿身上诸多的不良习气，我觉得有必要对她进行脱胎换骨的改变。

女儿被我收管的第一天早晨，我做完早餐，叫她起床吃饭。可喊了几次，她都赖在床上不肯起来，还提出不良要求，让我把早餐给她端到床上去吃。

我不想纵容女儿的不良习惯，马上对她说："我不允许你在床上吃饭，快起来吧。"

女儿仍躺在床上，满脸不高兴地说："奶奶就是让我在床上吃饭的。"

我接过她的话头："可你现在归我管，一切都要按我的要求做。"说完，我走到床前，伸手掀掉她身上的毛巾被。

眼下是放暑假，我问女儿老师暑假布置了作业没有。

女儿敷衍地回答早做完了。

我便对她说："那我再给你布置一些暑假作业。"

一听这话，女儿反应强烈，猛然抬起头来，抗拒地说不想再做作业，她要好好玩玩。

我马上引导说："我不反对你玩，可暑假这么长，你总不能天天玩吧？你下个学期可是真正的中学生了，你难道不想比其他学生懂得更多的知识？"

女儿眨巴了一下眼睛，很不情愿地答应说："那好吧。"

（二）

暑假很快过去了。我带女儿到中学报名。

作为母亲，我当然期望女儿能在学业上大有出息。我曾经到一些好的私立学校听过课，觉得他们军事化的封闭式管理值得借鉴。于是，我决定对女儿实行军事化的作息时间安排，目的是培养她良好的生活和学习习惯。

回到家里，我就按照女儿从学校里领回来的课程安排表，结合女儿这个年龄段孩子的生理特点，制定了两份作息时间表，一份是平常上课的安排，一份是双休日的安排。

平常的作息时间表，我是这样安排的：早晨 5 点 30 分起床跑步，6 点 20 分吃早餐，6 点 50 分出门去学校，中午 12 点 15 分准时吃午餐，12 点 50 分午休，下午 1 点 40 分去学校，傍晚 6 点整吃晚饭，6 点 30 分看喜欢的娱乐片，7 点看《新闻联播》，7 点 30 分开始做老师布置的作业，9 点 30 分准时上床睡觉。

双休日的作息时间表，我侧重于健身娱乐的安排，如去溜冰场，或与同学玩，或在家看娱乐性的电视节目，或上书店买课外读物，或到门口的球场去打羽毛球（或乒乓球）等。

两份作息时间表制定出来后，我就对女儿说，从明天开始，要严格按照这两份作息时间表，对她实行科学的军事化管理。如果遵守纪律的话，我会奖励她；违反要求的话，就要进行处罚。随即，我把表格交给她看。

女儿拿过两份作息时间表，随意翻看了一下。

“如果你同意的话，就在这下面签上你的名字。”说着，我递给她一支钢笔。

女儿不以为然地在两份作息时间表的下方签上了自己的名字。

签订了作息时间表的第二天早晨 5 点 30 分，我走到女儿的卧室门口，叫她起床，一连叫了三遍，她虽然口头上答应了，可仍然没有起床的动静。我即刻推门进去，来到床前，很严肃地对她说：“昨晚才签订的合同，你今天就不遵守了？快起来！”

女儿很不情愿地翻身下床，穿戴完毕后，我领着她来到附近的一个操场，让她绕着圈跑步，我就在一边做健身操。

到了 7 点，我与女儿一块儿回家。她吃完早餐后，我同意她去附近的同学家玩。临出门时，我一再强调说 10 点钟回来做作业。女儿点头答应了，随后一溜烟跑出门。

然而，到了 10 点钟，并不见女儿回家。我在门口不时地张望。过了半个小时，仍不见她的踪影。转眼 12 点钟了，女儿还是没回来。我焦急地想，这孩子，第一天就违反了作息时间表的规定，如果对她不加以惩罚的话，以后就难以管理了。

直到12点20分左右，女儿才满头大汗地跑进家门。我问她为什么不遵守作息规定，女儿一边擦汗一边若无其事地说，她和同学玩忘了时间。

我严肃地对她说：“你一点节制能力都没有。今天下午取消你打羽毛球的规定，罚你背英语单词30个，或者背两首唐诗，你任选一种。”我知道，女儿最怕背东西。一听我的惩罚方式，女儿像泄了气的皮球，无精打采地说：“那就背英语单词好了。”

虽然第一天女儿因违反规定而受到惩罚，但在接下来的几天里，不长记性的她，还是一再违反作息时间表的要求。一天傍晚，已经7点了，我不见女儿回来，便沿着去学校的路线想会会她，可一直走到学校，也没遇见她。我来到女儿上课的教室，迎面见到班主任，班主任说女儿下课后，与名叫涂圆圆的女同学一块儿离开学校的。我按照班主任给的地址，找到了涂圆圆同学的家，她的父亲告诉我，她的女儿也没回家。这下，我着急起来，担心被一些不法分子绑架了（这种事时有发生），便与涂圆圆的父亲心急如焚地四处寻找两个孩子。找了一个多小时，仍未发现她俩的踪影，急得我想报警。正在这时，涂圆圆的父亲接到了女儿打来的电话，说她已经到家了，涂父急忙问我女儿在哪儿，涂圆圆说她已经回家了。听到这一消息，我悬着的心才落了下来。回到家里后，我一见到女儿，劈头责问她去哪儿了，女儿知道自己违反了作息时间，如实地交代自己与涂圆圆去滑旱冰了。

女儿又一次严重违反作息时间，我除了采取背英语单词、背唐诗或抄写一定数量的课文的惩罚措施外，还当场亮出作息时间表上她的签名，提醒她做一个好孩子应该遵守纪律。

经过半个多月的惩罚和引导，女儿无组织无纪律的“毛病”得到了一些改进。

随后的几天里，女儿按我设定的轨迹运行。可没过多久，她散漫的习性又抬头了，她竟然省略了按时做作业这一重要环节，原因是看电视超时了，而且还有充足的理由反驳我说：“这么好看的电视，我只是多看了一会儿，干吗那么认真啊？”对于女儿的违规，我没有迁就，不容商量地执行了罚做六道令她头疼的数学题。

女儿觉得正面违反作息时间容易被我发现，便开始与我玩起心计来。一天早晨，按照作息时间表的规定，5点30分，她必须起床。可当我前去叫门时，她竟然懒洋洋地捂在毛巾被里。我有些火了，正要掀她的毛巾被，她声音很微弱地对我说：“妈妈，我今天头很疼，全身无力。”一听她病了，我慌了神儿，急忙抬手去摸她的额头，似乎有些热度，便马上对她说：“妈妈带你去医院看病。”女儿朝我摇了

摇头，说："我不去，多休息一下就会好的。"

见女儿生病了，我没有要求她起床去跑步，而且这一天里，我对她的军事化管理也有点儿松懈。

女儿见装病能赖床、能不严格遵守作息制度，心里窃喜。尝到装病甜头的女儿，此后的几天里，动不动就抛出这张"王牌"，而且屡屡得手！

就在女儿装病成瘾之际，终于有一天早晨，我发现了她玩小伎俩的秘密，气恼的我，新账老账一起算，狠狠地对她进行了惩罚：罚她三天不许看娱乐节目，每天加倍地抄课文！

也许这次对女儿的惩罚力度很到位，她产生了后怕之感。这天以后，她变得规矩起来：每天按时起床，按时上课，按时吃饭，按时看电视，按时做作业和按时睡觉。

一个星期过去了，半个月过去了，一个月过去了，无论是平时上课，还是双休日，女儿都按照我制定的作息时间表执行。一天傍晚，女儿的一位女同学打电话约她去迪厅蹦迪，女儿马上对她说自己还有功课要做，尽管那边的女同学一再"诱惑"和"纠缠"，女儿仍然立场坚定地谢绝了同学的邀请。

又一个双休日的下午，女儿正在潜心做作业，已经到了娱乐的时间了，我发现后，马上提醒道："微微，该歇歇了，去玩一会儿吧。"

此时，女儿还有些依依不舍，她恳求说："妈妈，让我做完这道题吧。"在获得我批准后，延时了半个小时。

为了表彰这个月里女儿严格遵守作息时间，一个双休日的上午，我领着女儿来到本市最大的商贸城，作为奖励，我到新华书店给她买了两本精装的课外读物，到体育用品店给她买了一副羽毛球拍，到音响屋给她买了 MP4。

之后的三个月里，女儿都因为遵守作息时间受到我各种形式的奖励。

（三）

转眼，女儿已读初三了。一天下午，女儿放学回家，对我说今天晚上学校开毕业家长会，老师叫爸爸妈妈去参加。

吃过晚饭后，我坐公交车前往女儿所在学校的初三（六）班。在家长会上，班主任让家长们帮助自己的孩子填报高中志愿。

我的女儿是填报重点中学，还是普通中学，或者职业中学？这将决定她今后学业的走向。我综合了女儿近一年来各门功课的成绩，客观地进行了分析：虽然女儿的综合成绩在班里一直位居前十名，按说第一志愿填报重点应该没问题，问题就在于，女儿进了重点中学后，她的成绩在高中的班级里，只能是中等水平，不具有竞争性。如果她始终处于劣势的状态，势必会滋生她的自卑情绪，长此下去，对她今后的学习成绩肯定会产生影响。假如她进了普通中学，她目前的综合成绩有可能在班级里遥遥领先，这样的话，就能激发她的学习热情。有了这种热情，她会努力做得更好。

这么一分析，我当即为女儿作出了决定：第一、第二志愿都填报普通中学。

女儿进入一所普通中学就读高中。开学的第一天，我仍然没忘记搬出作息时间表来让女儿执行。

让人欣喜的是，此时的女儿，不需要我那套奖罚分明的规定去约束她了，她能够自觉而习惯性地按照有所改动的作息时间表去做，早晨几点起床、几点去上课、几点看电视、几点做作业和几点上床睡觉，她驾轻就熟地贯彻执行。

一个双休日的傍晚，女儿外出与同学打乒乓球，回来时，已超过了一个小时二十分钟，我没有责备她，可她却自责自己缺乏控制能力。当晚，她主动地用加背英语单词来惩罚自己。

春节来临，婆婆和公公来我家过年。大年初一这天，我同意放女儿三天假，可以不按作息时间自由活动。可是女儿却已经习惯了正常的作息时间，陪爷爷奶奶逛了一趟街回来后，她又自觉地钻进房间做作业。

一直以来，由于我对女儿作息时间的军事化管理，她的身体比过去结实了，由157斤减至139斤的标准体重，学习成绩在班里数一数二。

女儿参加高考了。临考这天一大早，我与女儿几乎是同时起床的，我忙着做早餐，而女儿则忙着准备考试的文具。吃过早饭后，我陪女儿去考场。

半个小时后，我俩来到了人山人海的高考设点学校大门口。送女儿进校门的一瞬间，我用鼓励的目光望着她说：“我相信你能发挥出平时的水平，去吧！”女儿带着我的激励轻松地踏进了学校大门。

三个小时的数学考试结束了，当女儿随拥挤的考生走出校门时，我发现她脸上的表情很是自信，来到我的身边，女儿的第一句话是：“妈妈，我今天发挥一切正常！”听了这话，我拉住女儿的手，很温情地摸了摸，说：“好样的，妈妈就知道会这样。”

接下来的几场考试，女儿都发挥不错，每次从考场出来，她还有些稚气的圆脸上都会显出阳光的神情。

一天傍晚，女儿兴高采烈地奔进家门，高叫着：“妈妈，我被北京的清华大学录取了！”

接过女儿递过来的录取通知书，我兴奋得双手抖动，看着上面的白纸黑字，我的眼睛挂满了泪花，要知道，这可是六年来我对女儿严厉教育的肯定啊！

专家谈心

我国自 1979 年实行独生子女政策以来，曾由于家庭教育环境的影响，以及有些独生子女在行为上和性格上表现出了某种特异性，人们一度对独生子女的前途十分担忧，并有过一些不正确的看法和说法，认为独生子女是“小皇帝”、“小公主”、“小太阳”，担忧他们成为“被抱大的一代”、“被宠坏的一代”，担忧他们无法托起明日的世界。

大多数独生子女的家庭环境对他们的成长有着良好的影响。如果以独生子女和非独生子女来区分他们行为上和性格上的优劣，这显然是不客观的，也是不公正的。简单地把独生子女看成是“被宠坏的一代”，更是一种没有科学根据的担忧或偏见。凡是处在良好的家庭教育、学校教育和社会环境条件下的独生子女，完全能够被造就成为德、智、体全面发展的跨世纪优秀人才。

方法左右

故事中的母亲是小学教师，因她和丈夫事业繁忙的缘故，女儿从小就寄养在婆婆家里，她深知隔代教育的害处，祖辈的溺爱、纵容极容易培养出娇气、自私和霸道的孩子。当婆婆把女儿交还给她教养时，她采取了严格的军事化管理，最终把娇气的女儿培养成为一名清华大学的学生。

这位母亲特殊的教子方法，对纠正自私娇气的孩子所起的作用是显著的，它告诉我们：

（一）改溺爱为掌控，对孩子实行目标化管理

如今许多父母对待自己的孩子所采取的大都是放任、纵容的教养方式，他们认为这样做是爱孩子，却不知，在这种溺爱方式的培养下，孩子极容易形成娇气、自私、霸道的习气。等到这种不良习气扩张后，父母们才苦不堪言。要改变孩子身上已经形成的不利现状，只有像故事中的母亲那样，停止溺爱，对孩子实行严格的目标化管理。所谓目标化管理，就是父母要重新规范孩子的言行，对他们日常的生活

进行有的放矢的控制，比如以一天为例，一日三餐、娱乐、交友、学习和睡眠等，要合理安排，并且严格执行。

（二）奖惩分明，对孩子实行家庭化激励机制

如果父母要改变孩子身上所存在的自私娇气等习气，不妨采取奖惩相结合的灵动方式。就像故事中的母亲那样，给孩子制定一个适合这一年龄段的作息制度，然后，灵活地运用奖惩分明的方式来操作。在家庭中，实行这样的激励机制，能够激发孩子对作息制度执行的兴趣，有利于父母掌控、规范孩子的行为。当然，奖惩制度要依据孩子每天是否严格执行作息时间表而定，遇到因可以理解的原因出现变动时，父母也要具体情况具体处理。

（三）改掌控为放手，对孩子实行“远程指导”

如果自私的孩子已经被父母严格的教育制度“赤化”了，这时候，父母就应该放手让孩子自主掌握作息时间表，安排自己的学习和生活，父母只需在“远处”给予指导。要知道，父母引导的最终目的是把孩子培养成自主、自觉、自愿的人。就像故事中的女孩那样，不需要母亲那套奖罚分明制度去约束她，她能够自觉而习惯性地按照改动后的作息时间表去做，早晨几点起床，几点去上课，几点看电视，几点做作业和几点上床睡觉，她都驾轻就熟地贯彻执行。

第十计

放手计：让女儿当“周末管家”

如今的孩子都是独生子女，而在以独生子女为轴心的家庭中，物质投资容易导致家庭教育脱离正确的轨道。孩子作为家庭的“独苗”自然成了父母的希望所在，成了父母们围着团团转的轴心。吃要高营养、穿要高档次、玩要高投入，这种备受呵护、养尊处优的地位易使孩子偏离家长的美好初衷而形成唯我独尊、以自我为中心的不良个性品质。父母层层加码的物质投资，成了孩子以一己为中心的自我不断膨胀的刺激源。

面对着如潮涌来的商品和无孔不入的广告，以自我为中心的孩子往往缺乏控制力，不会站在父母的角度来决定取舍。这种超前的物质享受欲若得到满足，则强化了其以自我为中心的不良个性；若得不到满足，他们便可能站在父母的对立面，在感到失落的同时，产生对父母的怨恨和逆反心理。如何教育孩子走出“超前消费”的误区，成为父母思考的重要问题。

案例说话

口述：舒若涵，女，41 岁，某矿泉水销售公司销售代理

（一）

我的女儿正在读初中三年级，是个很前卫的女孩，尤其是在消费方面，她自认为具有“超前意识”。她见女同学穿了漂亮的名牌时装来学校，回家就闹腾我带她去服装城买，而且非名牌不买；她看到有同学换了新款手机，也要我给她换一部；市面上出现了 MP5，她就喜新厌旧地抛弃 MP4；更让我难以接受的是，一个月前给

她买的一瓶香水，才几天工夫，她听女同学说化妆品店最近进了法国的迪香欧香水，立马要我给她再买一瓶这种牌子的香水。

面对女儿铺张浪费的“超前消费”，我叫苦不迭！改变她这种毫无节制的消费意识，成为我当前的首要任务！如何去纠正呢？一天，我与女同事交流这一问题，她给我出主意说：“你可以给女儿安排做一段时间的‘周末管家’啊！所谓‘周末管家’，就是把每周的双休日，全家人的‘吃喝拉撒’全交给孩子来管理。这样，不仅能锻炼孩子的管理能力、独立能力和应变能力，还能培养孩子的责任心和‘人情味儿’，是一种综合能力的训练。让她体验到，今天的生活来之不易！让她学会理性消费。”

女同事的建议很好，经过一番思索，我决定全盘接受下来，打算把试验的着眼点定在让女儿做“周末管家”上。

说干就干！第二天，我只用了半个多小时，就说服了女儿，她在接受“周末管家”这一光荣任务时，很孩子气地问我：“妈妈，让我做‘周末管家’，是不是这两天，我想怎么安排就怎么安排？就像你们的权力一样大？”我的回答是：“也可以这么说吧。”女儿高兴得蹦跳起来：“太好啦！”

（二）

第一个双休日来临，这天一大早，我把一册自制的账本和两天的伙食费 120 元交给女儿，并告诉她，这两天的收支情况要记录在案。女儿接过钱后，嫌钱太少了不好安排。我却告诉她，以前我们家，每天平均的伙食费就是这么多。听了这话，她便无话可说了：“那好吧。”

随后，我问女儿早餐吃什么，女儿装出思考的样子，而后心血来潮，对我和丈夫说：“爸爸妈妈，今天我请客，领你们到麦当劳去吃炸鸡吧。”丈夫马上站出来，摆出家长的架式阻止说：“不许乱花钱！”女儿马上回敬道：“你们不是说今天我是管家吗？那我想吃什么就吃什么。爸爸无权干涉！”丈夫见女儿很“雄壮”的样子，哑口无言地望着我。这时，我表态了：“不错，今天女儿是管家，我们应该听她安排。”女儿得到我的维护后，把脖子一梗，对丈夫说：“爸爸，听到妈妈的话了吗？”

不一会儿，我们在女儿的带领下，走进了一家洋味儿十足的麦当劳店，女儿像小老板似的招待我们又吃炸鸡腿又吃汉堡包。一顿早餐下来，女儿就花费了 39 块钱。

走出麦当劳，女儿又突发奇想，对我说：“爸爸妈妈，我请你们到游乐场去玩溜旱冰吧，可好玩了。”

丈夫马上问道："你哪儿来的钱请我们玩？"

女儿从口袋里掏出剩下的伙食费，毫无顾忌地说："我还有这么多钱呢！"

丈夫即刻提醒道："这可是我们两天的伙食费呀。"

女儿根本不把丈夫的话放在心上，她乐观地说："爸爸，你知道'车到山前必有路'这句话吗？放心吧，我会安排的。"说着，她显出一副胸有成竹的表情。

我再次表态了："是啊，我们要相信'周末管家'，她会安排好的。"

半个小时后，女儿领着我和丈夫走进了少男少女们钟爱的娱乐场所，加入到"旋转的世界"里……

溜旱冰消费，女儿共花去 24 元门票，她身上只剩 57 块钱了。

中餐怎么吃？我和丈夫都用询问的目光望着女儿。女儿不假思索地指着前面一家大的快餐店说："咱们进去饱饱地吃一顿吧。"

说完，她领着我俩大摇大摆地进了快餐厅。女儿像主人似的要了三份 12 元钱的快餐。丈夫叫了起来："吃这么贵的？"女儿很大气地说："不贵！还有 20 块的呢。"

中餐吃饱喝足了，可是晚餐怎么解决？我知道，女儿的荷包里只剩下 21 块钱了。

女儿似乎也感觉到了经济危机的问题，当傍晚迫近，她声音不似先前那么"雄壮"地对我说："妈妈，今天晚上，我们吃方便面吧？"我看看丈夫，丈夫也看看我，我俩意见一致地点点头。

女儿很快从我们家附近的杂货店买回了三桶"康师傅"。这一顿方便面，又吃掉了女儿手中 9 块钱，她身上就剩下可怜的 12 元钱了。明天怎么消费"一日三餐"？丈夫不由得为女儿捏一把汗，而我却冷静地拭目以待。

第二天降临，女儿看着手上的 12 块钱，她用极其低的声调对我说："妈妈，你能不能再给我一些钱？"

这回，我的表态没有像前一天那样爽快了，我明确地告诉女儿："妈妈事前告诉过你，120 块钱是两天的伙食费，怎么花费、怎么安排，权力交给了你。妈妈不可以违背原则，再追加钱给你。今天，12 块钱怎么消费，妈妈爸爸仍然听你安排。妈妈相信你能处理好的！"我用信任的目光望着女儿。

面对得不到我"追加资金"的现实，女儿不得不开动起脑筋来，她拿着仅有的 12 块钱，亲自跑到我家斜对面的副食品店买回三斤面条，并且亲自动手，使出她煮面条的本领，早中晚三餐，让我们全家人饱饱地吃着面条，直吃得丈夫还有女儿自己反胃想吐。

第一个周末，女儿做“周末管家”显然是不成功的，对此，我没有更多地对她作褒贬评价，我想让她自己去感悟得失。

（三）

第二个双休日很快来临，女儿又精神抖擞地行使起“周末管家”的权力。这次，她接受了上次“吃了上顿没下顿”的教训，自我筹划了120块钱伙食费的用法。双休日第一天，一大早，她就用“管家”的口气对我吩咐说：“妈妈，你陪我去菜市场吧，今天咱们在家里开火。”

“周末管家”发了话，我自然得遵守。半个小时后，我陪着女儿走在了熙熙攘攘的菜市场。女儿拉着我的手穿行在肉禽制品摊位前，向我征求说：“今天我们吃两个荤菜两个蔬菜一个汤，可以吗？”我马上回答：“你是管家，你说了算。”女儿高兴地要了两斤排骨一斤卤鸡爪。来到蔬菜摊位，她又称了一斤茄子和三大株生菜，还在汤料摊位前，买了两种鱼丸子各半斤、通心粉做汤。这次大采购，女儿共花去54块钱。

回到家里，女儿协助我把采购来的两荤两素两汤料做成美味佳肴。这样一来，中晚两餐，我们三口之家，在“周末管家”的精心策划下，有滋有味地吃上了可口的菜。丈夫对女儿当天的表现给予了赞赏。得到表扬的女儿，有史以来第一回谦虚地说：“我做得还不够好，下回，我会让你们更满意的！”

双休日的第二天，女儿又如法炮制，命令我陪她去菜市场采购，一算账，39块钱。这天的中晚餐，同样让我们三口吃得很开心。

第二个双休日，到“周末管家”账目总结算时，才花了93块钱，节余27块钱。

女儿尝到了少花钱也能让三口之家“吃得开心”的甜头后，随后的几个双休日里，她更加注重120块钱的合理使用，把她在学校学的算数也运用到了这里来。

由于自己做过“周末管家”，亲身体会到了“柴米油盐”的不易，在平常的日子里，女儿再也不像过去那样大手大脚消费，她已知道“一个铜板掰成两瓣用”的道理。

一天上午，我带女儿到国贸大厦去选购春秋衫，我一眼看中了一件标着680元价格的天蓝色条纹春秋衣。就在我准备付款买下时，女儿却阻止我说：“妈妈，这件衣服太贵了，我带你去城南市场买便宜的。”说着，她拉着我的手走出国贸大厦。十几分钟后，她领我来到了城南服装批发市场，走到一个摊位前，女儿让货主拿下一件挂着的春秋衫，一问价格，打六折后才89元。女儿高兴地穿在身上，对我说：

“妈妈，我就买这一件。”

女儿养成了勤俭持家的自觉性，有一天，她买来一个搪瓷的储蓄罐，她把每月我给的零花钱都塞进去。从这天开始，女儿每次需要消费从储蓄罐内拿钱后，都要在一个记账本上进行支出登记。我翻看过女儿的记账本，那上面购买的物品，每一件都是合情合理的消费，而且费用大都选择一些价廉物美的商品。这种情况，要在做“周末管家”之前几乎是不可能的。

通过“周末管家”的实践，女儿还懂得了换位思考，有时候，我和丈夫工作忙，每天的饭菜只能简单地应付，从小吃惯了“美味佳肴”的女儿，要在过去，嘴巴肯定会噘得老高；而现在，她理解了我们的难处，甚至在我们加班加点工作时，她能自己动手解决吃喝问题。

女儿终于走出了“超前消费”的误区，成为了一个懂得勤俭持家的可爱女孩。

专家谈心

孩子消费成人化并不一定都同非理性消费画等号，如果家庭条件允许，适当吃得好一点儿、玩得好一点儿也无可厚非。但是切记，在孩子花钱问题上，家长不可包办一切，一定要把握好一个“度”。所谓舐犊之心人皆有之，但真正的爱往往是很深沉的，当你给孩子买单的时候，不要忘记给孩子灌输勤劳自立的思想，不要忘记有比花钱更重要的事，那就是孩子品行和学业的健康发展。更不要为了满足孩子的虚荣心而打肿脸充胖子，做超出自己经济承受能力的蠢事，不然就会后悔晚矣。

古人说，由俭入奢易，由奢入俭难。让孩子从小接受崇尚平淡简朴生活的教育，懂得今天的好日子来之不易，对他们长大后养成节俭持家的习惯大有好处。相反，无原则地迁就孩子，满足他们的一切欲望，让其过早地消费成人化，看似爱孩子，实际上只会助长其在物质追求上与其他孩子攀比和花钱大手大脚的不良习惯，长此以往，是很令人担忧的。作为家长，不能把对孩子的道德品质教育都推给学校，因为父母才是孩子潜移默化的第一“教师”。

方法左右

故事中的母亲发现了女儿有了铺张浪费的倾向后，接受了女同事的建议，让女儿做“周末管家”。她这样做，对纠正女儿的“超前消费”很有利，与此同时，也有助于让女儿学会理财的方法。父母如何让孩子学会理财呢？下面的方法可以试试：

（一）公开家庭收入，父母与孩子一起制订消费计划

工薪阶层的父母可以把自己的工资收入告诉孩子，让他知道自己的消费水准应该是怎样的，从而掌握自己的消费尺度；还可以充分发扬民主，与孩子一道制订一个家庭财政计划，要求孩子按消费计划行事，月末进行总结。对于计划执行得好的要给予鼓励，而对于超出计划的消费要给予批评。这对孩子来说是一件有趣的事，有助于他形成勤俭节约、认真负责的习惯。

（二）做“周末管家”，让孩子参与家庭经济的管理

每逢周末，父母不妨让孩子尝试一下，组织一个双休日的家庭经济生活，包括买菜等力所能及的家务劳动，目的是让他们了解维持一个家庭的艰苦，学会精打细算，学会购买东西，体味一下当家的烦恼。就像故事中的母亲那样，放手让女儿做“周末管家”。

（三）学会记账，父母要让孩子了解家庭的收支项目

父母要让孩子知道，家里近期、中期、长期需要的支出有哪些方面？近期的吃喝拉撒要多少？中期的学费要多少钱？将来上大学的费用要多少？我们家里的收入是多少、支出是多少、有多少剩余？要给孩子买一个记账本，随时让他记下家中的收支项目，让孩子了解家庭的日常开销和收入以及挣钱的方法，让孩子知道和体验挣钱的艰辛。

（四）自我管理，父母可以与孩子签订一份“零用钱合同”

父母可以与孩子签订一份“零用钱合同”，如：“甲方——父母按月支付乙方——孩子零用钱60元，其中20元用于购买书籍，20元公交车费，10元自由支配，其余10元存入银行……乙方若无节制地花钱造成透支，甲方有权在下一月将其零用钱减半；乙方若坚持每月存款10元，一年后甲方将给予乙方与存款相同数目的奖金作为奖励。”签订“零用钱合同”能让孩子学会自我管理、自我约束的方法。

第十一计

样板计：引导女儿走出情感误区

面对高中孩子同居的问题，做父母的要告诉孩子：虽然在生理上你们已经发育成熟，但是在心理上你们却还是孩子。父母可以举一些例子来表明，同居带来的伤害要大于它带给孩子的一时快乐。有多少女孩子为此堕胎，之后又被无情抛弃，甚至不止一次地给自己脆弱的身体带来伤害，婚姻尚且不可靠，更何况是不受任何保护的同居生活。很多恋人感情不错，反而是因为同居后发现相爱容易相处难而分开，总之不对就是不对，当一种行为被大多数人所不能接受和赞同时，那么就要理智地拒绝。

案例说话

口述：贺雨玲，女，43 岁，某事业单位档案员

（一）

女儿初中毕业后，我就把她送到了杭州我母亲家，让她在那儿读一所大学的附属中学。我深知，性格活泼的女儿时常会作出一些“出格”的事来。在去杭州前夕，我望着女儿仍为稚气的脸，再三叮嘱，要她在学校学会自理、自律、自强。

离了我的掌控，女儿在学校里果然很活跃，学习之外，她成了班上的一朵“交际花”。每天下课后，她除了参加班里同学的娱乐活动外，还加入到年级甚至跨年级的休闲文娱活动之中。

元旦，学校举办了一次各年级大联欢晚会。在校礼堂，女儿这朵“交际花”自然成了联欢晚会上的活跃分子，一会儿唱歌，一会儿跳舞，她尽情地展示自己的艺

术才华。也就在这次晚会上，她认识了高二艺术班的韩天威，两人一见如故。晚会结束后，两人还单独到校园的林荫道上去散步交谈，一直到深夜一点多才返回各自的寝室。

随后的日子里，女儿与韩天威频繁地接触，泡茶吧、看电影、蹦迪、沙龙聚会成为两人热衷的项目。

到了女儿读高二时，她与韩天威的感情急剧升温，搂搂抱抱是家常便饭的事。一天晚上，在一家茶吧的包房雅座里，女儿与韩天威两人卿卿我我，就在如胶似漆的当口，韩天威很冲动，他的行为想纵深发展。女儿不干了！尽管她性格活泼，思想也比一般女孩开放，但从小受过我的传统品德教育的她，真正到了关键时刻，还能够把持住女孩的最后一道防线。

韩天威见女儿态度鲜明地拒绝，有些失望地说："难道你不爱我吗？"女儿点着头很肯定地说："爱的！"韩天威不理解道："既然这样，那你为什么不呢？"女儿说出了自己的心理活动："我不想这么快就那个。"韩天威笑了："都什么年代了，你还把自己包裹起来，你没看周围那么多同学都那个了。"女儿默不作声了。

没过几天，两人约会时，韩天威有意识地带女儿到住在校外的一个男同学宿舍去玩。在男同学的房间里，韩天威告诉女儿，说这个男同学在这儿已经与另一位女同学同居了。听了这话，女儿脸红耳赤有些害羞，韩天威趁机向她提出非分要求，他说："苑苑，咱们也在外面租一套房子同居吧？"

对于男朋友这一突如其来的提议，女儿很是吃惊，她嘴里下意识地发出拒绝："不不，这不可能！"韩天威马上对她表白道："我爱你，很爱你。反正早晚我们都要在一块儿的。你就答应了我的要求吧。"

望着男朋友满脸的真诚表情，女儿陷入了矛盾的情绪中……

（二）

女儿放寒假回到了我的身边。几天来，女儿心神不安、茶饭不思。

我看在眼里急在心上。一天吃过晚饭后，我把女儿单独叫到自己的卧室，然后，像朋友似的询问她有什么难言之苦。在我和蔼目光的注视下，女儿终于向我吐露了内心的苦恼，她说最近谈了一个男朋友，可她万万没想到，男同学竟然向她提出"同居"的要求，说是两人做"性伙伴"。对于做男同学"性伙伴"的要求，她接受不了，可她又怕因此而失去男同学的爱，她陷入了情感的困惑中……

听完女儿毫无保留地讲述她的苦恼后，作为母亲，震惊之余，我不免有所担心。

我也从报刊中知道，在当今中学校园里，时有婚前“性同居”的现象，如今，女儿身处校园，稍一缺乏自制能力的话，很可能就会加入到“性同居”的行列中。

我想，此时如果自己用说教的方式去开导女儿，已经读高二的女儿恐怕会产生抵触和排斥心理，怎样才能让女儿乐意接受教诲呢？

思虑再三，我决定采用身边一些活生生的事例，让女儿自己去感悟其中的道理。我即刻在大脑中搜索有说服力的人和事。过了一会儿，我便对女儿说：“苑苑，你知道夏欣莉吗？”

女儿轻声说出：“她呀，不就是邻居鲁阿姨的女儿吗？怎么啦？”她不解地望着我。

我语气显得有点沉重地说：“她最近出事了，与男人同居两年后，被人给蹬了，还跳楼自杀呢。”

女儿吃惊地说：“有这事儿？”

我停顿了片刻，而后开始对女儿讲述夏欣莉的同居故事……

夏欣莉20岁那年，与广告公司的一位姓涂的部门经理好上了，这位涂经理是个已经有女朋友的男人。当夏欣莉知道这一情况后，已经彻底陷进去的她处于两难的状态：如果放弃涂经理，从感情上说，她很难割舍；从现实上说，她一时又接受不了两个女人同时爱一个男人。怎么办？

就在她苦恼之际，一天晚上，涂经理很兴奋地对她说：“我已经与原来的女朋友分手了，现在的女朋友就是你了。”一听这喜出望外的消息，夏欣莉高兴地拥抱了涂经理。这晚，他俩偷吃了“禁果”。完事后，涂经理大胆地向夏欣莉提出了“同居”的要求。夏欣莉没有多想，便答应了他的要求。

随后的日子里，夏欣莉与涂经理过起了“夫妻生活”。每天一下班，夏欣莉就一头扎进“家庭”里，像个贤妻似的料理着柴米油盐的家务活。这种“夫妻生活”过了半年多，忽然有一天，夏欣莉发现涂经理外面还有一位“同居”女友。夏欣莉非常气愤，她谴责涂经理的背叛行为，而涂经理却大言不惭地说：“我们又没有拿结婚证，又不是夫妻，只不过是‘性伙伴’，根本不存在背叛的问题。”

听了涂经理这番“理直气壮”的话，夏欣莉当即气晕了过去。而此时，后悔不已的夏欣莉已经有四个月的身孕。羞愤交加的她，一时想不通，一天晚上，她从同居的出租屋六楼跳了下去。如今，夏欣莉已经瘫痪在床，成了残疾人。

女儿听完我讲述夏欣莉的同居故事后，沉默了好一会儿，然后，重重地叹息了一声：“夏欣莉太不幸了！不过，她这是自食其果呀！”

夏欣莉凄惨的同居故事，显然对女儿起到了一定的震慑作用。接着，我准备对女儿来一番美好爱情的教育。我想，如果选择自己过去的爱情故事作为“教育范例”，女儿肯定会撇嘴取笑说：“你们的那些老古懂爱情，早就被时代淘汰了！”

我经过筛选，决定把大哥女儿珍珍的爱情故事作为范本。两天后周末的上午，我提议带女儿去珍珍家里，让女儿在这个新婚家庭里感受美好爱情的气息。

一听说去结婚不久的表姐家，女儿来劲了！

上午9点多，我领着女儿走进了珍珍两室两厅的新房里。

珍珍和她丈夫接待了我们这两位串门的亲戚。宾主在客厅的沙发上坐下后，珍珍的丈夫何源就端上了水果盘，然后，他在对面珍珍的身边坐了下来，珍珍幸福地依偎在何源的肩头，两人不避讳地把玩着手指，很是甜蜜的样子。

见此情形，女儿的脸上涌起了羡慕的表情。

一番客套式的交流后，我和何源到厨房准备午餐去了，客厅里留下了女儿和珍珍两姐妹。女儿很好奇地打探珍珍的爱情故事，珍珍眨巴了一下眼睛，随之向表妹讲述了自己的恋爱经历……

六年前，珍珍与何源是湖北一所理工学院计算机系的同班同学，大三开始恋爱，毕业时，两人相约，先不回老家，而是直奔厦门去打拼一番，等赚了一些钱后，再回老家结婚，然后自己开店或办公司。有了这个明确的目标后，珍珍与何源充满自信地到了厦门经济特区，两人通过人才市场，先后应聘进了不同的公司做计算机工作。在随后的打工日子里，珍珍与何源虽然生活在一个城市，但两人只有到周末才能相见，有时，甚至半个月或一个月才见一次面。彼此的感情交流只有通过电话、手机短信和QQ聊天来完成。在漫长的打工生涯中，珍珍和何源不时地跳槽或更换工作，尽管其间遇到了一些曲折和不如意，但彼此相互鼓励、相互帮助和相互关怀，感情始终如一。终于在闯荡的第四年，两人积攒到了一定的资金。这时，珍珍与何源商量，打算回老家来安居乐业。回到家乡后，两人把打工赚来的钱拿出来买了一套两室两厅的商品房，用余下的钱在附近注册了一家电脑维修店。

听了珍珍的讲述，女儿除敬佩之外，大胆地向表姐发问道：“你和姐夫在大学恋爱时有没有想过同居？”

珍珍见表妹提出这么私密的问题，脸上涌起了羞涩的红晕，而后袒露说：“我们有些同学这么做了，可我和何源不想那么做。”

女儿不解地问："为什么？"

珍珍如实地说："因为我俩都不想把爱情的过程省略掉。美国一位女作家曾经说过，婚前同居可能会使爱情毫无浪漫可言。她还说，同居的伙伴，他们可能很难建立持久的爱情，因为他们失去了那种秋波传情的罗曼蒂克式的'幻觉'。"

女儿反复斟酌表姐的话，觉得有道理，便点了点头，而后又问："那你和姐夫在厦门打工时，也没有想过同居在一块儿？"

珍珍很肯定地说："双方有过这个念头，但最后都被否定掉了。不瞒你说，我和你姐夫，直到结婚，我俩才真正有了男女那种生活。"

望着珍珍脸上洋溢着的幸福神情，同样受到感染的女儿说："那你们可是世界上最后一对幸福的童男童女夫妻了！好令人羡慕哦！"

（三）

从珍珍家回来后，我瞧见女儿脸上的表情很是轻松。我觉得对女儿进行正统教育是火候了，便趁热打铁地向女儿灌输"婚前同居"的危害性和不现实性，我心平气和地说："暂不说婚前同居不受法律保护这一点，单就同居本身来说，它形同一个完整的小家庭，家庭意味着男女双方需要具备一定的事业和经济基础、较为成熟的心理素质、管理家政的能力以及家庭的责任感，这些，是你们这个年龄段的人很难达到的！所以，妈妈建议你不要走同居的路。不然的话，你们以后的生活会一团糟的！"

女儿当即表态说："妈，我知道自己该怎么做了。"

我探问道："那你回学校后，准备怎么对韩天威说？"

女儿胸有成竹地说："我会告诉他，只要我们真诚相爱，就像珍珍姐姐那样，执着追求和永不放弃，早晚会幸福地在一块儿的！"

听了女儿这番话，我感到此前所做的诱导工作取得了明显的成效。

暑假结束了，女儿返回了杭州的附属中学。第二天晚上，女儿就约见了韩天威，两人来到了校园的林荫道上，她把回家后耳闻目睹夏欣莉的不幸和珍珍的爱情故事细述给他。聪明的韩天威听完后很快领会了女儿的意思，不等她开口，他便说："你是对的！我当初真是糊涂，我们现在还是高中生，应该把更多的精力放到学习上，这对我们的未来有好处。"见韩天威主动放弃了"同居"的打算，女儿高兴的同时，不免心有顾虑："你不会怪我吧？"韩天威很男子气地说："不！你这样做，让我对你的人格更加敬佩！"听了韩天威的内心表白，女儿心花怒放，她情不自禁地给了韩天威一个亲吻奖励。

此后的日子里，韩天威和女儿果真把更多的精力投入到学业上。两人一有时间就泡在学校的图书馆里，或者双双跑到市区各大书店去购买钟爱的课外读物。

韩天威是学美术专业的，一天与女儿见面时，他说，想以她为模特儿创作一幅肖像油画。女儿很大方地同意做他的模特儿。这天以后，两人每次约会的地点都改在了一间画室里。一个多月后，韩天威以女儿为原型，创作出了一幅题为《出水芙蓉》的肖像油画。

5 月初，这幅《出水芙蓉》的油画被学校艺术系送去参加全国书画展览，获得了二等奖。得知这一好消息，韩天威第一时间告诉了女儿，女儿也为男朋友取得的优异成绩感到自豪。韩天威拿到奖金的那天傍晚，他与女儿在校园门口的酒家好好地庆贺了一番。

也许是受到韩天威的感染，英语成绩不错的女儿，也利用课余时间，为一家科研单位翻译了一份美国版的英文科技情报，不仅得到了专家的好评，还得到了 1200 元的劳动报酬。

尝到自己所学专业带来的甜头后，女儿和韩天威商量，打算进一步发挥自己的专长，进行“勤工俭学”活动。韩天威在校外租了一间门面房，他利用课余时间，办了一个高考美术辅导班；而女儿则做起了英语家教。每天放学后，或者节假日，女儿就赶到新城区的一个中学生家里，很投入地辅导她的英语功课。

国庆节，女儿打电话给我，当我问及女儿曾经令她苦恼的“同居”问题时，女儿用很肯定的语气告诉我：“妈，您放心，这个问题，已经不是问题了！我和天威不想重蹈夏欣莉的覆辙，想以珍珍姐姐为榜样，设计我俩的美好未来。”

有了女儿这话作保证，我为女儿的健康成长，也为自己精心教育的成功而感到由衷的快慰！

专家谈心

某城市对高中学生性心理进行的最新调查显示，34.7%的“学生情侣”存在拥抱、接吻现象，4.1%存在同居现象。此次调查了某高中两个班级共89人，其中男生53人，女生 36 人，年龄 16—17 岁。结果显示：55.1%以上的高中生没有问过父母有关性的问题；即使那些问过父母有关性问题的孩子，也有 65%以上的孩子对父母的回答不满意；有 46%以上的孩子认为在青春期成长中最烦恼的问题就是父母不理解

自己。

目前，我国每年约有2200万以上的孩子进入青春期，不良书刊、音像制品和成人网站以及同学间的交流是他们获取性知识的主要来源。但孩子们从这些渠道所得到的性知识往往并不科学，由此形成的性观念也会对他们造成负面影响。如果不能及时对他们加以正确引导，就可能使之成为一个严重的社会问题。加强青少年的性教育，除了老师和家长负有不容推卸的责任，还需要社会方方面面的密切配合，同心戮力地做好此项工作。

高中时期是孩子的心理从幼稚走向成熟的重要阶段，因此在涉足情感世界时一定要冷静，要首先判断自己有没有能力去处理情感问题。中学孩子性观念的矛盾恰恰反映出他们性心理和性道德观的不成熟，因此有必要对孩子进行科学的教育和引导。

方法左右

男朋友向女孩儿提出了同居的要求，还是高中生的女孩儿非常不愿意这样做，可又怕失去男朋友的爱。她的心理处于矛盾的状态，作为父母，这时该如何做？该如何引导、教育女儿？文中的母亲采用身边的“正反”故事帮助女儿走出迷情，让她明白“婚前同居”不可取。这位母亲是如何做到的？她的方法总结出来，有以下几点：

（一）筛选反面事例，让孩子知道“同居”带来的苦果

选取一些例子，说明同居带来的伤害要大于它给予的一时快乐，婚姻尚且不可靠，更何况是不受任何保护的两个还没有自立能力的中学生过同居生活？很多恋人感情不错，反而是因为同居后发现相爱容易相处难而分开。

（二）寻找正面范本，让孩子明白“同居不可取，爱情更美好”

家长除了要让孩子明白因同居而带来的危害性，还要让孩子懂得，有比“婚前同居”更美好的纯真爱情存在。要做到这一点，光讲理论是不行的，要寻找身边的人和事，让孩子耳闻目睹，这样才能令她信服。

（三）不可回避柴米油盐，让孩子清楚“同居”背后的现实苦涩

高中生虽然在生理上已经发育成熟，但是在心理上很多高中生还是孩子。为了满足一时的生理和情感需求，两个还要依靠父母生活的大孩子却要过起夫妻一样的生活，不仅是在透支自己的情感，也是在透支自己的身体，同时也会影响学业。

同居的“学生情侣”在没有经济基础、前途不确定的情况下，房费、水费、电费、煤气费等生活开支是一笔不小的数目。有的在外租房的同居者无力支付生活开支，只好外出打工，导致数门课程不及格，被勒令退学，最终可能给双方造成更大的伤害！

第十二计

诱导计：与儿子谈健康教育

青春期是一个人成长的最重要、最关键的阶段。许多父母会发现，几乎一夜之间，天真无邪的孩子就多了好多小秘密，他会锁上房门，会悄悄写日记，会在提到某个异性时出现特别的表情……一切都在表示，孩子长大了！同时，这也是一个非常复杂的，充满好奇、不安和躁动的过程，尽管只有短短几年，却足以影响孩子们的一生。这段鲜花与荆棘同在的路程，尤其需要父母的高度关注。

随着社会的进步，已经有更多的父母认识到对青春期的孩子进行性教育的重要性。但由于父母自己从来没有接受过系统的性教育，往往不知道该如何对自己的孩子进行性教育，或是难于启齿，或是教育的方法不当引起孩子的反感，使性教育无法进行。然而，这只不过是由于父母缺乏性教育经验的原因，只要父母能掌握正确的教育方法，性教育并不是难事。

案例说话

口述：霍宏伟，男，47 岁，某交通管理局科长

（一）

儿子就读一所中学初一年级。一天晚上 9 点多钟，儿子在自己的小房间里预习完语文课本上的一篇课文后，习惯性地打开电脑，想过把游戏瘾。当他点击一家娱乐游戏网站时，忽然，一个小方块的画面飘然出现在屏幕上，画面中，一男一女赤身裸体做着不堪入目的动作。看到这样“羞羞脸”的镜头，儿子立刻脸红心跳起来，

他赶快像做贼似的回望了一下房门，生怕被爸妈发现。

在慌乱片刻后，他又回转头来，继续点击免费视频，想看看下面到底会再出现怎样的镜头。不一会儿，镜头里连续性地播放出那男青年光着身子压在女青年的身上，女青年的双手紧紧地搂抱着男青年的脊背，嘴里发出“嗷嗷”的叫声……

眼前的一幕让儿子惊呆了！惊恐之后，儿子急忙关闭了视频画面，他捂住自己的心口，脸上一阵阵发烧。

第二天，儿子去学校上课，他心神不安，根本听不进老师的讲课，脑海里不断地浮现男女青年玩“羞脸游戏”的镜头。

两天后的晚上，儿子像往常一样，吃过晚饭后，在妈妈的催促下，走进自己的房间温习白天的功课。可这回，儿子的注意力怎么也集中不起来，做了两道数学题后，他就把作业本丢到一边，而后，又起身去关紧房门。等他觉得安全可靠了，便打开电脑，迅速地点击上次那家娱乐游戏网站，很快，屏幕上又出现了一个玩那种“羞脸游戏”的画面。这时，儿子没有像上次那样惊恐万分，而是继续点击进入了视频观看，只见镜头里再次出现一男一女很放荡地做着“羞脸的动作”。

看着这一刺激的场面，儿子屏住呼吸，心跳加快，全身燥热。

这一晚，儿子严重失眠了！

随后的日子里，每天晚上，表面上看，儿子给我的印象好像是进房间复习功课，可他根本没有心思去做那些练习，而是悄悄地打开电脑，难以自控地选择观看免费的“羞脸游戏”。每当儿子观赏完这刺激的“游戏”后，他就躺在床上胡思乱想……

（二）

自从儿子习惯地上网观看男女青年玩“羞脸游戏”后，他不知不觉对班上的女同学感起兴趣来。上课或者下课时，儿子的目光总要在她们身上逗留。有时候，儿子会把其中的一个女孩儿幻想成女青年，然后，儿子又幻想自己像男青年一样，光着身子压在她上面玩“羞脸游戏”，儿子甚至会想，那被他压住的女同学会像女青年一样发出欢快的怪叫声。

有一天上午，课间操时，一位女同学上身穿着露脐短 T 恤经过儿子的课桌前，儿子控制不住自己，有意侧过身去，与她撞了一个满怀。女同学羞恼地怒视着儿子说：“流氓！”儿子第一次被异性这么怒骂，脸上立刻现出了无地自容的表情。

虽然儿子被女同学怒骂了，但过后，儿子回想起自己与她面对面相碰时的一瞬间，那种肉体接触的异样感觉，让儿子有一种说不出来的畅快！儿子想，网上那对

男女青年玩“羞脸游戏”，也许也是这样的吧。

五四青年节的下午，老师组织学生到博物馆去参观革命历史文物展览，同学们排队前往，排在儿子前面的是一位扎麻花辫子的女同学。在观看展览时，儿子故意把身体贴近这位女同学，脑子里想象着男女青年玩游戏的情形。正在儿子浮想联翩之际，前面的那位女孩儿猛地回过头来，怒视着儿子说：“讨厌！”儿子急忙往后退了一步。

用身体碰撞和贴近女同学屡次遭到她们的反感，儿子想改换一种方式来满足自己对她们的亲近。坐在儿子前面的一名女同学有一头秀美的长发，一天上课时，她的头发飘在了儿子的课桌上。看着女同学的秀发，儿子的心里顿时有一种莫名其妙的冲动，他控制不住自己，把手放到课桌上，然后，接近她的秀发，开始抚摸起来。儿子的这一举动，女同学并没有发现。在儿子抚摸她的头发时，有点紧张的他的脑海里一直在幻想着女青年的长发飘散在男青年身上。

第一次玩女同学的秀发没被发现，儿子有种侥幸的心理；第二次玩秀发仍然没发现，儿子觉得很是放松。此后的两天里，儿子渐渐迷恋上了这种“抚摸女孩”的方式，只要一上课，儿子就“开小差”地抚摸女同学的秀发，老师讲了什么课，布置了什么作业，儿子根本不知道。

儿子原以为自己玩女同学的头发能一直持续下去，不想，到了第五天的上午，正在儿子“把玩”女同学头发的当口，前面的女同学也许感觉到了什么，她忽然扭过头来，见儿子的手在玩她的头发，她大声叫了起来：“你干吗玩我的头发？”她的这一声喊叫，惹得全班同学都把目光射向他。正在上面讲课的语文老师听到了喊叫，忙停止讲课，急忙问：“小欣同学，怎么啦？”前面的女同学马上向老师报告说：“霍小碌上课玩我的头发！”她的话音刚落，全班同学立刻哄笑起来。语文老师当即走到儿子的面前，用严厉的目光望着他说：“霍小碌，你上课不用心听讲，做小动作，下课后，到我办公室去一躺。”

当着全班同学和老师的面，儿子的“小动作”暴露了，这让儿子很是无地自容！

尽管儿子因玩女同学的头发遭到全班同学的耻笑，也受到老师的严肃批评，可儿子仍控制不了自己对女孩身体的迷恋，只要一有机会，儿子又会情不自禁地接近她们。

一个周末的晚上，儿子到秦老师家去补习数学，在秦老师家，前来补习的除了儿子和三名男同学之外，还有别的班上一位女同学。在老师给他们“开小灶”补习数学的时候，儿子总是心神不定，眼睛总会不由自主地盯着对面的女同学看。

中间休息时，儿子有意挤到这位女同学的面前，用一些课外书上读到的小笑话逗引她，在她捧腹大笑时，儿子会趁机伸手拍她的肩膀或抚摸一下她的脸蛋，这样，儿子感觉很快活。

遇到周末晚上到秦老师家补习，每次回来的路上，儿子会像个男子汉似的保护她：在路过陡坡时，儿子主动拉着她的手；见到路上有大片的积水，儿子会热情地背她过去；碰到沟壑时，儿子先跳过去，然后站在对面用拥抱来“保护”她。

在秦老师家补习了一段时间后，儿子对这位叫园园的女同学产生了好感，尤其她说话的表情和笑容，特别像网上镜头里的女青年。儿子曾暗中发誓，将来长大了，他一定要娶这个女同学做老婆。

为了实现他的这个理想，儿子决定给园园同学写一张求爱的纸条。一天晚上，儿子关起房门，趴在书桌上开始写求爱纸条：“园园同学，我很喜欢你！如果你答应长大了做我的老婆，我一定会像网上的那位大哥哥一样对你好！我们也会像他们那样天天在床上玩好玩的游戏。”纸条写完后，儿子藏在了书包的夹层里。

等到再次去秦老师家补习数学时，在回来的路上，儿子趁机把这张纸条塞到了园园同学的手上。

儿子本以为园园同学会接受他的求爱，万万没想到，她不仅不领他的情，竟然把他写给她的纸条交给了秦老师看，还对其他几位来补习的同学说了纸条的内容。

秦老师当即找儿子谈话，严厉批评了儿子，还把这事通报了我；而知情的同学又把这事儿传扬到了儿子学校去。一时间，同学们都用异样的眼光看儿子，特别是女同学，都害怕与他接触。

（三）

我从老师那儿了解到，儿子在学校，因时常骚扰女同学，学习成绩直线下降。作为父亲，我感到了问题的严重性。对于儿子的“堕落”，我觉得有必要采取一定的挽救措施。

一天中午，我趁儿子午睡之际，翻开了儿子的书包，想从这里面寻找儿子的一些新动向。不一会儿，我翻出了一本名叫《藏在书包里的玫瑰》的课外读物，我迅速浏览了一遍，发现书中通过对 13 位在中学时代便涉足性行为的学生进行访谈，爆出令人咋舌的观点……

大致翻阅了这本书后，我对儿子的“堕落”有了初步认识。

在两天后，我又有了新发现。这天晚上，我在儿子没有注意的情况下，悄悄进入了儿子的房间。我看见儿子坐在电脑前，很投入地观看一部免费的少儿不宜视频片。

这一发现，让我倒吸一口凉气！我终于找到了儿子“堕落”的根源——儿子完全是受了不健康的书籍和影视作品的影响而导致了行为的变化。

根源找到了，我便打算抓住儿子这一“性趣点”，不避讳地与儿子进行开诚布公的交谈，对儿子来一番正面的性教育。

有了这个大胆设想的第二天上午，我到一家书店去选购了一本图文并茂的有关生理卫生知识的书回来。当晚，吃过晚饭后，我就对儿子说：“碌碌，你到爸爸书房来一趟。”儿子不知道我想干什么，随我走进书房。

进入书房后，我从一个手提包里掏出了那本图文并茂的书，首先翻到配有一名青年男人赤身裸体的图画的一页。

儿子一看这个画面，便迷惑不解地望着我。

我马上说：“爸爸问你，你知道我们为什么是男人吗？”

儿子不假思索地脱口而出：“因为我们比女人更强壮，更有力量。”

我立刻说：“你只说对了一方面，爸爸告诉你，男人与女人最主要的区别，在于体貌特征的不同，比如生殖系统，就有很大的区别。”说着，我翻到配有男性生殖系统图画的一页，然后开始向儿子讲述男性的生理特点，以及青春期男孩儿的一些生理现象……

儿子听后，当即亮出了自己的观点：“爸爸，你说的这些生理卫生知识太浅显了！在学校，我们早学过。爸爸，我问你，什么是手淫？手淫会不会影响身体健康？”

我万没想到儿子会提出这么尴尬的问题，我愣了片刻，回过神来之后，如实地告诉儿子说：“手淫是青少年青春期性成熟的一种生理表现，是青少年中比较常见的现象。适当的手淫，能够缓解和调节紧张的心理。如果频繁手淫，就会造成身体的疲劳，影响健康。”

儿子点了点头表示知道了，随后，他又得寸进尺地问：“爸爸，那你说性交是怎么回事？”

又一个让我吃惊的提问！我犹豫起来，心想，是正面回答儿子的提问，还是迂回地给以答复？

考虑之后，我正面地告诉儿子说：“碌碌，性交是成人之间表达爱慕的最高形式，它是通过男女生殖器的结合来完成的。”

我的话音刚落，儿子天真地说：“等我长大了，我也要向女孩子表达这种爱慕。”

我一听儿子这话，急忙引导说：“等碌碌长大以后结了婚，可以向自己的妻子表达这种爱慕，但这只局限于夫妻之间的表达。如果不是这样的话，就有可能损害自己的身体或者走上犯罪的道路。”说到这儿，我随即把书翻到另一页图片上，画面中，一名瘦骨如柴的男青年赤裸着下身，肌肤上长满了星星点点的红斑，尤其“隐私部位”不堪入目。

我把图片送到儿子的面前说：“你看这个哥哥的身体吓不吓人？”

儿子只看了一眼，脸上就露出了惊恐的表情，叫道：“太吓人了！真恶心！”

我随即问儿子：“你知道这个哥哥得的是什么病吗？”

儿子摇了摇头。

我解说道：“他得的是梅毒。”

儿子不解地问：“爸爸，梅毒是什么病呀？”

我马上解释说：“梅毒是性病的一种，这种病，如果得不到及时治疗的话，发展下去，会使这个哥哥的皮肤化脓腐烂，严重的会危及生命。”

儿子有些惧怕地问：“这么厉害呀！那他是怎么得了这个病的呢？”

我再次引导说：“就因为这个哥哥违反了正常的性交规则，与别的女孩乱来，所以才感染上了这种有害身体健康的病症。”

儿子点着头说：“我知道了，他绝对是像我在网上看过的男孩儿女孩儿玩床上游戏才得的梅毒。”

对于儿子的这种认识，我给予了肯定。

接下来，我与儿子的交流始终围绕一些敏感和私密的话题展开，每次儿子提问，我都尽量用健康的观念正面回答。

这一晚父子之间直言不讳的对话，对儿子走出性误区起到了一定的引导作用。

为了加强对儿子的“性”引导，我打算趁热打铁。听说广州市场上能买到一套专门针对中小学生性教育的DVD，我便托出差的朋友捎回了这套《中小学性教育知识（初中版）》的DVD。光碟买回来后，我首先“审看”了一遍，发现这套DVD分为九个片段进行讲解——什么是性，性的含义是性交，认识自己，成长的奥秘，为性别而骄傲，你并没有错和自我保护与性疾病等，其中的一些内容与我和儿子曾经交流过的“性话题”不谋而合。

审看完这套 DVD 后，我的第一感觉是：适合儿子观摩。

一天晚上，我又把儿子叫到自己的书房，对他说：“爸爸给你看一套 DVD。”儿子一听我要让他观看影碟，高兴地说：“真的，是什么碟子？’

我随即把光碟插入 DVD 里说：“你看了就知道。”

在看片的过程中，儿子始终全神贯注地盯住前方的荧屏，而我则在一旁不时地给儿子作点评。

当全片播放完毕时，我问儿子的感受如何，儿子露出“小大人”的神情说：“原来性这东东是这么回事呀！爸爸，您放心，以后，我知道自己该怎么做了！”

专家谈心

中学阶段的性教育，重点应在性道德教育方面，应教育他们学会男女之间的正确交往，使之符合社会的道德规范和行为准则，要正确处理少男少女之间的情感，培养他们的健康人格。进入青春期以后，人们在生理上已开始具备成人的体态形貌和生殖能力，然而在心理上和社会方面却因为要学习复杂的文化，推迟了接近成人的地位。两性相吸是自然属性，而人类两性的结合是一种社会性行为。尤其在当今社会黄潮波涌、性信息泛滥的情况下，要教育中学生批判西方社会的“性自由”、“性解放”，充分认识到这种思潮给当今社会带来的严重的社会问题。

青春期是指从童年期向青年期过渡的时期，是人生长发育中的一个特定阶段，这是一个非常特殊又非常重要的时期。主要表现为：自我意识开始觉醒，独立意识增强，不喜欢别人尤其是父母的约束，出现不同程度的逆反行为。

青春期是自我意识觉醒的时期，是初步形成一定的人生观、价值观、世界观的重要时期。一定要抓住这个时期及早进行教育，否则就会错失良机，影响孩子一生的成长，影响家庭的幸福和睦。但是，针对性教育而言，很多父母又存在不同程度的误区。

方法左右

文中的父亲对儿子的性教育的成功，告诉我们，对青春期的孩子，“性”绝对是不能忽略的问题，更不能仅仅靠道德上的说教来约束。也许每个孩子具体情况不同，而父母能够用坦荡、大方的态度来面对却是最重要的。这位父亲对儿子的成功教育经验告诉我们一些如何面对青春期孩子性教育的行之有效的方法：

（一）让孩子正确地认识自己的身体

父母在家庭生活中，要选择适当时机，如洗澡、睡前等，很自然地让孩子认识自己的身体，尤其是要孩子认识到生殖器官与人体其他器官一样并不神秘，并引导孩子要保持身体清洁，养成良好的卫生习惯。

（二）正面回答孩子提出的性疑问

当孩子提出有关性方面的疑问时，父母不应回避，宜用孩子能理解和接受的言语和方式予以解答，使孩子的好奇心和求知欲得到解决和满足。

（三）对孩子常遇到的问题应恰当予以理解

父母可以向孩子介绍人类生殖的生理演变过程，这有助于孩子弄清性问题。进行性教育时既要如实相告，又不能太复杂；既要鼓励孩子的求知欲，又要把一些具体细节很自然地延迟到孩子的未来生活中去了解。

（四）父母自身行为的模范也很重要

父母之间感情真挚、融洽，道德高尚，给孩子树立良好的榜样，就会使孩子热爱人生，热爱生活，正确对待性的问题。

第十三计

远交近攻计：让儿子学会了新礼仪

青春期孩子的人情消费已成为一个不容忽视的问题，而且这种支出呈上升趋势。庆贺生日是中学生最具普遍性和代表性的人情消费。日常人情消费的花样也非常繁多：考试得了第一名、某项比赛获奖都要请客。这些请客花销数目都不菲。多数学生还存在互相攀比的心理，今年你过生日是什么标准，下次他过生日一定要超过这一标准。

请客吃饭现在也成了青春期孩子的风气了，如果人家送礼物了，你不送就会受到同学歧视，社会这种坏风气影响了青春期孩子的成长。

面对青春期孩子日益繁多的人情消费，作为父母，你该如何应对？是无条件满足，还是引导孩子走出交际的怪圈？

案例说话

口述：卢劲冲，男，42岁，某对台办副主任

（一）

我的儿子性格外向，从小就是个喜欢交朋结友的孩子。他交际能力突出，在我的亲朋好友中是公认的。

对于儿子喜爱交际的性格，一般情况下，我是抱着赞赏的态度。当然，作为长辈，我也没忘记自己的引导职责，时时提醒儿子要结交良师益友，远离“狐朋狗友”。在恰当的时候，我还会像警察似的对他进行抽查和监督。

尽管我指导了儿子交友的大致方向，但毕竟一切行动还要靠他自觉。不知从什

么时候开始，儿子养成了一种“物化”的交际方式，他效仿成人间那种用“送礼”方式来维系与别人的友谊。

一天，儿子伸手向我要60块钱。我问他做什么用，儿子理直气壮地说，有位要好的同学明天过生日，他准备送一份礼物。对儿子的合理要求，我没有反对的理由，便给了他60块钱。第二天傍晚，儿子参加了那位同学的生日晚会。晚上回家时，我见儿子满脸红彤彤的，一盘问，这小子竟然喝了三杯红酒。我历来反对未成年人喝酒，便毫不留情地批评了他几句。儿子却反驳我说：“这有什么，你没见我那些同学，他们斗起酒来，有的能喝半斤白酒。你不知道，如果那种场合不喝酒，同学们就会说你对他感情不深。”听了儿子的抢白，我啼笑皆非，这显然是一些成人的所为。

儿子11岁生日那天傍晚，在一家大酒店，我们为儿子举办了生日晚宴。

当儿子的同学到来时，我发现每位孩子手上都拿着一个红包，进门后，他们各自把红包交给儿子，并向他说着应酬的恭喜话。当然，对于红包，儿子面不改色地一一“笑纳”。

这一情景，让我产生了不小的震动：儿子小小年纪，就学会了收红包这一套。

更有甚者，一个穿戴很新潮的男同学，从随身携带的大礼盒里掏出一艘镀金的帆船，当着众人的面送到儿子的手上，并炫耀说：“哥们儿，我这可是花了880元买的礼物，拿着！”在场的同学都为这位同学的出手阔绰惊叹，说他大方、够义气。

晚宴后回到家里，我问儿子：“爸爸妈妈今天这么热闹地为你庆祝生日，你总应该高兴了吧？”谁知，儿子有些不屑一顾地说：“马马虎虎吧，我同学的爸爸妈妈都是这么做的。”

儿子如此评价我和妻子的“功劳”，真叫我俩寒心！

（二）

儿子“物化”了的交际，随着时间的推进，口味越来越大。到儿子读初中二年级时，他动辄就向我索要50元、100元或者更多，理由自然是用于他所谓的正常交际。如我不同意给的话，他就会搬出这样的话来激我：“你们大人交际，不是也流行送钱送礼吗？爸爸，记得上回鲁叔叔结婚，你送了他200元的礼金；钟大伯乔迁新居，你送了500块；还有秦科长的女儿读大学，你送了600块。”

被儿子揭了老底，我只有心虚地满足他的要求。

儿子用钱、物来维系与同学、朋友间的友谊，这已是不容回避的现实。作为父亲，我知道，如不尽快制止儿子这种不正常的人际交往，任其发展下去，就会使儿子走入交际的误区，“只认钱不认情”，使他的人生观出现变异。

我也明白，要想改变儿子目前交际中的不良行为，我应该从自身做起，首先要改变我的行为方式。不然的话，儿子肯定会抓住我的“小辫子”说：“你说我做得如何不好，你们大人又是怎样做的呢？我可是向你们学的。”

反思儿子抓“小辫子”的话，事实确实如此！是啊，“千里送鹅毛，礼轻情谊重”曾是中国人对送礼的美好描述，而如今，“礼多人不怪，礼重不压身”却逐渐在我们成人世界里风行。这种送礼的新标准，完全是以“礼数”的多少来衡量友情的亲疏远近；这种“物化”了的友情，让过去许多纯洁的友谊变得俗气十足！

看来，改变自身“俗气”的交际方式成了当务之急。

每年节假日，是“送礼”的高峰期，亲朋好友大都选择这样的好日子，举办各种喜事或活动。元旦即将来临，我和妻子各自收到了四五张请柬，有同事儿女结婚的，有朋友乔迁新居的，还有邻居的孩子满月的……

面对名目繁多的请柬，按照往常的习惯，我和妻子少不了要花费可观的人民币去应酬。可这回，我主动与妻子商量，我们可不可以一改过去的习惯，对于亲朋好友的这些“隆重邀请”采取“另类处理”？可以通过打电话或发手机短信的方式，表达对他们喜事的恭贺。妻子对我这种“另类处理”方式持担忧的态度，她担心因此会失去这些亲朋好友。我却告诉她，我们这样做的目的是想给儿子起个表率。要知道，父母亲的行为，在很大程度上对孩子的一言一行产生直接的影响。一听这话，妻子虽然有所顾虑，但还是默认了。

一天傍晚，吃晚饭时，我当着儿子的面，把我和妻子各自收到的请柬摆在他的面前，然后，我问儿子：“爸爸妈妈收到了这么多叔叔阿姨发来的请柬，你是家庭中的成员之一，爸爸想听听你的意见，该怎么处理？”

儿子瞄了一眼桌上的请柬，不假思索地脱口而出：“那就一一送钱呗！”我又问了一句：“你说，每个人应该送多少钱才合适？”

儿子立刻摆出一副老于世故的神态，念口诀似的说：“一百两百关系一般，三百四百关系较好，五百六百关系密切。要看这些叔叔阿姨与我们家关系的亲疏远近，再定礼钱的多少。”

这些“市面行情”的话从儿子口中说出，让我和妻子吃惊不小！

惊讶过后，我想让儿子来算笔“礼钱”的账：“儿子，你给爸爸算算，如果按照你说的行情，我们给每个叔叔阿姨平均送300块钱，这里有9张请柬，一共要送多少钱？”儿子的数学兴趣一下子被我调动起来，眨巴了一下眼睛，而后报出：“2700元就够了！”我马上又调动他的数字概念：“那你再算算，妈妈每个月的工资是1256元，爸爸的工资是1479块，加在一块儿再减去这次送礼的钱，还剩下多少？”

这回，儿子扳着指头心算了片刻，他叫了起来：“哇，还剩35块钱呀，太惨了！”我接过他的话头说：“你说35块钱，能应付我们家这个月的生活开支吗？”

刚才还不以为然的儿子此时大摇其头。

随后，我又把决定权交给他：“儿子，你说这么多请柬，我们要不要送礼钱？”

儿子脸上即刻显出为难的表情，说：“不去又不好，人家肯定会说我们太不懂人情世故！去了，又要送这么多的礼钱，为了充面子，我们一家人总不能不吃不喝吧！爸爸，你说怎么办？”说完，儿子把决定权又抛给了我。

儿子用期待的目光望着我，我仍然用征求意见的口气说：“儿子，你看这样好不好？在朋友们办喜事那天，我们用快递的方式，给他们送去漂亮的花篮，写上我们的祝福。这种贺礼，既浓情高雅又经济实惠。”一听我的“策划”，儿子抱着顾虑的态度问：“这样行吗？”我说：“咱们试试吧，看看友情是否经受得起这种新礼仪的考验。”

元旦那几天，我和妻子分别给发请柬的朋友和同事快递去了花篮，并在他们办喜事时，打去电话或发手机短信表示祝福。

元旦给朋友们送礼方式的改变，一度让我的友情陷入危机的边缘。妻子和儿子曾经的担忧不无道理。拿好朋友劲宇来说，就因为我没有去参加他女儿的婚礼，也没有送上丰厚的礼钱，此后的一段时间里，他对我的态度发生了明显的变化。

有一天，我打电话请他到我家来喝新茶，他竟然阴阳怪气地说：“你们家的茶，我可喝不起！”

更叫我感到难堪的是，劲宇的小儿子在学校里遇见儿子，直言不讳地说：“你爸爸是个十足的小气鬼！上回你奶奶去世，我爸爸都送了200块钱。可我姐姐结婚，你爸爸只送了一个花篮。我们家再也不和你们家来往了！”

傍晚，儿子从学校回来，告知此事后，面带忧虑的对我说：“爸爸，我早就说过，现在的友情没有钱作保证是不可能维持的。怎么样，我们的试验失败了吧？！”

“不，尽管劲宇叔叔目前对爸爸产生了不好的看法，可爸爸相信，我俩的友情不会因此而失去！”在儿子面前，我不承认“新送礼方式”尝试的失败，为了给儿子做个成功的榜样，我准备从恢复与劲宇的友情入手，用事实来引导儿子。

我知道，劲宇很喜欢钓鱼。一个双休日，我打电话邀请劲宇一块儿去潭湾镇的大水库垂钓。一开始，他还态度冷淡地推说自己有事去不成，可我抓住了他的“弱点”，盛邀道：“我听一位老表说那儿的鱼又大又鲜活，很容易上钩。”劲宇挡不住我的一再“诱惑”，终于松口了，答应一块儿去钓鱼。

临行时，我把儿子也带在身边。到了钓鱼现场，儿子亲眼瞧见了我与劲宇谈笑风生的垂钓情景，他原先担心我会因此失去这位朋友的顾虑消除了。

钓鱼后的一天晚上，劲宇主动打电话给我，邀请我去他家玩。当晚，我领着儿子去了劲宇的家。在他家，我和儿子欣喜地看到，我们用特快专递送给劲宇的花篮，被摆在房间显著的位置。回家后，儿子感慨地对我说：“爸爸，看来劲宇叔叔最终接受了咱们的新礼仪。”我肯定了儿子的说法。

通过这次处理交际中的尴尬问题，我让儿子懂得了变俗气为高雅、变奢侈为经济、变攀比为平和，还向他灌输了友情在于“交心”而不是“交物”的道理。

一天，我的大伯打来电话，说他女儿考取了上海的一所名牌大学，他大张旗鼓地宴请了亲朋好友，可宴请过后，却招惹了一些是是非非。他向我倾吐了内心的烦恼。

听了他大致的叙说后，我觉得这是引导儿子进一步认识“友情与金钱”的活教材。当天晚上，我领着儿子来到大伯家，想让儿子亲耳聆听他的苦楚。

在大伯家刚一坐下后，我就把话题引到了“办喜事”上来。大伯毫不掩饰地诉说，他按照如今风行的做法，给“中秀才”的女儿办了一个“谢师宴”。原以为这样做既风光又实惠。不成想，“谢师宴”过后，他却因此而失去了一批“好朋友”。前来参加宴请的朋友，私下里说他打着“谢师宴”的名义，想大捞一笔“横财”；而没有被宴请的朋友知道后，说他看不起他们，嫌他们贫穷……说到这儿，大伯感叹道：“当初真不该办这个‘谢师宴’！真是得不偿失呀！”接着，大伯还向我们讲述了操办宴席的苦处，先要列出一长串名单，就够烦人的；随后，又要选择什么档次的酒店和菜肴，很是伤脑筋；再之后，又要应酬各方宾客，稍有不周，就会惹来非议和责难；最后，还要仔细登记送礼人的“钱款”，以便日后送还。这一系列的操作，让他深感疲惫不堪。

从大伯家出来，我问儿子有何感想。儿子感同身受地说：“看来友情不能与金钱搅和在一块儿，也不能用金钱来维持和衡量，不然的话，就像大伯那样，两边不讨好，最终既失去友情又很辛苦。”

一个初中生能有如此深切的感悟，我惊喜之余，为儿子的思想开窍感到快慰！

（三）

每年春节是压岁钱和红包大比拼的日子，亲朋好友间拜年，总忘不了要给各家的孩子一个大红包，且这种大红包的数额，有逐年增加的势头。这样做的结果，不仅给大人增加了额外的经济负担，而且还造成孩子的攀比心理。

春节前夕，我对儿子说：“从今年起，爸爸想对压岁钱来个改革。”儿子问：“怎么改革？”我告诉他：“爸爸妈妈不给你压岁钱了，而是任你选择一份喜爱的礼物，比如足球鞋、课外书或者 MP3 等，你看可以吗？”“太棒了！”儿子欣然接受了我的建议。

春节七天的走亲访友，我也采取了“新送礼方式”，不再直接给亲朋好友的孩子压岁钱，而是送一些小礼物给他们。与此同时，我也让儿子不要随意接受亲朋好友的压岁钱。即便是爷爷奶奶给的压岁钱，在我的指导下，儿子买了一些补品和好吃的糕点，回送给爷爷奶奶，以尽晚辈的孝心。爷爷奶奶拿着小孙子送的礼品，笑得嘴都合不拢，直说孙子长大了懂事了！

春节压岁钱的“改革”，再次让儿子感受到了“新送礼方式”的种种益处。

俗话说“师傅领进门，修行在个人”，经过几次拿我们成人的交际做“试验”并获成功，儿子也做好了改变自己交际方式的准备。

有一次，儿子的要好同学童剑要转到另一所中学去，有同学提议，每人出 100 块钱，到大酒店 AA 制一顿为他送行，并买一个大礼包送给童剑。儿子不想加入这种“俗气”的活动，他知道童剑平时很喜欢打羽毛球，便独辟蹊径地送给他一副羽毛球拍，童剑很高兴地接受了儿子的礼物。此后，虽然童剑去了别的学校，但他与儿子的亲密关系一如既往。

还有一次，儿子一位小学同学阿龙过生日，阿龙效仿成人办喜事，郑重其事地给儿子发来请柬。儿子接到请柬后，要在过去，他准会伸手向我要钱送礼。可这回，经过我“新送礼方式”洗脑的他，一改过去的“俗气”方式，亲自动手制作了一张生日卡，并在生日卡上写下了“阿龙，我真诚地祝贺你生日快乐！”第二天上学时，儿子就把生日卡邮寄给了阿龙。

教师节来临前，不少孩子为了拉近与老师的关系，学会了在这一天给老师送购物卡（这种购物卡能在各大超市购物），购物卡的数额有 100 元、200 元甚至 300 元，

这无形中，给父母增加了经济负担。可今年，在教师节到来的这一天，儿子没有向我提出这种要求，他“如法炮制”地给老师送去了一张自制的贺卡，并且用手机给老师发去祝节日快乐的短信。

圣诞节的晚上，儿子用手机短信的方式，一条又一条地向老师、同学和新老朋友发去了祝福……

又到了儿子的生日了，这年的生日，他没有向我和妻子提出去酒店搞隆重的宴请仪式，而是同意我们在家里搞一次颇有“情调”的烛光晚餐，儿子亲自动手布置了烛光晚宴的现场，我亲手做了六菜一汤。就在我们三口欢欢喜喜地举行生日庆典之际，有人敲门，是邮局的快递员，他把一个大盒子送到儿子的手上。儿子接过盒子打开一看，里面是一个生日蛋糕和一个八音盒，“祝你生日快乐”的音乐立刻响起……

不一会儿，儿子又先后接到了几位同学打来的恭贺电话。瞧见儿子满脸幸福的表情，我知道，儿子已经把我们家的“新送礼方式”传递给了他的同学们。

儿子终于走出了交际的怪圈，也终于懂得了君子之交重在“心交”而不是“物交”的道理。作为父母，我有说不出的欣慰和快乐。

专家谈心

交际作为人与人之间的交往接触，是一种成人化的社会活动，但如今青春期孩子就有了自己的交往活动，轮流请客、赴宴、给老师送礼、向同学还礼，在餐桌和礼品之间忙得不亦乐乎。教育界专家认为，这凸显了相当一部分青春期孩子扭曲的价值观。

青春期孩子多方面的成人化应引起父母、学校和社会的关注。青春期孩子追求自我独立、摆脱父母束缚和过分呵护的愿望也在日益增长。

青春期孩子积极参与社会活动的倾向性值得肯定，但一味追求金钱堆积的交际，体现了一些青春期孩子盲目追求浮华排场和物质享受。我们要让青春期孩子懂得交际的内涵是物质和精神的统一，而不是简单的金钱交际。

方法左右

老百姓讲究礼尚往来，当成人间在送礼上攀比和“人情钱”越涨越高的风气蔓延到青春期孩子的身上，让他们也陷入了成人的“社交怪圈”时，作为父母，该怎么办？文中的父亲身体力行，用改换传统的社交方式为“新礼仪”方式，让儿子懂得了君子之交重在“心交”而不是“物交”的道理，最终使儿子走出了“交际怪圈”。

这位父亲身体力行的做法，有以下几点值得借鉴：

（一）制止学成人“送礼”，父母要引导孩子走出交际怪圈

当父母发现孩子用钱物来维系与同学、朋友间的友谊时，父母要尽快制止孩子这种不正常的人际交往，不能任其发展下去，否则会使孩子走入交际的误区，“只认钱不认情”，使孩子的人生观出现变异。此时，父母要让孩子认识到，正常的人际交往，只有通过彼此之间相互尊重、相互帮助、相互配合来达到，从而引导孩子走出交际怪圈。

（二）以身作则，父母与孩子共同尝试“新送礼方式”

要想改变孩子这种交际中的不良行为，父母应该从自身做起，首先要改变自己的行为方式。如：故事中的父亲面对亲朋好友的请柬，过去是以送红包来应对，而现在则改用送朋友花篮，请朋友钓鱼、下棋等文明而高雅的方式应对，这位父亲在做这些改变时，始终让儿子参与其中，是要让儿子明白，高雅文明的交际方式同样能获得友情。

（三）重在“心交”，父母要让孩子懂得“君子之交”的真谛

父母要让孩子懂得，在交友过程中要做到“君子之交淡如水”。所谓君子之交淡如水，是说那些真正的朋友，平时虽然没有密切的交流，但是你总是觉得他们离你不远，当你遇到困难的时候，意想不到的帮助往往出自他们；而你富贵的时候，他们一般不会掺和。这种精神上的“心交”，远胜于物质上的“物交”，会让友谊更长久。

第十四计

欲擒故纵计：对儿子的玩商教育

爱玩游戏是孩子的天性，很多孩子都爱玩各式各样的游戏。可是有时候，父母们却为孩子玩而烦恼，其实，好孩子都是玩大的，父母们一定要重视玩。父母们可以经常陪孩子玩一些游戏，家长小时候玩过的那些游戏都可以拿来与孩子一起分享，这样可以激发孩子对生活的热爱，从而改变对学习的厌烦心理。

案例故事

口述：欧阳通，男，45 岁，某心理咨询中心咨询师

（一）

我的儿子名叫凯凯，读小学四年级的他，最近时常逃课去“网吧”玩电脑游戏，这很是令我和妻子伤脑筋！

儿子正是爱玩的年纪，不让儿子上网要他玩什么呢？别的小伙伴也都在上网。我突然想起自己小时候也是漫山遍野地疯玩，也不喜欢蹲在家里，所以想到要陪儿子玩玩自己小时候的游戏，也是挽救儿子不良行为的一种方式。

一个周末的上午，我领着凯凯来到了机关大院外的一片水泥空地上，我首先拿出了随身携带的一盒玻璃弹子。儿子觉得很新奇，不知道我要陪他玩什么。他问道：“爸爸，你想教我玩什么游戏？”我从弹子盒里拿出了两个颜色不同的玻璃弹子，把红色的放到凯凯的手上，我自己拿了一个蓝色的，然后我向儿子说明了“游戏规则”：“我们俩玩弹子比赛游戏，你用右手先握住弹子，然后，再用大拇指发力弹

出去；与此同时，我也发出弹子，我俩都朝着我画的对方的小门框进攻，在攻击的过程中，我们双方的弹子具有对抗性；最后，看谁能够先把弹子打进对方的小门框，谁就能得到一个弹子的奖赏。每打进一次就奖一个，如果连续打进了两次门框，就可以获得一盒弹子的奖励。”凯凯听完我宣布的游戏规则后，立刻高兴地拍起手来表示赞同。

不一会儿，我俩就趴在地上“开战”了。第一回合，凯凯进了首枚弹子到我这边的小门框里；第二回合仍是凯凯的弹子打进我的小门框，他兴奋得蹦跳起来！这时候，我发威了，瞄准对方的弹子左右“开弓”，在扫除对方的阻碍后，我一路进攻，到第三回合结束时，我的弹子攻进了凯凯的小门框。这回轮到我拍手欢叫了。凯凯不服输，他脱掉了身上的衣服，挽起袖子决心“大战一场”。就这样，我俩谁也不服谁地进行着较量。最后，凯凯以两个“满堂红”赢得了这场游戏比赛的冠军。我当场兑现诺言，奖励了他一盒玻璃弹子。当我俩结束了上午的比赛时，凯凯“玩兴未消”地对我说：“爸爸，下个星期，我和你还要再比！”我趁机对他说：“行！不过，我对你有个要求，在这个星期里，你不许去网吧玩电脑游戏，不然的话，我就取消弹子比赛。你能做到吗？”凯凯沉默了片刻，然后下决心说：“能做到！”

看来，我“精心设计”的弹子游戏比赛对儿子还是有一定吸引力的。接下来的两个星期的周末，我都陪儿子玩弹子游戏比赛。

到了第四个星期的周末，我想变换一种“玩法”。周末的上午 9 点钟，我给儿子发了一把我用粗铁丝自制的“手枪”，这种手枪能打纸弹（用硬纸片揉成的小纸团）。我在一处空地的前方竖立了两块用黏性贴纸做成的靶子，并设定了一段距离。接着，我对他说：“今天我们玩打靶游戏，满环是 10 环，每轮下来，看谁的环数高，谁就获得第一名，第一名的奖励是手枪一把、纸弹十发，还能继续射击。”儿子一听有如此“重奖”，自然很激动，随之摩拳擦掌打算争个高低。

比赛开始了，儿子首先用自制的手枪“射击”，无奈初次上阵缺乏准心，竟然打出了 6.8 环的“臭成绩”；接下来是我出阵，一上场就以 8.9 环的成绩暂时领先。又轮到儿子射击了，这回，他打出了 9.1 环，而我却只得了 7.5 环。两局一结算，儿子跃为榜首。第三局开战时，仍然是儿子遥遥领先，他得意地瞟了我一眼，那眼神的意思是说：你认输吧！不想，我在之后的两局里出奇地“大翻盘”，一跃超过了儿子。等到五局比赛结束时，我骄傲地拿到了一把“手枪”和十发“纸弹”的奖励。

这次打靶比赛激发了儿子的“玩性”热情，他对于这种竞技性的体育项目开始

“着迷”了。在以后的几个周末里，我进一步开发了“陪玩项目”。诸如，我把下跳棋、下五子棋、走象棋等玩“智力”的竞技游戏都列入进来，我想在陪玩中训练他的大脑思维能力。

时间往后推移了两个月，由于我“陪玩”有方，凯凯一次也没去过网吧。对于儿子的这一可喜转变，妻子很高兴地拍着我的肩膀说：“你真行啊！”

（二）

也许遗传了我的好动基因，儿子从小就喜欢钓鱼、喜欢游泳，还喜欢登山和踢足球，过去我总是以工作忙碌为由，没有时间陪他去玩。现在，我想弥补这一缺憾。

一个双休日的早晨，天麻麻亮，我骑着一辆自行车带着儿子和渔具前往市郊的龙潭镇，我有个中学时的同学就在这个镇的秦岭村承包了几口鱼塘。当我和儿子 8 点左右到达秦岭村时，受到了那位中学同学的热情接待，随后他把我俩领到一口大的鱼塘去钓鱼。来到鱼塘边，儿子犹如鱼入水中，很是兴奋。过了一会儿，我俩就开始垂钓。当儿子钓上来第一条鱼时，他的兴奋劲完全可以用“欣喜若狂”来形容。我被他的情绪感染了，也跟着欢叫起来。

到了中午时分，我带来的小塑料桶里已经装了大半桶。在中学同学的简易草棚里吃了便餐后，我和儿子又继续钓鱼。直到傍晚夕阳的余晖洒满大地时，我俩才骑车满载而归，一路上，我俩有说有笑，尤其是儿子嘴不停歇地表露着自己内心的快乐！

当又一个周末来临时，我准备陪儿子到离市区 20 公里的天云山去登山。这天早上 7 点左右，我俩就坐上了开往天云山的中巴车，40 多分钟后到达了目的地。我们站在天云山山脚下，抬头望着海拔 1200 多米的山峰，只见峰顶云雾缭绕，儿子倒吸了一口凉气说：“我的妈呀！山还挺高的！”我忙问儿子说：“这么高的山，你有信心登上去吗？”我的话音刚落，儿子就毫不犹豫地回答：“有，就是再高的山，我也不怕！你看人家登山运动员还要登珠穆朗玛峰呢。”说完，我俩就开始登山了。别看儿子年纪小，可他身体素质好，我们爬过两座小山包，他竟然连大气也没喘一口，而此时的我却感到了腿脚有些发软。

见我步子慢了下来，走在前面的他转过身来对我说：“爸爸，要不要我背你一段？”我不好意思地笑了起来：“那成什么样？我是来陪你玩的，怎么能让你背呢！”儿子不以为然地说：“这有什么，我登山登得多，所以不觉得累，而爸爸在平地上运动得多，对登山有点儿不习惯，这很正常。”没想到，儿子这个五年级的学生还这么善解人意。我俩在一棵松树下稍微休息了一会儿，又继续往上攀登。

儿子不愧是个“登山小运动员”，他在整个攀登天云山的过程中，始终走在我的前面。我们是中午 11 点 30 左右登上天云山峰顶的。站在峰顶的制高点时，云雾已散去，太阳仿佛就在我俩的头顶缓缓移动，四处远眺，我顿时有种“一览众山小”的感觉。

我和儿子在山顶吃过“野餐”后，便走另一条山路下山。当我疲惫不堪地坐在返城的中巴车上时，儿子则仍然兴致勃勃地说：“下次我们去登梦龙山，听同学说那儿比天云山还高，那才叫过瘾呢！”

果然，在一个月后，儿子让我陪他去攀登梦龙山。这次登梦龙山回来后，激发了我对登山的兴趣。此后的又一个周末到来时，我提出带儿子到 50 里外的乌鸡山去攀登。儿子自然很积极地响应了我的号召。

（三）

我听说市少年宫要组织一次郊游活动，便为儿子报了名。我准备陪儿子一块儿去玩儿。

周末的上午，阳光明媚，组织者领着一群四五年级的学生来到市郊的一处风景区。在这儿，他们借鉴中央电视台“金苹果”游戏节目的那种形式，设计了一套“寻找青苹果”的游戏：他们把一个“青苹果”放置在一处谁也不知道的神秘地方，然后，把这群孩子分成两个组，每个组四个人，进行接力赛（有点像 400 米跑步接力赛），看哪个小组能在最短的时间里，通过他们设置的各种“障碍”，最先拿到“青苹果”，成为冠军。

比赛一开始，这群学生就“群情激昂”，两个小组的成员都鼓足干劲准备争夺“青苹果”的桂冠。儿子被分到了第一小组。9 点左右，第一小组的成员一马当先地闯过了第一道“城门封锁线”，逼近了“林区封锁线”。可是在这道“封锁线”上，他们受到了“林区检查人员”的严厉盘查，由于接受审讯的小组成员“口齿不清”拖延了时间，最终被后到的第二小组成员赶上。在过第三、第四“封锁线”时，第一小组的两位接力成员运用智慧，又追了回来，到了最后一道“山崖封锁线”时，却再一次被第二小组的最后一名接力成员抢先寻找到了“青苹果”。直到这时，整个游戏才算结束。

在玩游戏的过程中，我发现每个参与游戏的学生都很兴奋，他们个个都发挥出了自己的聪明才智，调动起了自己的潜能。对于这种依靠集体智慧夺取最后胜利的

游戏，儿子深有感触地对我说：“爸爸，以后，我希望你再多让我参加这样的游戏，真的太好玩了，我很喜欢！”

听了儿子的话，看着身边的他那么开心、那么健康，我打心眼里为他感到高兴！

回首自己“陪玩家教”以来的种种经历，我深切地感受到：这一寓教于乐的家教方式，不仅有益于儿子的身心健康成长，还能开发他的智能。今后，我将乐此不疲地“陪玩”下去！

专家谈心

现在的父母都很重视对孩子的培养，实际上，孩子的学习应该在玩中学，但是很多父母只注重上课。其实，孩子在游戏中锻炼了体质，并且从小学习社会知识，和别人交流，熟悉客观事物、环境。所以玩常常被轻易忽视，实际上却很重要。孩子出生后，不同年龄段，有不同的特点，所以父母要重视玩，玩中学习，玩中成长，玩中熟悉社会。玩是生理必需的，是释放自己剩余的精力的过程，并且很多知识、和小朋友的合作能力都是在游戏中得到的，所以希望父母抓住日常生活中玩的过程给孩子更多的知识。

父母要让孩子有游戏的时间，不要剥夺孩子游戏的权利。游戏是孩子的第二生命。孩子只喜欢两件事，一件是吃，一件是玩，有时玩比吃还重要。孩子可以从游戏中得到许多新的体验，也体验学习的过程。如果父母重视孩子的游戏，让他们充分游戏并给予良好的指导，提供有利的游戏环境和材料，那么不仅会使快乐伴随着孩子的生活，更能促进孩子身心健康发展。

方法左右

文中的父亲为了把儿子从网络世界拉回来，他采用了“陪玩家教”——陪儿子玩弹珠儿、钓鱼、登山，还陪儿子参加一些集体性的游戏活动。经过父亲的“陪玩家教”，儿子在寓教于乐中身心健康成长，与此同时，他的智能也得到开发。

通过“陪玩家教”，这位父亲总结出了以下几点：

（一）父母应注重孩子“陪玩项目”的竞技性

这位父亲就是挑选了诸如下跳棋、下五子棋、走象棋、玩弹子、打靶等能益智的竞技游戏项目，在陪玩中训练孩子的大脑思维能力。陪玩的竞技性，还能调动孩子的竞争意识，这对孩子将来适应社会竞争有一定的帮助。

（二）父母要扩大孩子的“陪玩项目”

父母陪孩子在户外玩，可以创造性地多让孩子接触水、土、动植物等自然物质，扩大孩子的视野，陶冶孩子的情操，丰富孩子的内心世界。特别要多从事操作活动和运动，父母应该有一些运动性的玩具，如皮球、哑铃、跳绳等。这样孩子不仅从活动中获得快乐，也锻炼孩子动作的协调性、灵活性、准确性，更能促进孩子体质、体能的发展。同时还要扩大陪玩项目，如钓鱼、登山、游泳和踢足球等运动项目，父母在陪玩中，可以挑选孩子喜爱的运动，这样能够激发他的浓厚兴趣。

（三）父母要让孩子多参加一些集体“玩耍”活动

喜欢和同伴玩是孩子的天性，父母要让孩子参与集体游戏活动，这样可以发挥出他们的聪明才智，调动起他们的潜能，能使他们依靠集体智慧夺取游戏的胜利，让他们获得成功感。其实，孩子是在集体的游戏中学会与人如何相处的。所以，家长要鼓励孩子参与集体游戏，让孩子从游戏中得到锻炼，在集体的游戏中发展合作意识。

第十五计

顺手牵鱼计：让儿子懂得了爱心责任心

责任心是孩子健全人格的基础，是能力发展的催化剂。责任心培养应遵循这样一个规律：从自己到他人，从家庭到学校，从小事到大事，从具体到抽象。

作为家庭中的一名成员，孩子既应该享受权利，也应承担一定的家庭责任，包括建立家庭中的岗位，承担一定数量的家务劳动。父母可通过鼓励、期望、奖惩等方式，督促孩子履行职责，培养责任心。

对孩子责任心的培养应该大处着眼，小处着手。要让孩子在家庭岗位上感受责任的分量，倒一次垃圾、洗一块儿手帕都应给予表扬鼓励，失责时应给予批评和惩罚。只有这样，才能让孩子改变以自我为中心，强化对他人和周围环境的责任心。

案例说话

口述：米素琴，女，34岁，信息中心工作

（一）

说起儿子东东为人处世的臭德性，可以用“虎头蛇尾”来形容。在大多数情况下，交代他的事，几乎没有一件做得漂亮。

从上幼儿园到小学，概莫能外。东东读小学三年级时，一个周末的中午，我们请亲戚来家做客。一大桌客人要我和丈夫应酬。偏巧，掌厨的我正准备下锅炒菜，猛然发现没盐了，我和丈夫一时腾不出手，便吩咐东东到附近的小商店去买盐。东东拿钱后奔出了房门。按说商店很近，十几分钟来回绰绰有余。可是，我左等右等，就是不见东东把盐买回来。我急了，便赶出家门，亲自到商店去，远远瞧见东东与两个一般大的小孩儿正在店旁兴致勃勃地玩游戏，他早把盐的事忘到后脑勺了。当时气得我呀，真想恶狠狠地揍他一顿！

刚放暑假，我带东东去南昌玩，目的是想让他多长些见识。下了火车后，我一时内急，便让东东在公厕外看住两个旅行包，还一再交代，千万不要离开半步。东东死命地点头答应。随后，我去解决问题了。等我放松回来后，天哪，原地只留下了两个旅行包，东东早没了人影。我吓得说不出话来，幸好此时周围没有“梁上君子”，不然的话，我真是哭天抹泪也找不回贵重物品。

东东从小喜欢听故事，每次听完后，他都要绘声绘色地卖弄给别的孩子，这是我唯一欣赏他聪明的地方。2008 年六一儿童节，市一家新闻单位和教育系统准备联合搞一次“少儿故事大奖赛”。得知这一消息后，东东屁颠颠地奔进家门，兴高采烈地对我说：“妈妈，我想报名参加故事大奖赛。”儿子想在众人面前炫耀自己的长处，作为母亲，我肯定举双手答应。当天下午，我拉着东东的手去报了名。

要参加比赛想拿个什么奖，那得好好准备准备，于是，我给东东选了一个适合他年龄段的故事，题目为“我是爸爸的老师”。开始的两天里，东东煞有介事地认真温习着预演讲的故事。可到了第三天，东东厌倦了千篇一律的预习，竟然玩起电脑游戏来，一头扎进去，拔都拔不出来。我提醒他：“还有三天，你就要比赛了，再好好温习几遍吧。”东东头也不抬地答话：“烦着呢，我不想再背诵了！”

6 月 1 日上午，在市少儿活动中心的故事演讲比赛场，演讲者陆续登台表演。轮到东东时，只见他晃荡着小身子，走上演讲台，贼头贼脑地环顾了一圈台下，然后，扯开发育还未成熟的嗓门开讲“我是爸爸的老师”。讲着讲着，他忘词了，停顿了片刻，急得满头大汗，好不容易，才记起了下一段。

台下的我，为东东的现场丢丑而无地自容。

这次故事比赛，东东什么奖也没抱回来，还让我为他贴进去 200 块钱的报名费。

（二）

东东做事的“虎头蛇尾”，无数次让我有了彻骨的感受，也促使我痛下决心要改变他没有责任感的臭德性。

从何入手呢？苦思冥想，不得要领，只好求助网络，看看别人是如何治理这类“问题孩子”的。一天晚上，我从雅虎网上，读到了一则国外母亲训练儿子责任心的故事。这位年轻的母亲，把自己家里的宠物猫交给三岁的儿子护理，让他每天按时给小猫喂鱼、洗澡、梳理身上的绒毛和穿特制小衣服。年轻母亲想让儿子知道，小猫不吃东西会饿死，不洗澡和打扮会很邋遢……使他明白自己所做的一切会带来怎样的后果，从而培养他的责任心。

现成的事例，正可以用“拿来主义”。如果买宠物猫狗来给儿子饲养，我嫌那些动物造成脏乱差，不喜欢。思前想后，我瞄上了小金鱼，这水中游动的精灵儿，既美观又好玩，而且也能够同样起到培养孩子责任心的作用。于是，第二天一大早，我就直奔农贸市场，左挑右选了10条令人啧啧称叹的小金鱼，还配了两个通明透亮的鱼缸。刚一走进家门，宝贝儿子就眼睛放光地看着我手上的新家当，乐滋滋地说：“妈妈，你怎么会想到买这么好玩儿的金鱼回来？”

见东东对金鱼一见钟情，我正好抓住时机，送个顺水人情。我把金鱼缸和鱼苗放好后，面朝儿子，眼睛盯着他的眼睛说：“东东，妈妈想把金鱼交给你来喂养，可以吗？”

东东一听这做梦也没想过的好事，本来眼睛笑得就像弯弯的月亮，这时更加呈弧线了：“妈妈，这是真的？”我重重地点点头：“妈妈就是为你买的金鱼。”“妈妈对我太好了！”“不过，妈妈对你可有个要求。”“什么要求？妈妈快说！”“妈妈把金鱼交给你，你可要好好喂养它们！”“妈妈，你放一百个一千个心吧！我一定一定会把它们养得好漂亮好可爱的！”

对于东东的保证，我虽心有顾忌（因我太了解他“虎头蛇尾”的臭德性），但还是放手让他全程喂养小金鱼。

小金鱼落户我家后，东东抛弃了其他痴迷的“业余爱好”，正像他保证的那样，每天一放学回家，把书包一丢，全身心地投入到对小金鱼的关爱上：一天换两次水，时不时地喂一些买来的干鱼虫。

东东对小金鱼的新鲜劲，仅仅持续了三天，到了第四天，他就有些不耐烦了，由每天换两次水减少到一次，此后，又减少到两天一次，并且，有些不愿喂鱼虫给小金鱼吃了。

我发现这一迹象后，当即对东东进行了严肃的批评指正：“妈妈把小金鱼交给你，你却不管它，这是不对的。妈妈给你打个比方，如果妈妈不给你吃饭、不给你衣穿，那会怎么样？”东东低眉垂眼地看着脚趾头，已经厌烦了小金鱼的他，虽然嘴上接受我的批评，可行动上所表现出来的仍然是一副“无心懒意”。

随后的一段时间里，东东三天打鱼两天晒网地应付着小金鱼，高兴时，待在鱼缸前摆弄两下；不高兴了，连一眼也不愿瞧小金鱼。

由于东东对小金鱼的“放任自流”的态度，第十四天的傍晚，当我和东东回家时，猛然间发现鱼缸里的 10 条金鱼全翻了白肚皮。望着这一惨不忍睹的场面，我当即用锐利的目光直射向东东：“你看看你看看，小金鱼死得多可怜啊！”怜悯之心尚存的东东，此时脸上也挂出了一串泪珠，接着，是嘤嘤的抽泣声。

“哭有什么用？都是你不好好照顾它们，才成这样的。”“妈妈，你骂我打我吧。”“骂你打你能让小金鱼复活吗？记住这个教训，以后做事要持之以恒，要有责任心，对有生命的东西，要有爱心。”

小金鱼是不能够复活了，但这次东东喂养的惨重失败，却给他留下了深刻的教训。我还想给东东一个“在哪儿摔倒，就在哪儿爬起来”的机会。

几天后的双休日，我领着东东再次来到农贸市场，我要让东东亲手挑选 10 条小金鱼回家，仍然由他来喂养。

东东提着灌满水装有小金鱼的塑料袋回到家里，小心翼翼地一条又一条地把小金鱼放入鱼缸里。看着小金鱼在鱼缸中舒舒服服地畅游，东东的脸上露出了成人的思索表情。

当天晚上，东东破天荒第一次上网不玩游戏，而是查找有关金鱼饲养方面的小知识。他从中了解到，金鱼对水质有一定的要求，水质包括水的含氧量、温度、pH、矿物质以及微生物等几个方面。不同的水源，其理化性质也有区别，而水质的好坏，又直接影响着金鱼的生长、发育和繁殖，并与能否养好金鱼关系很大；他还了解到，金鱼喜欢吃活的红鱼虫，如果没有活鱼虫，可以买干鱼虫喂金鱼，没有鱼虫，可以把小米煮开了花，用冷水漂洗一下，金鱼也很爱吃；而且他还学会怎样喂食、如何换水。

查看完喂养小金鱼的知识后，东东把它打印下来，贴在自己的床头，每天睡觉前看一遍。

从这天开始，东东果真严格地按照上面的方法，爱护有加地饲养着 10 条漂亮的小生命。

一个双休日的下午，几位同学约东东去溜旱冰。过去，每当这时候，东东肯定会疯玩好一阵，甚至忘记回家吃饭。可这回，东东才溜了几圈，就执意要提前回家，他对同学说的理由是：“我还要喂小金鱼呢。”同学们取笑东东把小金鱼当成自己

的小宝宝了，他一点也不害羞，很坦然地说：“是又怎么样？！”

又有一天傍晚，东东放学回来晚了，正好家里来了客人，大家叫他赶快过来吃饭，东东却对他们说：“你们先吃吧，我还要给金鱼换水洗澡呢。”惹得在场的客人笑个不停。

一个星期过去了，一个月过去了，三个月也过去了，东东对小金鱼的喂养一如既往，他真的把这些小生命当成小宝宝来侍候了。

半年很快就过去了，那10条小精灵仍然在鱼缸里自如地畅游。一天晚上，一位“养鱼能手”朋友来家玩，他看了两缸的小金鱼后，大发感慨，说我们家的金鱼养得很地道，观赏性无与伦比。听了“养鱼能手”的夸奖，我毫不隐瞒地对他说：“这鱼是我儿子养的。”“养鱼能手”用惊异的目光扫了东东一眼：“看不出来，小伙子还挺有能耐的。”一旁的东东脸上绽放出了可爱笑容。

“养鱼能手”走后，我对东东说：“你知道自己为什么把小金鱼养得这么成功吗？”东东摇了摇头。我马上告诉他，是他对小金鱼的爱心、责任心和坚持不懈，才使这些小生灵健康成长的。东东似有所悟地点点头：“妈妈，我记住了。”

（三）

眼见东东过去的臭德性在一点点地消失，作为母亲，我感到欣慰的同时，并没有放松对他责任心的培养。

东东从上小学一年级开始，数学成绩始终呈波浪形前进。一天，上数学课时，东东不注意听讲，回过头去与别的同学小声讲话。老师发现后，在叫学生上台做数学题时，专门点名让东东上台做一道验算题，可东东有负师望，竟然把一道很简单的数学题做错了。老师没给东东面子，当场批评他上课不认真听讲。

过了几天，又是上数学课，东东还是与同学交头接耳，他再次被老师点名上了台。这回，东东信心不足，仍然验算错了两道题，自然遭到了老师的严厉批评。

两次受到老师的批评，好几天来，东东总是闷闷不乐。我了解了东东情绪低落的原因后，便借事发挥地进行引导，我对他说：“东东，你还记得前10条小金鱼是怎么一命呜呼的吗？而后10条小金鱼又是怎么存活到今天的？”

东东睁着大眼睛望着我。

“就是因为你纠正了自己的错误，然后坚持到底，所以成功了。”听了我提示的话，东东眼睛只转了两圈，就明白了：“妈妈，以后我上课一定认真听讲，下课好好做作业。”

这天以后，东东果然很认真地对待老师布置的每道数学题，不懂的地方，还向我“打破沙锅问到底”。

两个星期后的一天，数学老师让他上台验算，由于他上课认真听讲、下课后认真温习，这回，他没花多少时间，就把两道数学题做出来了，得到了老师的表扬。老师还对同学说要向他学习。得到老师的肯定，东东心花怒放。

此后的日子里，东东每做一件事，不再是虎头蛇尾，而是善始善终，很有责任心地把它尽量做得完美无缺。

专家谈心

一个人的责任意识不是先天就有的，而是靠家庭、学校、社会的培养和教育而逐步形成的，这个培育过程自婴儿时期起伴随终生，而最关键的是幼儿时期。责任感就是孩子能够自立、自主、自强，形成认真、踏实、顽强和持之以恒的性格。只有从小培养起对父母、对亲人、对家庭的责任感，孩子长大以后才能自觉承担各种必须承担的社会责任。

方法左右

儿子是做事马虎、草率的孩子，母亲从网上的一位国外母亲培养孩子责任心的报道受到了启发，她从农贸市场买回了一些金鱼，把它们交给儿子喂养。在儿子喂养金鱼失败时，母亲抓住时机向他灌输责任心的概念。儿子懂得了做人做事要有责任心的道理后，不仅喂养好了金鱼，而且做事也变得善始善终。

培养孩子的责任感可从以下几方面着手去做：

（一）养成良好的习惯，是建立责任感的前提

责任感是一种自觉性，可以说孩子的自觉性是由强迫形成的良好习惯，一开始应从孩子的自理能力做起。比如要求孩子自己穿衣服、自己系鞋带等。此外，还要让孩子明白：自己能做的事不依赖别人。

（二）选出几件事让孩子负责

孩子的自尊心很强，你越信任他，他就越主动、自觉。所以，选几样适合孩子做的事让他负责，他就会有一种责任感。

（三）给孩子适当的权力

权力最能帮助孩子建立责任感。如果谁碰到了困难，就请他帮忙解决。这样，

孩子在运用权力的同时也约束了自己。当孩子做对一件事或完成任务时，要给予公正的评价，让孩子相信自己有能力承担一定的责任。

（四）帮助孩子了解认识自己，树立自信心

这是幼儿责任感形成的基础。有不少内向的孩子，缺乏自信心，他们在任何活动中都缺乏热情，在集体活动中更不善于表现自己。针对这些孩子，我们平时应做细心的人，运用表扬和鼓励及时发现其闪光点。这样不仅培养了他们的责任感，同时又调动他们的积极性，还能锻炼其胆量。

第十六计

疏导计：与女儿探讨情爱得失

高中生谈恋爱已经不是早恋了。如果你们不是为人父母，如果你们是正当青春的孩子，你们一定能听到他们的恋爱故事。每个人在行为上或者在心理上大多都会经历第一次青涩“爱恋”。因为大多数高中生只是在心里温热，而不是冲动地付之行动。

当你的高中孩子有一天遇到这种情形，并且问你喜欢异性应该如何表达或者被异性喜欢应该如何做出反应，你们怎么回答？只是简单地回答中学生不该早恋吗？回想一番你们的青春期吧，那还是在思想禁锢的年代，你们不是也同样有着对美好爱情的憧憬或者已经遭遇了“爱恋”？为什么当你们的孩子正是青春进行时，你们却要极力地阻止他们？一个人从出生到生命的结束，每一个阶段都要经历爱的磨炼，只是从青春期开始有些爱并不全是和父母有关。生命中注定要有一个人或者几个人陪伴他走到生命的终点，告诉孩子如何爱，和如何获得爱，就是帮助孩子走完人生的数十年。

案例说话

口述：居雪莲，女，46岁，某审计局审计师

（一）

女儿是一所中学初三年级的学生，从上小学到初中，学习成绩始终居班级前

10名。

到了女儿初中毕业时，为了让她受到更好的教育，我们花大价钱把她送进一所封闭式管理的私立学校读高中。女儿被分在高一（3）班。上课的第一天，梅老师就给全班同学定下了许多的规矩，其中，有一条便是强调学生不能谈恋爱。对于老师着重强调的这一点，当时女儿与同学们都哄堂大笑，心想，我们这么小的年纪怎么可能做“那事”？！

然而，时间过去了一年左右，当女儿读到高中二年级时，她不知不觉地喜欢上了同班的一位名叫陆婿华的男同学。陆婿华是个既长得酷学习成绩又很优秀的男生，女儿与他同窗的一年里，两人时常在一块儿交流各门功课，彼此之间渐渐生发出了一种相互倾慕、相互依恋的情感。正值青春期的两个人每次短暂的分开，都有一种难舍的情绪。

一个周末，每星期回家一次的女儿与陆婿华从学校出来后，并没有立刻回家去，而是相约这天晚上去一家茶吧喝茶、听音乐。这天晚上，女儿与陆婿华都到很晚才回家。两家的父母都觉得很奇怪，女儿与陆婿华只得一致“编造谎言”说学校搞活动，所以回来晚了。

这个周末的晚上体验到了男女间的“特殊”滋味后，女儿与陆婿华对这种肌肤的亲密，开始有些着迷，只要两人私下在一块儿，便立刻会缠绵其中。当然，此时他俩的亲密也只仅仅限于拥抱和亲吻，没有超越男女间的“禁区”。

俗话说“天下没有不透风的墙”，女儿与陆婿华“早恋”的事，终于有一天被人发现了。那天也是周末的晚上，女儿与陆婿华来到了“老地方”约会，当他俩手拉着手走进茶吧时，不料却遇到同学倩倩，三个人都很尴尬。

之后的日子里，女儿与陆婿华的“恋爱”更加小心翼翼了。他俩在大众场合始终保持着一定的距离，只有到了没人看见的时候，才抑制不住“亲密一阵儿”。这种明里一套暗里一套的做法，让两个懵懂的少年很感苦闷。

一个月后的一天中午，女儿与陆婿华上完最后一节课，故意留在了教室。等全班所有的同学都离开了教室后，他俩走到教室的角落亲密了起来。两个“早恋情人”本以为自己的违规举动不会被任何人发现，没想到，却被教室窗外的一名“好事”男同学用手机拍了下来。

当天下午，这位好事的男同学就拿着“证据”到班主任那儿去告了他俩。班主任一看手机上的回放镜头，很是恼火，马上给我和陆婿华的父母打电话，让我们即刻去学校。

傍晚时分，我们赶到班主任的办公室，班主任把手机上的录像给我们看。一看画面，我们惊呆了！陆婿华的父亲观摩了儿子的“丑事”后，当场就大骂“逆子”，并扇了儿子一个大嘴巴；而我的脸上则现出了严峻的表情。面对着女儿的如此状况，我感觉到了问题的严重性。

（二）

我早已从报刊上阅读过有关孩子“早恋”的文章，清楚地知道，女儿的这种“早恋”属于“前爱情时代”的特征，也就是比“早恋”要进一步比“爱情”要差一点儿。

在了解到女儿的行为特点后，我准备采取投女儿所好的方式，与她进行朋友探讨式的交流，话题当然是围绕着“情爱”而展开。

虽然我明白女儿与陆婿华的“早恋”是个敏感的话题，但我并不避讳，而想与女儿开诚布公地探讨一番。一天傍晚，吃过饭后，与女儿独处时，我试着问道：“冰冰，妈听说那个叫陆婿华的男孩儿学习成绩很不错，是吗？”女儿一听我提到自己的“男友”，立刻紧张起来，可一瞧见我的脸上挂着和蔼的表情，她的心又稍微松弛了一些，便轻声地“嗯”了一下。

我看出了女儿的紧张心理，更加和颜悦色地说：“妈妈听说陆婿华是个很懂事的男孩儿，什么时候你把他带回家来，让妈妈也接触一下他。”“不，不！”女儿显然没有想到我会说出这种话，她以为我还在试探她。我马上打消女儿的顾虑说：“妈的意思是，既然我们冰冰那么喜欢接近他，妈不反对你与优秀的男孩儿交往。说真的，妈也喜欢与优秀的人打交道。”话说到这儿，为了投女儿所好，我决定把自己过去的一些情感体验作为活教材，对女儿进行现身说法。

我走进自己的卧室，从抽屉里拿出了一本有些发黄的日记，然后回到女儿的身边，问：“你想看看妈读中学时写的日记吗？”女儿不知我葫芦里卖的啥药，不解地望着我。我随即把日记本送到女儿的面前，说：“这是妈妈过去每天记录下来的生活感受，也许对你有些启发。”女儿很好奇地接过我的日记，她迅速地阅读起来，读着读着，她惊异地问道：“妈，您过去也爱过一个男生？”我肯定地点了点头。

随着女儿阅读的深入，她的脸上出现了更加惊讶的表情。看完好几页日记后，女儿抬起头来，傻傻地直望着我说：“没想到，妈妈曾经暗恋过一个学习成绩很优秀的男生。”

我见女儿初步了解了自己过去的“隐私”，便就这一话题毫不掩饰地与女儿谈起了自己上学时的经历。我说读高一时，我就喜欢上了班里的一位男孩儿，他是班长兼学习委员。到了高二，我对这位优秀男同学的喜爱到了痴迷的程度，可性格比较内向的我一直没有向那个男孩儿表达自己的内心世界。为了赢得这个男孩儿的好感，我想通过自己突出的学习成绩来吸引他的注意。为此，我加倍地刻苦学习，到了高中毕业参加高考时，我终于以优异的成绩考取了省城的师范大学。在毕业典礼的那天晚上，当我与那位男孩儿有机会独处时，我猛然发现，自己心里并不真正爱这个男孩儿，过去对他的感情只是一种钦佩。此时，我庆幸自己没有向男孩儿随意表露感情，当然，我也很感激这位“暗恋”过的男孩儿给了我学习的动力。

我叙述完自己的“隐私”后，即刻问女儿说：“冰冰，妈妈对你说了自己的‘小秘密’，你能否告诉妈妈，你对陆婿华的感情到了什么程度？”

听了我的“现身说法”，见我诚恳地询问，女儿也无所顾忌地说：“只是觉得与他在一块儿很开心！我也说不清楚自己是喜欢还是爱情。”

“既然你自己都不清楚，妈劝你，在自己心理不稳定的时候，千万不要过早去涉足感情的问题！不然的话，后果不堪设想。”

女儿的脸上露出了若有所思的表情。

这天晚上，我们母女俩“朋友式”推心置腹的交谈进行得很顺利，达到了我预期的目的。

在取得母女间的良好交流后，我准备趁热打铁，继续“投其所好”，从而帮助女儿认识“前爱情时代”的利弊。我知道，女儿从小就喜欢看影视剧，随着年龄的增长，尤其对情爱影视剧更为偏爱。

一天，我从广播电视报的剧情介绍版面上知道即将播放一部反映中学校园“早恋”题材的电影。这是一部悲剧结局的青春影片，具有极大的警世意义。为此，我选择了观看这部少男少女的情爱剧。

影片开播的那天晚上，我有意识地让女儿坐在身边一起观看。女儿看着看着，对里面一位中学男生拥抱女生的镜头很感兴趣，眼里闪出了火花。

我见女儿脸上的表情很兴奋，没有对剧中的人物进行褒贬评价，而是与女儿静静地观看着，我想让女儿用自己的眼光和思维来进行评判。

随着这部影片剧情的发展，由于沉浸在“爱河”中难以自拔，那位“早恋”的中学男生最终学习成绩直线下降，周围的同学和老师对他冷眼相看，家长采取暴力手段教训他。这位原先很优秀的中学生，几乎到了精神崩溃的边缘……

对于这样“悲惨”的结局，在一旁观看的女儿发出了叹息：“太可惜了！”

一听这话，我见时机已到，便引导女儿说：“是啊，这个男孩子，如果不是因为他过早地恋爱，学习上分散了精力，就不会有这么惨的结果。冰冰，你说呢？”

女儿的脸上即刻现出了沉思的神情，她像是自言自语地说：“看来，太早谈恋爱确实没有什么好处。”

为了进一步对女儿进行“感同身受”的引导，又一个周末的晚上，我的小姑打来电话，她叹息地说起了她 17 岁的女儿潇潇谈恋爱“偷吃禁果”的事——潇潇最近到医院做了人工流产，这件丑事已经在学校、在周围的邻居间传得沸沸扬扬，让她没脸见人。

听完小姑的感叹后，我觉得这又是一个对女儿进行现身说法的活教材。于是，当天晚上，我领着女儿来到了小姑家，让女儿亲眼看看躺在床上坐小月子的潇潇。

当女儿与表姐潇潇谈起了流产的事儿，憔悴的潇潇悔恨交加，她恨自己过去没把握好自己，所以才落得今天这样不幸的结果。女儿亲眼瞧见表姐的痛悔不已，除了同情便是安慰。

潇潇“流产并自悔”对女儿有很大的触动！回家的路上，当我与女儿交流潇潇的事儿时，女儿感叹道：“我现在明白什么叫‘一失足成千古恨’了！”

（三）

我选取影视剧或周围人物情爱的是是非非，在“投其所好”的过程中，让女儿对“前爱情时代”所带来的危害性有了一些认识。与此同时，我与女儿毫不避讳地探讨她“痴迷”的一些当今情爱小说。

一天晚上，我在女儿卧室的小书架上翻看到郭敬明的《梦里花落知多少》、孙睿的《草样年华》和可爱淘的《那小子真帅》，我向女儿借来阅读。几天后的晚上，我把书还给女儿时，我像位忠实的读者一样与女儿大谈读后感。我对这些小说中主人公客观而善意的评价，让女儿很是兴奋，她当即向我推荐了网络上流行的新作家董晓磊写的《我不是聪明女生》。女儿说，这部小说被称作最接近韩国生活、最幽默、最唯美的网络小说，属于炫酷一族，被中韩各网站疯狂转发，两地网站点击量超过 6000 万次。听了女儿的介绍，我饶有兴趣地用了整整两个晚上把《我不是聪明女生》狠狠地阅读了一遍。小说以日韩漫画似的笔触，讲述了发生在大学里的爱情故事，女主角林晓蓓与帅酷男孩儿许磊以及她高中时的恋人杨琼和另外一个网友丁鑫之间展开的分分合合的红色爱情长征路。

阅读完这部小说后，我马上坐下来，与女儿就小说中人物复杂的情爱故事大谈特谈各自的看法……

通过母女间朋友式的探讨，女儿更加深入地认识到，男女间的感情是一个复杂而庞大的工程，她自觉现在还没那个心智和精力来应对。她已经想清楚了，感情这种事儿要等将来成年了再去考虑了。

女儿认识上的转变，自然带动了兴趣上的变化。一个双休日上午，女儿到一家特价书店选购课外读物，她发现周围好些男女学生在浏览一本“情色”书籍，还有不少学生偷偷购买。女儿不为所动，她穿过密集的人群，来到文学名著的书架前，一口气选购了海明威的《老人与海》、奥斯特洛夫斯基的《钢铁是怎样炼成的》、巴尔扎克的《欧也妮·葛朗台》和朱自清的散文集。

女儿拎着一提袋文学名著走进家门，我瞧见后，感到欣喜。我知道，女儿这是在用行动远离“前爱情时代”。

女儿的每一点进步，都会引起我的关注和肯定。一天傍晚，女儿放学回到家里，告诉了我一件白天发生在学校的事儿，说有个男同学课间当着女生的面故意说“下流的黄段子”，惹得周围的女同学很反感。这时候，女儿站出来指责那位男同学的不文明行为。不想，那位男同学抓住女儿过去的“小辫子”，反戈一击说：“你自己与男孩子谈恋爱，还有脸说我?！”女儿被他这么一说，便不敢多说话了。

我听了女儿的讲述，当即表态说：“今天你做得对！以后再碰到这样的事儿，你要理直气壮地告诉他们，你现在已经改正错误了。”

女儿点头接受了我的教诲。

女儿从根本上改变了自己的言行，一度滑坡的学习成绩也因为她上课用心听讲、下课认真做练习而呈上升趋势。

一天傍晚，女儿兴冲冲地拿着期末考试成绩报告单奔进家门，把它交到我的手上。我迅速地审视：120 分的试卷，语文考了 101 分，数学得了 105 分，英语考了 98 分……

如今，女儿在学校里，虽然与陆婿华仍然保持着好同学的关系，但再也没传出任何有关他俩的“绯闻”，而且她的学习成绩大有进步。看到女儿的可喜变化，我打心眼儿里为她感到高兴！

专家谈心

教育专家认为，孩子进入了青春期，从心理上来说，他们需要建立一个丰富和完善的自我表现空间。在这个过程中对于爱和尊重的需要，已不仅仅满足于抚养人，他们需要更多人的认可、尊重、爱。他们更多地将目光放到同伴、异性的身上，他们开始一些尝试性的接触，聊天、出游，学着文艺作品中对“爱”的描述，这是孩子的“前爱情时代”。

遇到孩子的“前爱情时代”问题，我们首先应缓解自己的焦虑情绪，了解孩子的需要。家长不妨带着欣赏的眼光去和孩子一起探索异性的不同，了解在成长过程中异性的互动给孩子情感和心灵上带来了什么样的满足。当你这样做的时候，孩子会很高兴地接纳你，逆反心理和行为将不复存在。

方法左右

文中的母亲在发现女儿进入“前爱情时代”后，没有回避这一敏感的问题，而是“投女所好”地与女儿直接交流，坦诚地把自己过去的“隐私”拿出来与女儿一块儿探讨。与此同时，这位母亲还有意识地选取身边的一些事例和女儿共同探讨。在母亲“投女所好”的引导下，最终，女儿走出了“前爱情时代”，步入了正常的学习轨道。

这位母亲在“投女所好”的过程中，也认识到了与孩子交流情感问题需要做的几件事：

（一）家长要首先学会缓解自己的焦虑情绪

遇到孩子的“前爱情时代”问题，家长要先处理自己的焦虑情绪，可用最简单的深呼吸法让自己平静下来。常练习深呼吸可以让自己在一呼一吸的过程中稳定情绪。只有你的情绪稳定了，才可能去帮助孩子渡过情感难关。

（二）了解孩子的需要

家长不妨带着欣赏的眼光和孩子一起探索异性的不同，让他们了解在成长的过程中与异性互动会给他们的情感和心灵带来什么样的满足。当家长这样做的时候，孩子会高兴地接纳你，他的逆反心理将不复存在。

（三）接纳付出代价的孩子

当孩子已经出现成绩下降、情感受挫、身心受伤的情况时，家长不要在孩子的

“伤口”上撒盐，那样的话，会给孩子的心灵留下不可挽回的阴影。此时，家长所要做的就是接纳孩子，并安抚他受伤的心灵和缓解低落的情绪。要让孩子感觉到：他和这个家庭是可以共同承担风雨的。

第十七计

美人计：对女儿的审美教育

漂亮的女孩在生活中有更多的机会受到人们的赞扬和注目。当不漂亮的女孩和漂亮的女孩同时出现时，成人往往对漂亮女孩表现出明显的热情；老师也常常将诸如唱歌、跳舞、朗诵等表现机会交给漂亮的女孩。那些相貌不尽如人意的孩子从小就能感觉到这种差异和压力，知道自己因相貌问题而遭冷落，心理上难免会产生挫折感和压抑感。这时，作为父母，应该如何引导因相貌不尽如人意的孩子走出心理和生理困境呢？

案例说话

口述：伍宇姗，女，41 岁，某局级机关档案员

（一）

我的女儿静静生就了一副不太好看的脸蛋，这使得她在日后的生活中处处受到不公平的待遇。从上幼儿园开始，到读小学，女儿一直成为班上同学们的笑柄，“丑小丫”便是同学们给她取的外号。

转眼，女儿读初中一年级了。俗话说“爱美之心人皆有之”，尽管女儿相貌平平，但她与同龄人一样，对偶像的崇拜成了她生活的一部分。

有一天，女儿吃过晚饭后坐到电脑桌前，很娴熟地打开一家娱乐网站，搜寻所崇拜的女歌星、女影星的图片。看着看着，忽然一组韩国五大美女连环秀的照片映入她的眼帘，尤其看到女明星金喜善的靓照，她不由得心动起来，心想：我要是能像这个姐姐那么漂亮，该多好哇！

这天之后，女儿把韩国女明星金喜善也列入自己崇拜的偶象中。又有一天晚上，当女儿点击金喜善的大幅图片时，她读到了一则配图文字，上面写道：韩国女明星金喜善是完美无缺的人造美女。接着，文章描述了金喜善做人造美女的经过，以及她做人造美女所花费的成本。看完这些文章后，女儿由此展开联想：既然金喜善姐姐能人造出这么漂亮的脸蛋，那我也可以去做人造美女。

之后的几天里，女儿满脑子都在想做人造美女的事儿。可怎样才能去做人造美女呢？这又让女儿很是烦恼。为了寻找答案，女儿仍然把希望寄托在网络上，她开始关注这方面的信息。

一个周末的晚上，女儿登录一家省级新闻网，她读到这样一条消息："最近我市一名相貌丑陋的女青年整容手术成功！如今，她变成了一名如花似玉的漂亮女孩儿……"这条消息的旁边，配上了这名女青年做手术前后的照片。读了这条消息，看了两张对照图片，女儿极其兴奋。

顺着这条线索，女儿在网上还发现，现在有许多大医院可以做人造美女手术。于是，她浮想联翩……

自从有了做人造美女的想法后，女儿整天心神不安。有一天下课后，她独自跑到了网上介绍的那家做整容手术成功的医院。当她提心吊胆地向一位中年女医生询问能不能把自己变成美女时，那位中年女医生一看女儿稚气未脱的脸蛋，她先是一惊，继而很认真地对女儿说："小同学，我很理解你的苦衷，你想做整形手术，首先要得到你家长的同意；再就是做整形手术，是要受皮肉之苦的，你要有足够的心理准备；还有，做这种手术的费用很高，你的父母能否承担得起？我们的这些意见，请你一定转告你的父母，如他们同意的话，再来我们这儿，好吗？"

医生的话可难住了女儿，这件事，她本来不想让父母知道，可如要做人造美女手术，非过我们这一关不可。女儿立刻苦恼起来。

一连几天，女儿心情烦躁，茶饭不思。我发现女儿心事重重的样子，关切地询问："静静，怎么啦？"女儿欲言又止，一副难堪的表情。

我感觉女儿有话要说，便鼓励她："有什么心里话，只管对妈妈说，也许妈妈能帮你解决。"

女儿望了我一眼，见我很和善的目光，紧张而不安的心理有些缓解，片刻后，她羞红着脸，声音不大地对我说："妈，我想做人造美女。"

我非常吃惊："你怎么会有这么奇怪的想法？"

“一点儿也不奇怪。”女儿说完，拿出一张从网上下载的人造美女手术前后的对比照片，递给我说，“你看，这个大姐姐以前也是个丑女孩儿，可现在却变成了这么漂亮的女孩子。”

我接过照片，仔细比看着，仍然不明白：“静静，你怎么会想起学这个大姐姐？”

女儿马上对我解释说：“我的同学经常嘲笑我的相貌，我想做个漂亮的女孩儿。我去医院问过医生阿姨，她说，只要你和爸爸同意，他们愿意为我做人造美女手术。妈，你就答应我的要求吧。”

听了女儿这番话，我恍然大悟：“原来你是这么想的。”对于女儿的这种特殊要求，我一时不知如何回答女儿，我只对她说：“这事儿来得太突然了，让妈好好想想。”

（二）

自发现女儿内心的小秘密那一刻，我便深感到女儿目前已陷入了生理和心理的误区。丈夫经常出差在外，我觉得自己有必要对女儿加以正确的引导。

可从何入手？这使我颇费了一番心思。我分析，如果对女儿光是理论一大套地开导，这个年龄段的孩子肯定不会接受，甚至会有抵触情绪。她对概念的东西，不感兴趣，而对动感和鲜活的形象，容易接受，这从女儿崇拜歌星、影星可以看出。我决定采用“寓教于动”的方法来引导女儿。

一天下午，我来到一家正规的音像出租店，问店老板：“你们这儿有没有做美容整形手术方面的录像资料片？”店老板爽快地回答：“有哇！”说着，他很快拿出了三盒录像带，递给我说：“借这种带子的人很多，大都是些时髦的女青年，也有一部分中学生。”

我借回录像带，首先一一审阅了里面的内容。看过后，我觉得其中一盒题为“做一个变脸的完全女人不容易”的录像带，对女儿具有一定的警示作用。随后，我拿着这盒录像带，走进女儿的房间。这时，女儿戴着耳机，边听边学唱着孙燕姿的歌曲。我笑容满面地对女儿说：“静静，妈妈借了一盘怎样做人造美女的带子，想不想看？”听了这话，女儿即刻摘掉耳机，喜出望外地说：“真的？让我看看。”

吃过晚饭后，我把带子插进录像机，然后，与女儿一道观看录像片。不一会儿，电视屏幕上出现了一家医院整形外科手术室的画面。接着，镜头对准一名容貌一般的女青年：她步入无菌手术室，一位戴大口罩的护士叫她躺在手术台上。稍后，又一位护士拿着大大的针管走到女青年面前，让她伸出白皙的手臂，随之把尖长的针头扎入肌肤内。

坐在电视机前的女儿看着这一幕，从小就怕打针的她紧张得全身发抖，眼睛立刻闭上。一旁的我见女儿有了反应，马上对女儿解说道：“这是医生阿姨在给女孩儿做整形手术，第一步是打麻醉针。”

电视镜头上的手术室里，主治医生开始给女青年做隆鼻手术，只见医生用手术刀对着女青年的鼻子划动着，然后让护士把一个形似鼻梁的物体交给他。

电视机前的我向女儿解说：“医生伯伯手上拿的是一个硅胶假体鼻梁，要把它植入到那女孩儿的鼻子上。”

身边的女儿惊叫起来：“太可怕了！”

我进一步灌输道：“更可怕的还在后面，医生伯伯还要给这个女孩儿用刀割双眼皮、装假体下巴和耳朵，每一次都要打针。这种分类手术要做十几次，甚至二十几次，才能达到漂亮脸蛋的完美标准。”

女儿已经被吓住了：“那么惨不忍睹啊！”

我趁机灌输：“美是要付出代价的，你以为轻而易举就可以变成人造美女呀？不是妈吓你，如果你想做人造美女的话，那比这要更痛苦几十倍。”

女儿站起身来，有些后怕地说：“妈，我不看了，太吓人了！”说完，她走进自己的房间。

我见观看录像片起到了一定的作用，很高兴。

观看录像带后，我并不急于向女儿作过多的解释，我想给女儿一点时间消化刚才目睹的“可怕手术”。与此同时，我在继续寻找具有说服力的事实。

一天中午，我趁上班的空隙，特意跑到图书馆的阅览室去查询有关人造美女方面的资料，我一叠又一叠报纸、一本又一本杂志地翻阅，猛然间，我在一张晚报上读到了一个醒目的标题《妙龄少女遭毁容，怒告“美容院”获索赔》，这篇文章还配了两张少女毁容前后的照片。我通篇读完后，愤慨之余，马上联想到了女儿：这不正好是一篇活生生的反面教材吗？我当即在图书馆里复印了这张报纸，还有意识地把少女的照片分两次放大复印。

下午下班回到家里，我叫出房间里的女儿，然后对她说：“静静，妈妈有一样东西给你看。”

女儿急切地问：“什么好东西？”

我随即从挎包里先掏出一张少女毁容后的复印照片，送到女儿的面前。

女儿拿起照片一看，倒吸一口冷气："这个女孩长得比我还丑，像个丑八怪，真难看！"

我又把另一张照片递给女儿说："你再看看这张。"

女儿看后，评价道："这个女孩儿长得还算好看。"

我对她说："你知道吗？这两张照片是同一个女孩，她因为做了整容手术，才变成这样的。"

女儿吃惊地说："怎么会呢？不可能。"

我立刻把那张复印的报纸交给女儿："你自己看吧，上面清清楚楚地写了那个女孩做整容的遭遇。"

女儿迅速地阅读，看完文章，她傻愣了好半天，有些后怕："这太残忍了，我真的很同情她，多可怜的女孩子。"

我见女儿既害怕又对少女深表同情，即刻问她："静静，你还想不想去做整容手术？"

女儿的头摇得像拨浪鼓似的："不！不！我不想做人造美女了，弄不好，会变得更加丑的。"

（三）

尽管我引导女儿打消了做人造美女的念头，可我清楚，女儿目前还在为自己的长相而烦恼。

为进一步帮助女儿走出心理困境，我要想办法纠正她的审美观。

正值女儿放暑假期间，伦敦奥运会正在热火朝天地举行，我觉得这是一次引导女儿改变审美观念的好机会，只要一有空闲，我就陪女儿观看每一场比赛。

一天深夜，电视直播女子举重75公斤级世界决赛，我国的选手周璐璐登场时，我有意问女儿："你看这位姐姐长得怎么样？"

女儿当即用看人造美女的眼光评价道："黑不溜秋又胖乎乎，五官长得太难看了！"

我没有立刻纠正女儿的观点，继续与女儿观看精彩的比赛。

等到全场比赛结束后，已经夺得世界冠军的周璐璐站在领奖台那一刻，我再次问女儿："你看这位姐姐漂不漂亮？"

此时的女儿已经深深被这位举重选手的执着精神所打动，她一改刚才的态度，马上点头说："太可爱了！尤其是她灿烂的笑容，更可爱！"

我趁机向女儿灌输审美观说：“这位姐姐的美是一种坚强不屈的性格美！”

几天后的晚上，我又陪女儿观看了男子拳击49公斤级决赛，其中有我国的选手邹市明参加。当邹市明出现在镜头画面上，我问女儿：“你认为邹市明哥哥长得好看吗？”

女儿同样用“新新人类”的标准来衡量，她说：“他很酷，可不帅，不是我们崇拜的那种男孩子。”

比赛开始了，邹市明举起了打破世界纪录的杠铃，那一刻，我又问身边的女儿：“你认为邹市明哥哥怎么样？”

女儿的眼睛里流露出羡慕的神情：“我太崇拜他了！他真的很伟大呀！”

我又抓住时机向女儿灌输道：“邹市明哥哥的这种美是一种自信美！”

为时半个月的奥运会，我陪伴着女儿度过了一个又一个不眠之夜，也时时向她灌输正确的审美观念。

没过几天，市青少年宫准备举办一次全市十佳青年表彰大会，我预先得知这次被评为十佳青年的人里面就有我朋友的女儿彤彤。彤彤在一家银行工作，长相并不比我的女儿好到哪儿去。我觉得这又是一次向女儿灌输审美观的好机会。于是，在五四青年节这天上午，我特意向单位请了假，带女儿前去观看。

在表彰大会现场，当被评为十佳青年的男女青年走上主席台时，我指着上面站着的一个女孩儿，对女儿说：“那个姐姐，你认识吧？”女儿一看，马上兴奋地叫了起来：“是彤彤姐姐呀，她也被评上十佳青年了？”我当即说：“你看，人家彤彤姐姐，虽然相貌不怎么样，可她工作很出色，年年都被评为先进模范。”女儿当即发出感慨：“彤彤姐姐真了不起！我要向她学习。”听了女儿这话，我又抓住时机，大肆向女儿灌输正确的审美观。眼见为实的女儿不断点着头，接受了我的引导。

此后的日子里，只要一有机会，我就向女儿极力灌输健康的审美观，我要让女儿认识到：美是一种内在力量，美是一种真才实学，美是一种坚强不屈的性格。

打这以后，女儿开始改变自己，她对女歌星、女影星的狂热程度明显下降；她再也不提做人造美女的事；她对自己丑陋的外貌也没有了自卑感，取而代之的是对未来充满自信。女儿的学习成绩，也因她的这些改变而直线上升。

看到女儿的变化，我由衷为她感到高兴！

专家谈心

中学女孩儿正处于青春期发育阶段，她们拥有阳光般灿烂的笑容，怀有远大宏伟的理想，富有美妙绚丽的梦幻和丰富的情感，但有时就像一朵朵含苞待放的花儿一样脆弱、敏感，很容易受到外界不良因素的影响和干扰。如何让青春期的女生认识到青春期生理和心理上的变化，学会自我保健、自我调节，并且帮助她们解决生理、心理和学习生活上的困惑和烦恼，父母、学校和社会都有引导的职责。

步入青春期的女孩子对自己的形象开始格外地注意，对服饰、发型也开始用心琢磨。这时候的女孩子更是特别注意自己的体形、容貌，特别注意修饰自己，最明显的表现是开始化妆、戴首饰等。这是女孩子出现了青春期“爱美”的心理。

父母要教育青春期的女儿不要过多地把时间花在对自己的形象的关注和打扮上。要把主要精力放在学习文化知识上，发展多种兴趣爱好。父母要以自身精神气质的内在美和大方得体的穿着为孩子做出榜样。如果做母亲的平时浓妆艳抹，身上装饰得珠光宝气，这时去说服女儿不要烫发、描眉、画唇和佩戴首饰，其效果是可想而知的。父母平时提高自身文化素质，注意自身心灵和行为的美，才是对女儿最好的“美的感召”。

方法左右

当文中的母亲知道女儿遭遇到青春期生理和心理困惑时，她根据女儿这一年龄的心理特点，选取了身边正反两方面的事例，向女儿灌输什么是美，帮助女儿树立正确的审美观。

这位母亲帮助有生理缺陷的女孩儿走出心理和生理的困境的妙招是：

（一）培养女孩儿忽略外在美，注重内在美

父母不过于关注女孩儿的长相，引导女孩儿发展正确的审美价值观，尤其是几个女孩儿在一起的时候，更不能随意评价。让女孩儿懂得“人最重要的不是外在美，而是心灵美”。平时也要注意不要拿女孩儿的长相开玩笑，保护女孩儿的自尊心。

（二）培养女孩儿的特长，提升她们的自信心

父母要积极为女孩儿创造条件，促使女孩儿把注意力放到学习上并取得骄人的成绩，或发挥女孩儿的特长，在艺术的某一领域如绘画、音乐、书法等方面，取得好成绩，增强女孩儿的自豪感，也使别人刮目相看。面对别人对女孩儿长相的议论，父母可以告诉女孩儿："你的长相在班上的确不是最漂亮的，但你的绘画在班级里可是数一数二的。"以此来鼓励女孩儿的自信心和进取精神。

（三）培养女孩儿良好的个性和气质

父母应努力塑造女孩儿具有活泼的性格、善良的心灵、乐观的情绪、大方的举止、聪明的头脑、不卑不亢的言行，不因长相平淡而自卑，不为容貌一般而妄自菲薄。父母要告诉女孩儿，人不是因为美丽才可爱，而是因为可爱才美丽，使女孩儿懂得良好的个性和气质远比漂亮的外表更可贵。

（四）肯定赞扬女孩儿的成就和优点

父母要让女孩儿知道，人不可能十全十美，每个人都有他的优点，但同时也有他的缺点。父母要肯定女孩儿已取得的成就和生活中的优点，增强女孩儿的自信心，使她心情愉快地学习和生活，提高对别人消极评价的承受力，并能正确对待自己的劣势，不至于伤心自卑。

第十八计

声东击西计：假扮“知己”拯救网恋女儿

当发现青春期的孩子陷入网恋时，家长不要大惊小怪。只要孩子感觉他们有缘分，有共同语言，能谈得来，想法、做法都很默契，父母也不要过多阻拦，要学会给孩子支招，帮助孩子正确处理好情感的事。当然，得考虑方式方法，既要让孩子明白他这样做的危害性，又要让孩子感觉父母说的道理和方法让他心服口服。否则，只会适得其反，最终毁掉孩子的前途。

父母要重视与孩子平等地交流与沟通，不仅要关心孩子的学习与生活，还要关心孩子的思想，经常听听孩子的心里话；要针对青春期孩子易冲动的特点，帮助孩子学会分辨现实与虚拟，不受网恋虚拟情感的诱惑。

案例说话

口述：付拓凯，男，49岁，某档案馆管理员

（一）

一个双休日，就读初二年级的女儿刚吃过早饭后，很快就去上网聊天了。

我静静地走到女儿的背后，看到屏幕上女儿打出了一行字：“文超人，你说想见我一面，我认为现在没有必要！因为我学习很紧张，我想你也是。等放了假再说吧。”

看了女儿这话，我赶忙问道：“这个‘文超人’是谁呀？”

女儿猛然发现我站在她的背后，有些慌神地掩饰道：“他是我的一个同学。”

我追问一句："是男的，还是女的？"

女儿的口气很肯定地说："当然是女同学啰！"

我还想追问下去："那你们是新认识的吧？"

女儿有些不耐烦地冲我说："爸爸，你是想查户口吗？我的事，你就别再问了。"

一时间，我和女儿的交流受阻。

这天下午两点左右，家里的电话铃响了，我刚拿起话筒，一个十六七岁的小伙子的声音就灌入我的耳朵："请找'风之女'接电话。"我不明白地问："谁是疯子女？"男孩说："就是用这个电话的女同学。"我有些气愤地对他说："你别乱骂人！我的小青怎么会是疯子女呢？！"小伙忙解释道："您别生气，'风之女'是她网上的化名。"

一听这话，我忽地笑道："原来是这样！"

傍晚时分，女儿买书回来了，她径直走到电脑前上了网，可是网上的那个小伙没有出现。站在不远处观察动静的我忙对女儿说下午有个男孩子打过电话找她。

女儿"哦"了一声，然后，忙问："都说过些什么？"

我笑着说："他只说了你的化名。"

女儿听了这话后，脸红地低下头，不好意思再问什么。

一连两天，女儿总是心神不安，一有电话响，她就抢先奔过去接，每次听到不是她所期望的人打来的电话，都会很失望。有一次，女儿正在卫生间刷牙，客厅里的电话响起，旁边的我刚要拿起话筒，不想，女儿满嘴牙膏泡沫地跑过来，抓起话筒就问："谁呀？"等她听到电话是找我的，很是失望地把话筒递给了我。

这天以后，我发现，女儿每次上网时都要把房门关起来，这显然是在逃避我的监视。

凭第六感觉，我猜测女儿有可能与网上的那个文超人"恋爱"了。对于女儿的网恋，我想，如果采取横加干涉的过激方法，结果肯定会适得其反，也会由此造成她的逆反心理，这种事例在生活中时常出现。我考虑后，打算采用"以情动人"、"设身处地"的方式，去引导女儿走出情感的误区。

（二）

为了能把女儿从网恋中拉出来，我决定走进她的世界里，与她为伍。一天晚上，女儿吃过饭后，又坐到了电脑前去上网。我就悄悄地离开家，到附近的网吧去，我在一台电脑上申请了一个QQ聊天号码，有意给自己取了一个"三好学生"的网名。

不多一会儿，我便进入了女儿常去的聊天室。我在这个聊天室里发出了一则消息：你是风之女吗？我叫“三好学生”，性别男，我想和你交个朋友，请你尽快和我说话！

消息发出后，我耐心地等待着她的回音。一分钟过去了，没有回音；又过去了两分钟，仍没有反应。我有些焦急起来，心想，也许是女儿根本没有看到我的信息，或者是她看到了不想理会，也有可能是……正在我猜测的当口，女儿的回复降临到了我的面前：三好学生同学，我是风之女，收到了你的来信。谢谢你对我的关注。

读了女儿的回信，我为自己的第一步成功而窃喜，总算打进女儿的“内部”了。我当即和女儿对起话来：风之女同学，我是第六中学初二年级的学生，毫不谦虚地说，我初中连续两年都被评为年级里的“三好学生”。风之女，你能向我介绍一下你的情况吗？

就在我发出了第二封信后，不到两分种，就又收到了女儿的回音：我也是初二年级的学生，不过，实话说，我的学习成绩比起你来就差多了，每次考试都排在班上的倒数第 3 名到第 5 名之间。

见女儿这么诚恳，我只得继续扮演“三好学生”的角色，鼓励了她一番：我认为，只要你认识到了自己的不足，狠下功夫，迎头赶上，相信你会取得好成绩的。

这晚，我与女儿的对话一直持续了一个多小时，末了，我俩约定两天后的晚上 7 点 30 分再聊。

回到家里后，我透过门缝，瞧见女儿仍在网上与别人酣畅淋漓地聊天，我没有去惊动女儿，而是回自己的卧室去了。

第二天吃早餐时，我见女儿脸上露出了高兴的表情。我故意问她有什么好事这么高兴，女儿马上收起了脸，嘟着嘴说：“你整天观察人家的脸色，我不喜欢你这样！”她匆匆扒了两口饭就去上学了。

我知道与女儿直接交流是很困难的，我也知道这个年龄段的孩子有逆反心理。如果以家长居高临下的方式对他们进行“教诲”，肯定会适得其反；只有采用平等的朋友式的方式与他们进行思想沟通，他们才会乐意接受。这么一想，我便打算继续在网上与女儿进行 QQ 对话。

两天后的晚上，我见女儿走进了房间关起门来，我知道她准备与“三好学生”开始聊天。我赶紧出门，奔向网吧，很快就进入了 QQ 聊天室。我采取“先入为主”的方式，首先向女儿倾吐自己的苦衷：风之女，今天我碰到了一个很苦恼的问题，

我的爸妈对我管教太严了！尤其我爸爸，总是像监狱里的管教干部看犯人似的，我真不知道该怎么办了！你帮我出出主意，好吗？

我的话发出去5分钟左右，女儿的回话飞到了我的面前：我很同情你的遭遇。其实，我和你有同感。不过，我知道大人所做的一切都是为我好，只是这种方式我接受不了。我想，你我的爸妈能像朋友一样对我们，那就好了！

读了女儿的心里话，我的脸上一阵发烧，忽地觉得应该反思一下自己是否犯了“家长式”的毛病。回想过去的日子里，自己对女儿的一举一动，确实事无具细地予以干涉，每次干预后的效果，不但没让女儿心服口服，反倒引起她对我的阳奉阴违，嘴上说接受，可行动却另做一套。看来，我应该调整自己的行为方式了。

想到这里，我便在屏幕上打出了这样一段话：我也觉得，如果爸妈能和我们交朋友的话，那就太棒了！我想，我们是不是应该找机会和爸爸妈妈坐下来好好谈谈，让他们知道我们的想法？

读了我的信息后，女儿当即回复：我们都可以试试！对于这个问题，一个星期后，我们再交流一次。

从网吧出来后，我立刻返回家里，刚一进客厅，就看见女儿的房门打开着。女儿见我进来后，“破天荒第一次”主动与我打招呼：“爸爸您回来了！”

这一瞬间，我的心里既兴奋又得意，毕竟自己的精心“策划”有了初步的效果。

（三）

又到了与女儿约定对话的时间，我问女儿的第一句话就是：最近你和爸妈“交朋友”的战果如何？告诉你，我现在已经和我的爸爸成了“铁哥儿们”！我俩每天有说不完的话，我爸爸再也不是管教干部了。

女儿的回信这样写道：很羡慕你们这些男生，敢作敢为。说真的，我一见到我的爸爸就不好意思说“交朋友”的事。凭我的直觉，我爸爸好像有什么话想对我说，可我也没说出口，我们父女俩真是一个德性，都太有心理活动了。

没想到，女儿还是看出了一点儿我的心理，我怕这个话题再聊下去，聪明的女儿会看出破绽来，忙转移了一个话题：风之女，这几天，我想了很多，我俩是不是可以考虑交那种特殊关系的好朋友？

信息发出后，我等着女儿的回音。谁知，这一等，就等了好一会儿也没有回话，女儿好像消声匿迹似的躲了起来。我心想，女儿心里早就装有文超人，现在又有一个男生蹦到她的面前，她能不做思想斗争吗？于是，我赶紧又发了一条信息：风之女，你怎么了？是不是我太冒失，说了伤害你的话？可我真的没骗你，我可以对天发誓，我是从心里爱你的！

果不出我所料，没过10分钟，女儿就有反应了：三好学生同学，我很吃惊，谢谢你的好意。不过，实话对你说吧，认识你之前，我已经有了网上男朋友了，我们虽然没见过面，他自称也是我们同届的学生。我不能同时喜欢两个男生，这是很不道德和不光彩的事！请你原谅我。

读了女儿这封发自内心的情感独白，我为女儿对感情的如此“专一”和“忠心”而震惊！没想到女儿已经深深地坠入爱河了。怎么办？面对女儿的“坚贞”，我必须想办法把她从爱的泥潭中拉上来，不能让她越陷越深。

我考虑了两天后，又做出了一个大胆的决定，准备扮演另一个女生去“勾引”那个化名为“文超人”的小伙。

第三天晚上，我来到了网吧，进入聊天室后，我又如法炮制地张扬了我的信息：文超人同学在哪里？我叫“江南妹”，我早就仰慕你的大名！不瞒你说，别人称我为“班花”，论容貌，我是当之无愧的！遗憾的是，至今我还没找到心目中的男生做朋友。不知你现在是否已经有了女朋友？如果你有意的话，就速告之。

我的这封信发出去不多一会儿，那位“文超人”就有举动了，他很是兴奋地发来了滚烫的话语：好可爱的“江南妹”喔！我可以向你保证，我从来也没有和任何女生交过朋友。只要妹妹你不嫌弃我，我愿为你赴汤蹈火！

看了“文超人”火一般的“情书”后，我的肺都要气炸了！这个“花心男孩儿”，竟然脚踩两条船！我为女儿的一片痴情被践踏而痛心。为了能让女儿尽快地离开他，我压抑着内心的不平和愤恨，故意装出一副柔情似水的样子对他说：你能对我这么忠心耿耿，我真的好感动呀！不过，我有个要求，你如果真是这样，就必须保证不和其他任何女生来往。

“文超人”立刻信誓旦旦地答应道：我向天发誓，如果我与你之外的任何女生来往，你可以一辈子不理我！

看了“文超人”的发誓，我想，要设计“文超人”狠心地“甩掉”女儿，让女儿遭遇“失恋”，才能使女儿从网恋中清醒过来；然后，我再在网上好好教训那个“文超人”，让他收心搞好学业。

随后，我又对“文超人”说了一些“情深似海”的话：“文哥，我早就仰慕你，崇拜你！虽然我不曾见过你，可我能感觉你的帅气，我好多次在梦中与你相见。”

“文超人”见“江南妹”如此多情，他心花怒放，也直言不讳地向她表白……

直到夜里11点，两个“你情我爱”的人才下线。之后，两人约定第二天晚上，再继续聊天。

到了第二天晚上，我又以“江南妹”的面貌出现在“文超人”眼前，两人缠缠绵绵很是亲热地交谈，“文超人”的心完全被“江南妹”占据着。

“文超人”移情别恋，自然冷落了女儿“风之女”，这让女儿很是伤心；更为伤心的是，当女儿在网上读到了“文超人”与“江南妹”那热情似火的对话，她惊讶得说不出话来！她万万没想到，自己热恋着的男生竟然又与别的女孩儿如此亲密。

几天来，女儿一副“失恋者”闷闷不乐的样子，我瞧见女儿失魂落魄的样子，暗自高兴，为自己的再次“策划”成功而得意。

下一步我该扮演一个“同病相怜”的女生了。几天后的一个晚上，我见女儿坐到了电脑前，我再次出门去网吧，直奔女儿的聊天室：你是风之女吗？我是“可怜妹”，我刚从别人那里听说了你跟我一样的遭遇。我们都是被男生甩掉的女生。我在网上曾经交过一个小帅哥，他对我说只爱我一个人。但是最近我发现，他在和我交朋友的同时，又和其他两个女生在秘密来往。当我责问他时，他毫不在乎地对我说：“我们都没必要在‘一棵树上吊死’！”风之女，咱们以后都别再分心了，先好好读书，爱情的事只有等到我们长大成熟了再来考虑，你说呢？

女儿很快就给予答复：好！你说的我很赞同！我也自己发过誓，今后读书期间，决不再谈爱情的事！

看着女儿终于从情感的泥沼里拔了出来，我为自己的屡次“策划”成功而兴奋。我认为这种善意的欺骗对女儿的身心健康成长是有益无害的！

女儿“失恋”后，又重新振作了起来，现在她每次上网都不再把房门关上，还大大方方地接受我的“监视”。从此以后，女儿的学习成绩日渐提高了。如今，我再也不需要跑到网吧去和女儿玩“善良的欺骗”的游戏了，也不需要和她“谈情说爱”了。

专家谈心

青少年到了青春发育期，随着性激素分泌的增加，渐渐出现了性意识，表现出对异性的关注、兴趣、爱慕与追求。由于每个人文化水平及所处环境的不同，人的性意识千差万别，在网络时代，那些“网恋”、“网上同居”、“网上生子”等现象更是层出不穷，但这些毕竟只是游戏。

父母担心孩子会因此“出轨”是合乎情理的，然而，有意识的疏导比“担心”更有实际意义。倒不是一定要责令停止它，而是设法转移其兴趣，使他的注意力倾向于学习和课余爱好。

其实，诸如网上“恋爱”、“同居”之类的玩意儿，正反映着一种不成熟的孩子气，正像孩提时玩“过家家”一样，会随着年龄的不断增长、性观念的逐步完善而自行销声匿迹的。

方法左右

文中父亲发现女儿网恋了，没有揭穿女儿的“真相”，而是决定采取同龄人容易接受的“智诱”方式，与她交朋友。与此同时，他又“冒充”一位“女孩”去勾引女儿“网恋”的男朋友，之后，他把女儿“网恋”男朋友移情别恋的真相告诉了女儿，一步步诱导女儿走出了“网恋”的误区。

这位父亲的聪明做法归纳起来有以下几点：

（一）“冒充网友”，父母主动加入孩子的阵营

当父母发现自己的孩子“网恋”后，如果采取横加干涉的过激方法，结果肯定会适得其反，也会由此造成孩子的逆反心理，这种事例在生活中时常出现。聪明的做法是，采用“以情动人”、“设身处地”的方式，加入孩子的阵营，与他们为伍。既然孩子喜欢在网上交朋友，那么你可以“装扮”成他的同龄人，与他交网上的朋友。这样一来，孩子就会接受你对他传导的任何“信息”，你也就有了与孩子交流的机会和平台。

（二）相互倾诉，引导孩子主动与父母沟通

如果你已经与孩子成为“网友”了，你就可以敞开心扉，把自己的内心活动向他吐露。当然，你别忘了自己的职责，那就是引导孩子去与现实中的父母进行沟通。我想，“网友”心平气和对等的话，孩子是能听进去的。如果孩子真的按“网友”的建议去做了，现实中的父母就要抓住机会，好好地与孩子进行思想和情感的交流。

（三）“反奸计”，让孩子对“网恋”失望

如果你的孩子执迷不悟地要将“网恋”进行下去，你就得采取一些智谋，诱导他走出迷情的误区。最后是采用“反奸计”，就像故事中的父亲那样“装扮”成一

个女性“网友”去勾引孩子的“网恋情人”，让那位“网恋情人”移情别恋。这要让你的孩子知道，他肯定会对“网恋情人”大失所望，进而对“网恋”产生厌恶。这时候，你又可以“扮演”同情的角色，引导她走出心理困境。

下　部

教子补漏　父母是孩子的“修复匠”

第十九计

趁热打铁计：教儿子做节能者

家庭是孩子成长的第一环境，孩子所有习惯的养成都和家长有着密切的关系。因此在对孩子进行环保教育的同时，我们也不能忘记家长这一方面，在家向孩子宣传环保意识，督促孩子在家的行为，注意从一点一滴做起，用自己的言传身教去影响孩子、教育孩子，帮助孩子养成良好的环保习惯，如家长可进行节水再利用。同时，还可以多带孩子走进大自然，一方面让孩子领略大自然的美好，培养热爱大自然的情感，学习丰富的环保知识；另一方面，也让孩子了解环境污染状况，感受环保的重要性。

案例说话

口述：汪天信，男，42 岁，某物流公司总经理

（一）

一个双休日，我带读初一年级的儿子到郊外的龙虎山游玩。如果开私家车去，最多半个小时。儿子本以为我会开车去，可他万万没想到，我却决定骑自行车去。我把另一辆自行车往儿子身边一推，说：“这辆给你骑。”

儿子傻眼地望着我，问：“爸爸，你怎么不开车去？”

我笑着回答：“为了节约汽油，还是把它放在家里吧。”

儿子不解地追问：“为什么要这样做？”

我很爽快地说：“因为这里到龙虎山只短短的距离，没必要浪费汽油。你想过没有，每个人每天节约一毫升汽油，那全市的汽车会省下多少汽油？骑自行车去，

当健身运动，不是更好吗？”这样的回答让儿子没有反驳我的理由。

本来只要半个多小时就能到达龙虎山，可我俩骑自行车却花了近两个小时，当到达目的地时，全身汗流浃背的儿子，气喘吁吁地直埋怨我太“抠门儿”，让他活受罪！而一旁的我却咧嘴笑着说：“我倒觉得很过瘾！”

又一个周末的晚上，我带儿子去看一部电影。当时正是夏季最炎热的时候，进电影院之前，我到旁边的食品店买了一瓶纯净水和一袋爆米花拿在手上。来到儿子的身边，我把爆米花递给儿子。儿子问我：“爸爸，你怎么买一瓶水？”

我马上举着纯净水瓶，说道：“这是我俩共用的。”

儿子惊讶地望着我，叫了起来：“爸爸，你也太小气了！两个人同喝这一瓶水？！”我肯定地点着头：“是的！你想想看，淡水是一种资源，我买两瓶的话，肯定喝不完，多余的扔掉了，这是对资源的一种浪费。你再想想看，我俩浪费半瓶纯净水，要是全市甚至全国的人都像我们一样浪费，加在一起，要浪费多少宝贵的淡水资源？所以，我俩还是共用的好。”

我的节能大道理，最后让儿子不得不接受一瓶纯净水共用的事实。

接下来的一段时间里，我与儿子在一块儿时，我的一举一动都显出节能意识。

（二）

为了强化儿子的节能意识，我寻找机会向儿子灌输节能的意义。

五一节，我说带儿子去 60 里外的姑姑家玩。一听去姑姑家，儿子很激动，好久没见到姑姑了，很想她。

5 月 1 日一大早，儿子没有等我叫，就自己起床。吃过早餐后，我就到车库里开出了我的小轿车。一见那漂亮的轿车，儿子不解地问道：“爸爸，你今天怎么舍得开宝贝汽车去，就不怕浪费你宝贵的汽油？”

我立刻笑道：“今天是节日，我应该开车去你姑姑家。”儿子高兴地说：“哦哦，太好了！我总算能坐爸爸的车兜风了！”

见儿子欢天喜地的样子，我也很高兴：“快上车吧。”儿子毫不客气地坐上了宝座。

我的小轿车只在路上疾驶了 40 多分钟，就到达了姑姑家的住地。

车子在一处两层高的小楼前的花园停下，我领着儿子穿过种满各种花草与树木的小园子，来到复式楼前，我推开客厅的房门，儿子朝里面唤了一声“姑姑”。不一会儿，姑姑和姑父从复式阁楼上下来了。姑姑很热情地跟儿子打了招呼，姑父也朝儿子笑了笑。儿子是第一次来姑姑的新居，对这里的环境有种新鲜感。

随后，姑姑拉着儿子的手，领他上下、里外进行参观。在阁楼的顶棚，姑姑领儿子观看了太阳能，这个太阳能朝阳的那面墙完全由玻璃和厚厚的百叶窗组成。姑姑很自豪地说："这个太阳能的功力很大，每个住房可以节省 50% 的能源支出。这可是我跑遍全市所有的家电市场精心选购的。"接着，姑姑又带儿子来到楼下的一条粗大的管道旁，告诉儿子说："这是天然气管道，也是为了节约能源才使用的。"

随后，她又介绍了家里的电视、电饭锅、电冰箱和电脑，始终离不开节能这一主题。

临到中午时分，用餐前，儿子走进盥洗间，打开水龙头，毫无顾忌地哗哗洗手。这时候，姑姑出现在儿子的背后，很不客气地对儿子说："民民，你不能这样洗手。"

儿子转过头去，不解地望着她。姑姑继续说："难道你不懂节约用水的道理？"说着，她指着洗手盆上方粘贴的一块铝制小广告，广告上写着："每人节约一滴水，全国人民就节约一吨水。"

原来儿子的姑姑也是一个十足的节能捍卫者。就在儿子尴尬时，我走了过来，儿子以为我会为他圆场，不想，我竟然"雪上加霜"地维护他姑姑说："姑姑说得对，节约用水，人人有责。你不应该这么浪费。"受到我和姑姑的共同指责，儿子真像犯了错误似的低下了头。

在情绪不佳中用完午餐后，儿子执意要回家。一路上，儿子脸上的表情凝固着，内心满是对我的怨恨。我看出了儿子的不快，却也没有搭理他。

车子行驶 10 多分钟后，在一个岔路口，我将车子猛然停住了。前方没有红灯，儿子傻眼看着我，不知我想干什么。片刻后，我指着侧面上方竖立的一块大的路牌广告对儿子说："你自己看吧。"儿子顺着我指的方向望去，只见那块路牌广告上，画着一个小女孩倒拿着一把雨伞正在接飘落的雨水，画面的旁边写了一行醒目的字：节约用水，从我做起。

看了这个公益广告，儿子明白了我的用意，便不好意思地又一次低下了头。

（三）

从姑姑家回来后，我一而再再而三地向他灌输节能思想，尽管儿子很不习惯，也很不好受，但他还是接受了我的观点："节约能源，是造福子孙后代的事情。如果我们现在随意浪费那些有限的资源，那么将来的子孙后代就很可能会忍受资源缺乏的苦难！”

第二天早晨，当儿子从卧室出来见到我时，对我说的第一句话就是：“爸爸，你和姑姑是对的，我错了！”我慈爱地望着儿子：“你真的想通了？”儿子红着脸朝我点点头。我开心地笑了……

儿子在姑姑家受到指责不久，又一个星期日，我再次带儿子到她家玩。这回，我没有开车去，而是陪儿子一块儿坐长途车去，儿子知道我的节能毛病又发作了。

上午 10 点左右到达他姑姑家时，儿子全身湿透了。姑姑叫儿子先洗个澡。一进卫生间，儿子打开水喷头，准备痛痛快快地淋浴。大约 5 分钟后，姑姑就在门外敲门说：“洗好了没有，别浪费水了！”正洗在兴头上的儿子，一听这话，马上条件反射般地关掉了水喷头，草草地擦完身子，穿上衣服走了出来。姑姑当即摆开训人的架式，批评道：“民民，你又犯浪费的错误了。”儿子便朝姑姑做了一个鬼脸，顽皮地笑道：“对不起，姑姑，我一时改不了习惯。下次一定注意！”

儿子在姑姑家，一直玩到晚上 8 点钟，才和我坐最后一班长途汽车回家。在这近一天的时间里，儿子再一次亲身感受到了姑姑家人的极度“抠门”行为。白天看电视时，姑姑让儿子把音量调到最低、图像的色泽调得尽可能暗，说是这样能节约能源消耗；等到天黑时，姑姑除了留下客厅和上复式楼走道上的两盏节能灯外，把家里所有的灯都关闭。

（四）

也许是受到我和他姑姑的影响，随着时间的推移，不知不觉中，儿子在言行上也渐渐被我们同化了。日常生活中，随手关灯，成了儿子的新习惯；洗脸、洗手、洗澡，儿子都控制着水流量，决不肆意浪费；天热要用空调和冰箱，儿子尽量把温度旋到最节能的位置……

有一天，儿子的一位男同学来我家玩，当他走进卫生间方便时，儿子听到里面抽水马桶放水的哗哗声，急忙推门进去，提醒他说：“你还是少放些水吧。”男同学用陌生的眼神看着儿子：“你怎么这样？”儿子马上向他作解释：“你知道吗？每人节约一滴水，全市就能节约一吨水，而全国、全世界就能节约几百万吨水。”男同学听完儿子的话，傻傻地看着他，说：“你是不是得了神经病啊？”

国庆节那天，儿子与四名同班同学去郊外的森林搞野炊活动。当同学们在一块儿较大的草坪处准备铺开吃喝的“战场”时，其中一位同学提议，为了增加野趣，到就近的森林里去砍伐一些树枝来烧烤鸡鸭鱼肉，当即遭到了儿子的反对。儿子对这位同学严厉地说：“你这种砍伐树木的行为是错误的！森林本身是一种宝贵的资源，我们人类应好好地保护才对！”这名同学一愣一愣地看着儿子。儿子的“义举”立刻得到了另外三名同学的声援。砍伐树枝烧烤“野味”的计划才被制止了。

大家用餐时，有同学把随身携带来的收录机打开，让优美的音乐声伴随大家享受美味佳肴。就在同学们快乐地吃喝的时候，音乐声渐弱，那位同学即刻走到收录机前，换下还可以用的充电电池，想随手扔掉。这时候，儿子赶紧上前，让他把换下的充电电池给他。那位同学不解地望着儿子：“你要这个旧电池干吗？”儿子马上对他说：“它还能继续使用，别浪费了。”说完，儿子当众把充电电池放入背包里。周围的同学都用不同的目光望着儿子，有赞赏的，也有不理解的。

随后的日子里，儿子在学校或家里，不但时时处处宣传节能的好处，还用行动成为一个实践者。我看到儿子言行举止的大改变后，高兴地对儿子说：“没想到，我的民民也成为了节能者。”

在我和他姑姑的感染下，如今的儿子也成了一名节能的捍卫者。

专家谈心

大气中的二氧化碳不断增加，赖以生存的地球在不断升温，温室气体成为全球共同面对的最紧要问题，低碳生活逐渐成为全球关注的焦点。节能减排，从孩子抓起。中小学阶段的孩子正处在长身体、学知识、增能力、养习惯的好时期，培养他们的环保意识，要倡导节约、环保、绿色的低碳生活，使孩子懂得从身边小事做起、从细节做起，积极倡导节能减排的生活体验与社会实践活动。

对孩子进行环境保护教育，必须加强孩子们的感性认识。带孩子到附近的工厂、工地、马路走走，听听喧闹的汽车喇叭声、机器的隆隆声，感受噪声的嘈杂难耐；看看工厂烟囱里冒出来的滚滚浓烟怎样使湛蓝的天空变成灰蒙蒙的一片，了解空气污染的严重性；看看工业污水的排放如何污染了城乡的水源，大量的森林砍伐造成的水土流失怎样导致河水日渐污浊，还有漫山遍野的“白色垃圾”如何剥夺我们不多的青山绿水……所有这一切都会让孩子强烈感受到环境污染的严重性和危害性，逐步确立环境保护的意识。

方法左右

文中的父亲通过“节能家教”，让儿子学会了过“低碳生活”。对孩子进行环保教育，可以从以下几方面入手：

（一）环保教育，采取让孩子易接受的方式

必须立足于孩子的生活实际，从一些小事着手，由小及大，由近到远，开阔孩子的眼界，从而达到教育的目的。孩子在洗手时，喜欢把水龙头开得大大的，自来水哗哗地流，一会儿水池就满了，他们的手在里面划来划去，感觉真是好极了。但他们却没有想到这是在浪费水资源。为了使孩子不浪费水，可以开展“地球上的水会用完吗？”的讨论活动，并请孩子在地球仪上找出世界上有水的地带，让他们了解海水和淡水的区别，从而让孩子明白地球上淡水资源的匮乏，以此达到教育孩子节约用水的目的。

（二）收集图片和资料，让孩子间接感受环保的重要性

选取干涸的河流、枯死的庄稼、草原上的人们排队取水等图片，让孩子感受水的重要，唤起孩子的同情心，产生关心他人、帮助他人的情感，懂得要节约用水。因此，在日常生活的各个环节中，都要不失时机地提高孩子的环保意识，多给孩子讲授一些有关环境与环境保护的新鲜事物，丰富孩子的环保知识。

（三）组织孩子参加有关环境保护的活动

通过各种环保活动，向孩子介绍一些环保动态，如举办环保知识小竞赛等；还可以鼓励孩子和家长共同收集一些有关环保方面的资料，如剪报、图画等，并通过幻灯片等宣传工具进行宣传。这些方法都可以大大地丰富孩子的环保知识。

第二十计

树上开花计：对女儿的“欣赏教育”

孩子自我表现意识膨胀、目中无人、学习成绩不好，你着急！这可以理解。问题是，如果这时候你采取了大声呵斥、责怪孩子的方式，孩子的表现则越差。这是为什么？又该怎么办？你有没有想过，自己在对待孩子的教育方法上陷入了误区？是不是要换一种欣赏的方式来激励孩子，帮助他重新认识自己，纠正自大的毛病？

对孩子的赏识教育，不宜单纯地为了赏识而赏识，要让孩子明白对他的赏识绝不是他做的事情的本身，而是赏识他做事的态度。例如，对孩子的助人为乐的行为进行赏识，通过赏识要让孩子知道怎样做人，做什么样的人。赏识教育，是通过赏识使孩子有光荣的感受，有幸福的体验，从而增强孩子的自尊心和自信心。

案例说话

口述：俞素妹，女，37岁，某银行会计

（一）

这个学期，读四年级的女儿丹丹学习成绩持续“走低”，期中考试各科平均分竟然只有75分，跌进了班级的第三阵营。

一番批评轰炸后，恼羞成怒的我被女儿的哭泣声弄得心烦意乱，索性把女儿关在家中，自顾自地找到好友小钟诉苦。

小钟在教育部门工作，在教育孩子方面，可算是个专家。听我历数了女儿的几大罪状之后，小钟笑了笑：“你呀，精神过敏。望女成凤望过了头吧！动不动就是指责，像你这么教孩子，孩子不被你逼反了才怪呢！”

“我怎么了？我还不是为她好啊！要我说，是现在的孩子太难教！”我挺委屈。

“你那套法子我又不是没领教过。”小钟神秘兮兮地拉着我，“这样吧，跟我去一个地方。”小钟带我来到一栋花园住宅楼，敲开了鲁女士的家门。

刚走进客厅，一个乖巧的女孩儿笑容可掬地迎上来：“两位阿姨好！”

小钟介绍说：“这是鲁倩的女儿敏敏。”

见来了客人，敏敏落落大方地端来茶水：“阿姨，请喝茶。”

“读几年级了？”

“读五年级。”

跟女儿差不多大啊，我接着问：“学习成绩还好吗？”

没等敏敏开口，鲁倩抢先回答道：“她每门功课都挺好的，在班上可以排到前20名呢。”

我吃惊地望着面前这位笑盈盈的母亲，半天说不出话来。

难以置信，女儿仅仅排在班级20名的成绩，竟然会让她用如此自豪的语气告诉给我们。

大家闲聊了一阵，敏敏蹦蹦跳跳地走开了。不一会儿，从她的房间里传出了悦耳的歌声。

鲁倩瞟了一眼女儿的房间，眯起眼睛：“我这闺女，挺聪明的。唱歌、写作文、画画，她样样都能来两下子。”那份满足的笑容里，写满了母亲的幸福感。

突然间，我似乎理解了小钟的用意。是啊，我的女儿也很爱唱歌、画画的，可我怎么就从来没留意过、从来没夸奖过她呢？

（二）

回家的路上，小钟对我展开了“教育”：“看到了吧，鲁倩所采用的是‘大拇指家教’。所谓‘大拇指家教’，是采用夸奖和表扬的欣赏教育方式，这种方式不仅有益于孩子的健康成长，还能收到显著的教育效果。据鲁倩说，刚上学时，敏敏的学习成绩一度排在班上的倒数第三、第四，她能有今天这样的成绩，完全要归功于鲁倩的时时鼓励。每次敏敏拿回成绩单时，她一定会说：‘你的努力，妈妈都能看到。相信下次你能考得更好！’你想想，孩子有了母亲这样的信任和宽容，还能不上进吗？”

我一言不发，脑子里浮现出这样的一幕一幕：

自女儿上小学开始，她的功课便成了我关注的焦点，作业一定要工工整整，听写、默写必须保持全优，粗心大意必须杜绝……

可就是这样，女儿的成绩却越来越糟糕，逢考就出状况。有一次，读一年级的女儿数学期中考试因为粗心得了 96 分，我硬是骂了她一个星期。女儿像泄了气的皮球，好长时间都打不起精神来。

一次开家长会，班主任向我反映女儿上课有时有走神的情况，回到家里，我对着女儿又是一顿吵骂：“你这个不争气的丫头，整天胡思乱想，再不好好学习，将来你去做乞丐好了！”女儿被我骂得嘤嘤哭泣。

“你的心情我能理解。不过你的家教方式得彻底改改啦。”小钟打断了我的沉思，“埋怨、指责，只能给孩子带来负面情绪，损害她原有的自尊心，使她缺乏自信，从而产生自卑心理。你看你家丹丹，被你弄得精神紧张，一考试就出些莫名其妙的错，你还每次都骂得她抬不起头来，连话都不敢说一句。你知不知道，这样下去，孩子很可能会患上自闭症的。”

“啊，那么严重？”我一琢磨，丹丹似乎真的比过去沉默了些。

“是啊，有关教育部门的调查显示，在我国城镇的少儿学生中，有 57.8% 的人不同程度地患有自闭症。这是一种很可怕的心理疾患，如患者的心理不能得到及时的疏导和缓解，发展下去，会产生孤独、焦虑、恐慌和精神失常，并由此而引发抑郁症，严重者会有自杀倾向，后果很可怕的！”

（三）

一连几天，鲁倩母女脸上的幸福表情让我念念不忘。是啊，小钟说得没错，我的“指责式教育”应该彻底改变了。

那天早晨，女儿正要出门，我突然拉住她，亲手把书包挎到了她的肩上。女儿望着我的眼神很奇怪。我知道，我这个严厉的老妈在女儿的眼里可能从没如此体贴过。

晚饭后，照例是我辅导女儿功课的时间。女儿习惯性地把白天所做的数学练习拿给我过目。我扫了扫她的练习簿，果然，又被我逮到几处错——哎，她怎么就是改不掉马虎大意的毛病呢？无名之火立刻腾起，正要发作——不对，我不是决定改变教育方法了吗？我抑制住情绪，用尽量平缓的语气指出了几处错误，并说：“丹丹，妈妈相信你能把这几道题做好的。”

听了我的话，低着头准备挨训的女儿猛地抬起头，很是意外。半个小时后，女儿重新做完了练习题。这次，全对。我很高兴：“不错！我说丹丹能行的！”女儿的脸上也露出了微笑。

初次尝试的成功，让我有种小小的成就感。没几天，我检查女儿的作文练习时，发现文章中有一段句子十分有哲理，就立即夸奖道：“这段话，太棒了！很富有哲理性。”女儿很开心，又拿出美术练习本，告诉我：“妈妈，今天我画画还得了优呢！”

“真的？”我拿过本子一看，画里是一只鹦鹉，色彩斑斓，惟妙惟肖，画得还真不错。

“丹丹真有两下子。画得很好哦！”我看着女儿涨红的小脸，一副很兴奋、很满足的样子。对了，正是这个让我念念不忘的表情，我第一次在女儿的脸上看见。我在心里告诉自己：不管怎样，今后我要让女儿常常有这样的表情。

在我的鼓励下，女儿开始在各个方面施展自己的才能：参加学校的朗诵比赛、乒乓球比赛，还参与了班级小干部竞选。而我们娘儿俩也乐在其中：朗诵比赛，女儿得了个安慰奖，我们一起乐；年级的乒乓球比赛，女儿做上了候补，我们一起乐；班级竞选，女儿当选“劳动小组长”，我们一起乐……女儿又变回那个爱笑爱闹的女孩了。

时间飞快，四年级的期末考试来临了。在送女儿去学校的路上，我故作轻松地告诉女儿：“不要太紧张，只要把自己平时的成绩发挥出来就可以了。”

女儿自信地点点头：“妈，你放心吧。”看着女儿走进校门的背影，我的心里不免有些紧张。说实话，面对考试，谁真的能那么轻松呢？女儿真的能克服心理压力吗？

考试成绩很快出来了。女儿并没有一鸣惊人地拔了尖，成绩也不十分优秀，可是比上次考试有了明显的进步。家长会后，一切风平浪静。

饭桌上，老公小心地试探我：“你付出那么多，这个结果是不是出乎你的意料，让你有白费心思的感觉？”

我大声笑了起来：“正相反，我很开心。这个成绩已经让我很满意，因为女儿跟她自己比，已经有了很大的进步，而且因为马虎出的错也少了许多。她学会了用平常心面对考试，变得开心、有自信了，这才是真正的收获。结果并不是最重要的，快乐地成长才最重要。是吗，丹丹？”我一把搂住女儿。

“呵呵，老妈，我觉得你越来越可爱啦！”女儿也开心地笑了。

专家谈心

父母在孩子的教育问题上采用不同的家教方式，其结果是不一样的。如果采取指责、埋怨甚至打骂的施压方式，那只能给接受教育的孩子带来精神上的高度紧张，以致造成自卑、自闭和抑郁的心理状态；如果采用宽松和竖大拇指的方式，那么会让受教育的孩子始终处于一种兴奋的状态，这对调动孩子潜在的能力，发挥他们的才智是有益的。

父母通过长期耐心的观察和实践，不难发现，孩子真正需要的是精神肯定，鼓励、赞扬孩子所收到的效果，胜过物质奖励千百倍。由于你的欣赏，天长日久，孩子内心的自信自然形成，而且牢不可破。一个人具有充分的自信，是他争取成功的必要条件，这应该就是欣赏教育的基本特征。父母应始终如一地坚信自己的孩子是世界上最棒的，永不言放弃，永不拿孩子与别人比较，但也要避免“瘌痢头儿子自己好”那种扭曲心态。

当孩子做了错事时，千万得分辨清楚，只要不是原则性错误，就没有必要批评。自信需要自尊作基石，因此父母一定得耐心。父母欣赏孩子不一定能做到耐心，而只要做到了耐心，父母肯定欣赏孩子。换言之，对孩子缺少耐心就算不得真正欣赏孩子。

方法左右

严厉的父母们往往把孩子的成绩放在第一位，处处苛求完美，可是却没留意到孩子的脸上少了许多笑容。其实，健康乐观的心态和全面发展的个性，对中学阶段的孩子来说更加重要。如果您的方法对了，孩子的分数和笑容都不会少。文中的事例说明了学会欣赏的重要性。

学会欣赏孩子是睿智家长最为常用的方法：

（一）对孩子多一点理解

当你的孩子自我意识膨胀、学习成绩下降时，你不应该用责备和怒骂的方式去对待。那样一来，只能加重孩子的逆反心理。聪明的做法是，先了解孩子自我意识膨胀的原因，然后平心静气来处理。这时候，如果你能对孩子学习成绩下降说上这样的话：“孩子，妈妈理解你现在的心情。没关系，妈妈相信你以后会好起来的。

加油！”孩子听了这种理解的话，他肯定会自我反思，迎头赶上。

（二）对孩子多一点信任

即便你的孩子有自大的表现，作为父母，你也要尽量接纳孩子原来的面貌，不要把他塑造成你所希望的样子，不仅要接受他的优点，也要接受他的缺点。不要时常对孩子做出负面的评论，这样会使孩子误以为自己的能力不好而自暴自弃。要鼓励他勇于尝试，勇敢地面对失败、面对挫折。给孩子多一点信任吧。

（三）对孩子多一点欣赏

当你对孩子每一点值得肯定的东西都那么欣赏，都善于夸奖，在必要的时候都能给予鼓励，又能用适当的方法树立榜样，那么孩子就没有发展不好的。

欣赏不局限于语言表述，每天将甜言蜜语挂在嘴边，对孩子成长未必有益，欣赏需渗透到耐心、细致、重复的全方位与全过程的教育中，大量运用暗示而不是直接表达。欣赏教育的最终目的，是要培养孩子树立起自信，所以，当孩子做了错事时，千万得分辨清楚，只要不是原则性错误，就没有必要批评。

第二十一计

制冷计：对自大女儿的榜样家教

我们经常说这样一句话："榜样的力量是无穷的。"什么叫榜样呢？"被效仿的人或者事"称为榜样。孩子的榜样又是谁呢？自然就不只是父母，孩子的师长、亲朋、同胞、名人以及文学虚构中的人物其实都对孩子产生着极其重要的影响。

有了榜样，孩子就如同找到了自己的行为准则。从榜样身上，孩子学会了待人接物，学会了如何去奋斗，学会了如何实现生命的价值。有了榜样，孩子就如同找到了一面明镜，明镜里反射出自身的许多问题；有了榜样，就可以提醒孩子克服困难，努力学习。

案例说话

口述：贺玉萍，女，43岁，某文化局科长

（一）

自从女儿季莲蔚上幼儿园起，再到小学到中学，凡事我总是向她灌输"你行！你一定能够做得最好"。我本以为对蔚蔚的"自信教育"，会使她对人生始终充满自信心。

没想到，就在蔚蔚读高一年级时，我猛然发现，蔚蔚身上的自信出现了变异现象，有狂妄自大的征兆。

一天晚上，喜好音乐的蔚蔚独自在卧室里清唱孙燕姿的*stefanie*，我走进房门时，她那比手画脚的自我陶醉神情，让我想笑。

蔚蔚唱毕，兴奋地对我说：“妈，怎么样，我的嗓音不会亚于孙燕姿吧？”“我倒听不出来。”“那说明你缺乏欣赏能力，我觉得，如果当初作曲家让我来演唱这首歌，肯定一炮走红！”

瞧她那副“孤芳自赏”的表情，我虽感觉她的“自信”有些过头，也没太往心里去。

没过几天，蔚蔚听说一家文艺单位要搞一次青少年选秀活动，自认为有夺冠的把握，想报名参加。对于女儿参加这种展示才艺的活动，我当然予以支持。

在准备期间，我见蔚蔚并不用功练习参赛的节目，便督促她。可她却不以为然地对我说：“妈，你放一百个心，就凭我现在的水平，不用温习，就能打败那些竞争者！”听了蔚蔚“胸有成竹”的话，我心里踏实了。

选秀活动的那天一大早，我陪蔚蔚去参加比赛。在现场，轮到蔚蔚登台时，看到女儿手舞足蹈全情投入的样子，我相信她会有出色的表演。

可就在这时，蔚蔚一摇三晃地走错步子、念错台词、唱错曲调。尽管如此，蔚蔚仍沉浸在自我陶醉的世界里……

台下的我不由得为女儿捏了把汗。我不时伸头瞧瞧前排的评委们，发现他们中有人微微地摇着头。

等蔚蔚表演完毕，走下台的一刻，她高昂着头，眼光游移散淡，一副目中无人的神情。此时，我脸烧得发红，不敢正眼看旁人。

这一天，经过初试和复赛两轮的角逐，结果公布出来，大大出乎蔚蔚的意料，她只获得了个参与奖。

回到家里，蔚蔚很是不服气地说：“这些评委欣赏眼光也太差了！那几个得一、二、三等奖的，没一个有我水平高！”

蔚蔚落选了，不从自身找差距，反倒责怪评委，还妄自尊大。

蔚蔚从上小学以来，对写作文比较感兴趣。每学年的期中或期末考试，40 分的作文，她每次不会低于 35 分。

然而，一次语文测验时，蔚蔚写的一篇记叙文《我眼中的校园》，却只得了 28 分。当蔚蔚拿到评了分的试卷时，她很是恼怒，竟然跑到语文老师的办公室去理论，说老师打分有问题，还说自己觉得这篇作文至少应该得 35 分以上。面对如此感觉良好的学生，语文老师当即批评了蔚蔚，说她骄傲自大、不谦虚。蔚蔚不服老师的批评，当场与老师辩驳起来：“××× 都得了 33 分，我怎么可能比她还少呢？！我的作文历来比她高一大截！”看着蔚蔚因自我感觉良好而涨红的脸，语文老师大摇其头。

蔚蔚的骄傲自大还没有完结，在学校，每次对数学老师布置的数学题，她都觉得很费事，便私下找了两个要好的同学，对她俩说："我有个想法，以后我们三人合伙，各做三分之一，做好后，相互对抄，这样大家不就省事了吗？"两个同学接受了蔚蔚的"策划"。有一天上午，上第一节数学课时，数学老师布置了七道数学题，蔚蔚自告奋勇地揽下了三道题，她迅速地做完了，就让其他两位同学拿去抄。在这次"三人合作"中，没想到出了差错，其中一位同学两道数学题全做错了，造成了蔚蔚和另一位同学被老师处罚。过后，蔚蔚怒骂这位同学是个"大笨蛋"、"大蠢猪"，并且把她从"三人帮"中剔除出去。这位同学受不了蔚蔚的"炒鱿鱼"，一气之下，跑到数学老师那儿告了蔚蔚"私结抄袭同盟"的状。老师立刻把蔚蔚叫到办公室，严厉地质问她为什么要合伙抄袭。不想，蔚蔚却大言不惭地说："因为我觉得你布置的那些数学题太简单了，没必要浪费时间、浪费我的脑细胞！我这是一种提高学习效率的好方法！省下时间可以做更多有意义的事。"数学老师惊讶的同时，气愤地说："你这是聪明反被聪明误！会害了你自己的！"

几天后的晚上，蔚蔚的学校开家长会，班主任向我提起了蔚蔚的事，说她最近以来很狂妄自大。听完班主任的反映，我为蔚蔚的自以为是深深地倒吸一口冷气。

（二）

几天来，我为蔚蔚严重的骄傲自大愁眉不展。一天早晨，我坐公交车去上班，这时广播里正在播放一个有关青少年心理调查的节目。节目主持人列举了一个因为自我、自大思想所造成的悲剧：南京某大学一名女研究生的成才道路十分顺利，为人也十分自信。可惜，由于她缺少自知，也不能正确评价自己，更不善于调节自己，因此她渐渐地变得自我、自大。终于，在一次化学实验中，由于她不顾教授们的多番劝诫，执意按自己的想法做，结果造成了大爆炸，而她就因为自我、自大最终葬身火海。

听了这个惊心动魄的故事后，我震惊之余，想想自己的女儿，我不得不冷静地分析蔚蔚自大行为的原因，除了大的社会背景，也与我对她过分自信教育有关。我记得，过去每次在蔚蔚做一件事情时，我都会对她灌输"你很特别，你很与众不同"，把她的自信心强化到极限，以至于发展到现在她的自信"大膨胀"。

扭转蔚蔚的变异行为，成为我的当务之急。

一天吃晚饭时，我带回来一条信息，我说同事秦方读高三的女儿小彤由于品学兼优，被学校推荐参加了全市十佳优秀青少年评选活动。一旁的蔚蔚听完后，把嘴一撇，说：“那是她运气好，说不定，她的真本事还不如我！”我侧过脸看着女儿，说：“是吗？那你们学校怎么不推荐你参加呀？”蔚蔚满脸自负的表情：“我是不想出那个风头，如果我想的话，肯定比她更有竞争力！”蔚蔚有几斤几两，我一清二楚，见她如此自命不凡，我想削削她的锐气：“我倒看不出来，你有什么特别之处！”一听这话，蔚蔚的自大受到冲击，她马上搬出“老黄历”来证明说：“你忘了，我读小学三年级的时候，写的作文还在市日报上发表过呢；还有五年级时，我代表学校参加过全市少儿歌唱比赛得了一等奖。”“那都是过去的成绩，妈说的是现在你有什么拿得出手的本事？”“现在我也是最好的！只是我不想表现而已！”蔚蔚又一次夸大其词地“孤芳自赏”。

我知道，要想改变蔚蔚业已形成的狂妄自大，非一朝一夕。我寻思，要找到一个能够让蔚蔚容易接受的方法，帮助她逐渐摆脱自大的行为。经过回忆和观察，我发现蔚蔚对当今的一些新锐名人很是关注，尤其是娱乐界和体育界的名人，有不少是她心目中的偶像。

我暗自打算收集有关名人在为人处世方面的媒体报道，准备抓住名人大做文章。一天傍晚，下班后，我来到一个书摊前，有意识地翻阅了一些娱乐报刊，从中找到了一篇题为《我是明星，我是普通人》的纪实特稿，该文介绍这位演艺界的明星在生活中谦虚做人的动人故事。我当即购买下来。

回到家里，我把这本杂志上的动人故事亮给蔚蔚看，谁知，她只草草地翻阅了一下，便不以为然地把它丢在沙发上说：“这都是那些娱乐记者故意作秀和炒作，想吸引老百姓的眼球，我才不信他有这么虚心和高尚呢！”

我本以为这些蔚蔚感兴趣的人物报道能打动她，不想，反倒被她贬损了一通。

初次尝试“榜样教育”没效果，我心想，也许蔚蔚对这种白纸黑字的名人报道真假有成见，要么改换一种眼见为实的方式，她可能会接受。于是，我选择了电视这种直观的媒体。

我了解到，中央电视台的《艺术人生》和《名人之约》两个栏目时常会介绍一些名人的成长故事。我知道，蔚蔚对体育明星郭晶晶这位跳水皇后历来崇拜有加。一天，我从电视报上得知，《名人之约》即将转播跳水皇后郭晶晶的成长故事。到了节目播放的这天，我邀请蔚蔚一块儿观看。当节目主持人问及郭晶晶平时是怎样与朋友相处时，郭晶晶很爽朗地说：“我始终尊重对方的感受，从来不把自己的思想强加于人，我们是在平等的基础上建立友情的。”在郭晶晶说这番话时，我注意观察了蔚蔚的反应，她脸上涌起了羞愧的红晕。我马上引导她说：“你看人家郭晶晶，都这么有名气了，为人处世还这样平易。”不料，我的话刚一落下，蔚蔚的自大毛病又复发了，她强辩说：“我要是郭晶晶，我也会这么作秀地给观众看。”

又过了几天，蔚蔚喜欢的主持人董卿作客《艺术人生》，我再次邀请蔚蔚一同观看。结果，蔚蔚仍然是那种“我要是她，我也会这么作秀地说话”的评价口气。

面对女儿顽固不化的自我感觉良好，我只好无奈地摇头。

借用眼见为实的电视媒体进行“榜样教育”，也没有打动蔚蔚，尽管我有些失望，但我毫不怀疑“榜样教育”对蔚蔚的引导作用。

在我生活的这个中等城市，时有艺术团体来此巡回演出。五一节期间，深圳的一家歌舞团来本市献艺。我得知此次前来演出的还有一位著名的新锐歌手，而这位歌手是蔚蔚所崇拜的明星之一。我想抓住这次机会，让蔚蔚与所崇拜的明星零距离接触。

我预先和文化单位的朋友打了招呼，把我想对女儿进行“榜样教育”的意图告诉了他，得到了这位朋友的赞同。

五一节前夕，我与蔚蔚一同前往剧院观看了歌舞团表演。演出结束后，我答应带蔚蔚去见她崇拜的这位歌星。在朋友的约见下，我们来到了那位新锐歌星下榻的宾馆。可左等右等，就是不见歌星的影子。蔚蔚有些失望地说：“我早就说过，大牌明星都是有派头的，怎么会轻易见我们？！走，回家，有什么了不得的！”蔚蔚的自大毛病又发作了。一旁的朋友解释说：“也许今天她太忙了，明天一定安排你和她见面！”

回到家里，我发现，蔚蔚躺在床上辗转反侧，难以入眠，我知道她嘴上很“硬”，可心里还记挂着那位歌星。

第二天中午，朋友果然约到了新锐歌星。当卸了装的歌星出现在我们面前时，第一句话就是：“很抱歉，昨晚我失约了！小妹妹，你不会生气吧？”说着，她很友好地抬手抚摸了蔚蔚的头。一向自大嘴硬的蔚蔚竟然自卑拘谨起来，她不敢正眼看那位歌星。而此时，那位歌星却用平易近人的语气问蔚蔚说：“小妹妹，你多大啦？是不是也喜欢唱歌？”蔚蔚绯红着脸，表情很拘谨地回答了歌星的话，那一贯骄傲自满的口气荡然无存。

随后，歌星拿过蔚蔚要求签名的笔记本，边签上名字边和颜悦色地与蔚蔚唠家常。

回家的路上，我问蔚蔚与新锐歌星接触的感受。蔚蔚第一次表露出对名人谦虚做人的认可："尽管她名气很大，可她没有一点儿架子，说话像位大姐姐似的，很亲切。看来，明星也是吃五谷杂粮的普通人。"

这番评价从蔚蔚口中说出，表明蔚蔚开始接受我的"榜样教育"。

国庆节，又有一家北方的演唱团体来本市演出，我"如法炮制"，仍然创造机会，让蔚蔚与她所崇拜的名人零距离接触。结果，像前次那样，她受到了日思夜想的明星亲人般的接见。过后，蔚蔚感触颇深地评价道："以前，我总认为这些明星很有成就，一定是那种刀枪不入的圣人，高高在上，不可一世。现在，我才认识到，做了名人也应该有爱心、同情心和平常心。"

面对面的"榜样教育"取得成效后，我趁热打铁，再次把电视媒体报道的一些名人成长故事推荐给蔚蔚看，这回，蔚蔚很乐意地接受了。一天晚上，我陪蔚蔚看《焦点访谈》，节目报道了身患绝症的深圳青年歌手丛飞，他以自己并不稳定也不丰厚的收入资助了 178 个贫困学生。看完这个节目后，我发现蔚蔚满脸挂着泪珠，显然她是被丛飞的义举感动了。我试探性地问蔚蔚作何感想，要在过去，蔚蔚肯定会说："我要是他，我也会这么作秀。"而此时此刻，蔚蔚声音颤抖地说："太感人了！太伟大了！"

（三）

时间不觉过去了两个多月，经过对蔚蔚的"榜样教育"，她身上渐渐发生了变化。

一天，喜欢钢琴的蔚蔚报名参加了全市中小学生钢琴大赛，由于心理紧张，临场没有发挥好，在她弹奏肖邦的《b 小调圆舞曲》时，有两处旋律走了调。当蔚蔚走出赛场时，我迎上去问她发挥如何，蔚蔚还想掩饰地说："差不多吧！"我从她细微的表情上看出了"不妙"，又追问道："是不是没发挥好？实话告诉妈妈。"蔚蔚见我包容的目光，这才如实地说："都怪我沉不住气，手指慌乱地弹错了节拍。我想，结果不会很理想的！"我是第一次听见蔚蔚能客观公正地评价自己，要在过去，她肯定会自我感觉良好。

果然不出蔚蔚所料，当比赛结果出来后，她得了第三名。面对不理想的成绩，蔚蔚很坦然地对我说："妈，您放心，这次失败了，我会再努力，争取下次拿第一名。"听着女儿端正心态的话，我欣慰地笑了。

元旦那天，蔚蔚所在的学校举办了一次"迎新年师生文艺会演"，她在演唱一首流行歌曲时，尽管发挥正常，可最终只得了第三名。因为蔚蔚有了平和的心态，蔚蔚仍是客观地评价自己说：“看来我的水平有限，比我强的同学大有人在。”

蔚蔚不仅学会了客观认识自己，还懂得了善待别人。最近，菲菲的父亲得了癌症，母亲又下岗在家，家庭经济陷入了困境。一天下午，蔚蔚放学回到家里，向我伸手要钱。我问做什么用，蔚蔚如实地说：“菲菲的爸爸得了绝症，她家现在很需要经济帮助，我想捐款给她。”一听女儿要给贫困的菲菲同学捐款，我觉得这是给蔚蔚一次帮助别人的机会，便毫不犹豫地答应了她的合理要求。当天晚上，蔚蔚就拿着600块钱去了菲菲的家。菲菲见到蔚蔚送钱给她，流下了感激的泪水。

蔚蔚有“人情味”了，这是显而易见的；蔚蔚变得谦虚了，也成寻常事了。学校进行期中测验，蔚蔚在这次测验中，英语和数学成绩名列年级前五名。如果在以前，蔚蔚肯定会骄傲自大，到处张扬。而这回，她却很谦虚地说：“我这样一点儿小成绩不足挂齿，比起那些有大成就的明星来，我差远了！”

随着时间的推移，蔚蔚像换了一个人似的。过去，凡事她过分自高自大，对自己的才能夸大其词，总希望别人关注她，尤其遇到批评意见，她的反应是心浮气躁；现在，遇事她能够客观地看待自己，也能够公正地看待别人。过去，她总是以自我为中心，不懂得关爱别人、缺乏同情心、有很强的嫉妒心；现在，她学会了关心周围的人和事，懂得了谦虚、谨慎、不骄不躁的做人之道。

蔚蔚终于改掉了狂妄自大的毛病，看着女儿可喜的进步，我在思考这样一个问题：在培养孩子上，作为父母，我们倡导和鼓励孩子凡事要树立自信心没有错，而且要继续发扬光大。问题在于，如果孩子的自信是建立在盲目、不切实际的幻想甚至错误的基础上，那就会使孩子滑入狂妄自大的泥潭，这种狂妄自大对孩子的健康成长是有害无益的！

专家谈心

狂妄，指极端的自高自大。狂妄，有时是因为太自大，有时却是因为太自卑。狂妄之人，多是无礼之人；无礼之人，多是孤立之人；孤立之人，多是最终失败之人。凡是狂妄的人，都过高地估计自己，过低地估计别人。他们口头上无所不能，评人论事谁也看不起，总是这个不行，那个也不行，只有自己最行；在他们眼里，自己好比一朵花，别人都是豆腐渣。

狂妄的结局是自毁、是失败，这是被无数事实证明了的客观规律。纵观历史，只有虚心谨慎、求真务实的人，才能在事业上有所成就。看看那些成绩斐然、为人类社会做出重大贡献的科学名家们，看看那些功力深厚、饮誉世界的艺术大师们，他们当中，绝少有人因为自己具有足够资本而狂妄自大的。他们是非常自知而又非常谦虚的。所以，我们的行动准则，应是戒骄破满，为人不可狂妄。

方法左右

文中的母亲，面对女儿的狂妄自大，首先运用了“制冷”的手段，适时地给女儿泼点儿冷水。然后，她又找机会，让女儿与一些明星近距离接触，从他们身上感受到谦虚的品德。这样做的目的是让女儿学会理性地评价自己、正确地认识自己。

如何改变孩子的狂妄自大，方法有以下几点：

（一）名人做榜样，让孩子学会谦虚

俗话说：“谦虚使人进步，骄傲使人落后。”骄傲自大会对孩子的发展产生消极的影响。骄傲自大的孩子常会形成与外界的隔膜，这使他们的心胸变得很狭窄。为了改变孩子的自满状态，这位母亲寻找机会，让女儿与她崇拜的名人零距离接触，让她从中感受到名人的谦虚品格，从而改变她骄傲自大的心理。

（二）耐心教导，让孩子正确评价自己

孩子出现骄傲自大的坏毛病，往往是过高地估计了自己，认为自己比谁都强，只看到自己的长处，看不到自己的短处，拿自己的长处比他人的短处。因此，狂妄自大的人，大都以自我为中心，想干什么就干什么，不会设身处地地替别人着想，无益于孩子的健康发展。作为父母应耐心地教导孩子，让孩子学会正确地评价自己。

（三）给孩子奖励，要以精神奖励为主、物质奖励为辅

在一般情况下，孩子只要能得到口头表扬，心理上就会得到满足。过多的物质奖励，有时会强化孩子产生沾沾自喜、高傲自大、忘乎所以甚至不思进取的心态，要防止他们被夸奖声和赞许的目光所包围。父母要观察孩子的心态和行为表现，发现苗头，及时教育，改变其骄傲自大的不良心态。

第二十二计

扬长避短计：引导“眼红”女儿走出嫉妒阴影

青春期女孩儿心思细密，不像男生那般粗犷洒脱。尤其在学习竞争中，常常出现嫉妒心理的，就是女孩儿。

当发现女孩儿有这种倾向时，父母要教育女孩儿既要正视又要不服输，要求女孩儿一方面要实事求是地承认自己的弱点和短处，另一方面又要看到自己的长处，要不甘落后，勇于竞争。

父母还要向女孩儿说明：每个人都是有长处和不足的。让她认识到每个人的能力都是有限的，她不可能什么都比别人强，但她也有许多优点，在某些方面也比别人强，这样可以使女孩儿找到心理上的平衡感，对克服嫉妒心理是非常有效的。再有，要激发女孩儿的自信心和竞争意识。父母不要当面责怪她不如别人，否则会伤害女孩儿的自尊心和自信心。应该多多鼓励女孩儿，让她认识到自己的力量，从而使嫉妒心理转化为前进的动力，这是消除女孩儿嫉妒心理的最佳方式。最后，要培养女孩儿形成活泼开朗、性情豁达、乐于助人的良好品质，这样就可以从源头消除嫉妒心理的产生，保证女孩儿身心的健康发展。

案例说话

口述：卫素彤，女，47岁，某计划生育委员会副主任

（一）

女儿在瀚林中学就读初中三年级，她是班里的学习委员，学习成绩在班里一直

名列前茅。可近段时间以来，她的各科成绩却呈直线下降的趋势。

为了寻找女儿成绩下降的原因，一天下午，我特意向单位请了半天假，来到瀚林中学。我没有惊动女儿，而是直奔教师办公室见了女儿的班主任，想从她这儿了解情况。

班主任直言不讳地告诉我，这个学期以来，原本活泼的她变得很沉闷，作为学习委员，她对待同学不像以前那样主动地进行交流，也不积极参加班里的一些集体活动，更不愿与老师进行沟通。

与班主任开诚布公地交流，知道了女儿在学校里孤僻的情况，但仍然没有寻找到女儿沉默寡言的根源，这让我整天寝食不安。

就在我不知如何掌握女儿真正的心理活动之际，一个双休日的上午，女儿去学校补课了，我在家里打扫卫生，当走进女儿的房间，正准备给她整理写字台时，一本封面为“死亡笔记”的日记册吸引了我的眼球。

我随手拿起日记册，打开首页，猛然间，我读到了一行触目惊心的句子：我诅咒季闽云早早地死亡！

当我翻看第二页时，读到了这样一段话：“我与季闽云从读初中开始就是同班同学，在班上，我俩无论是学习成绩还是组织能力总是不分高下。到了初三年级，我是班上的学习委员，而季闽云则是年级的团支部书记。可命运却对我很不公平！一天，上语文课时，语文老师把季闽云写的一篇叙事作文《我见到的第一抹阳光》作为范文向同学们宣读，末了，语文老师还对这篇范文进行了极好的点评。坐在下面的我，听了老师对季闽云的褒奖后，心里很不是滋味！我觉得洪老师也太没有眼光了，这样浅薄的作文也能做范文？！”

我又翻到第三页，女儿在文中这样写道：“快到国庆节了，我们年级准备搞一次歌咏比赛。我精心挑选了一首流行歌曲作为参赛曲目，自认为能在这次比赛中获得一二等奖。出乎意料，比赛的结果，与我一同参加比赛的季闽云竟然以一首古诗词朗诵夺得了一等奖，而我只得了提名奖。这样的结果让我很伤心！显然，这次比赛很不公正，季闽云得一等奖，肯定与她和评委的关系密切有关！我认为是季闽云的出色，阻碍了我成为班里乃至年级里的耀眼明星。如果‘死亡笔记’真的像日本电影《死亡笔记》里所描述的那样，可以通过文字来决定人的生死的话，我诅咒季闽云即刻从人间消失！”

读到这里，我的心提到了嗓子眼儿。随着阅读的深入，我的心渐渐释然了，原来这就是女儿为什么变得孤僻而自闭的真正原因。

看完女儿的“死亡笔记”后，我把它放回原处。此时此刻，我的心情也变得沉重起来。

（二）

我一直以为，女儿在学校是个品学兼优的好学生，时常在同事面前引以为荣地夸奖自己的女儿。万没想到，女儿的内心世界竟然这么“灰暗”和“肮脏”，这让我感到十分震惊和羞愧。

挽救和引导女儿，成为我刻不容缓的职责。如何与心理变异的女儿进行有效的沟通？经过两天的苦思冥想，我决定采取单刀直入的方式。

一天晚上，我把女儿叫到自己的房间，关上房门，打算好好地与女儿进行朋友式的交流。两人坐下来后，我表情很放松地问女儿说：“沁沁，告诉妈妈，你的好朋友季闽云怎么不来家玩了？”

一提到季闽云的名字，女儿的脸色马上阴沉下来，没好气地说：“我俩掰了！”

我装作啥也不知道地问：“为什么？”

女儿便无遮无挡地说：“我不服她，我俩哪样都差不多，她凭啥就比我得到的荣誉多？”

我又说：“你们俩过去不是挺要好的吗？”

女儿毫不掩饰地回答：“那是两回事。你不知道，她现在在学校有多神气，什么好事都让她一人占着！我本来也算是班里的佼佼者，可现在却被老师和同学冷落了。都是她太抢眼才使我这样的。”

听了女儿的这番话，我更加明白了女儿为什么要与季闽云对抗，完全是出于严重的嫉妒心理。我读大学时曾经选修过心理学，知道嫉妒是自我与他人比较，发现自己在才能、名誉、地位或境遇等方面不如别人而产生的一种由羞愤、愤怒、怨恨等组成的复杂的情绪状态。

面对女儿与季闽云的“翻脸”，我决定采用因势利导的方法，引导女儿走出嫉妒的变异心理，重塑她的健全人格。

我知道女儿的文言文成绩历来不错，她还阅读过不少课外古文书籍。我便提示性地问女儿：“你知道古代孙膑与庞涓的故事吗？”女儿立马回答：“知道，他俩是春秋战国时的军事家，怎么啦？”她不解地望着我。

我见女儿回答肯定，立刻像老师给学生温习课文似的复述道：“孙膑与庞涓两人同学兵法，可庞涓一直很嫉妒孙膑的军事才能，他便加害于孙膑，最后却被孙膑设计射死。因此，庞涓为古今天下人所耻笑。”

接着，我又搬出另一对历史人物来，说：“那你肯定也知道三国时期周瑜与诸葛亮的故事。”

女儿点了点头。

我再次复述道：“原本周瑜与诸葛亮同为军事奇才，但是周瑜心胸狭窄，容不得诸葛亮，在‘赔了夫人又折兵’后，哀叹‘既生瑜，何生亮’，最后吐血而死。沁沁，你知道妈妈为什么给你提起这两对儿历史人物吗？”

女儿的脸立刻烧红起来，她预感到我要说什么。

我很自然地把话锋一转，一针见血地说：“你和季闽云原本也是一对儿很有出息的同学，可现在，你却因为她比你更有出息而嫉妒她。妈没说错吧？”

女儿的脸更加通红，她争辩道：“我……我不是庞涓，也不是周瑜。”

“妈知道，你现在还没有他们那么严重的嫉妒心理，可任其发展下去，就有可能变得跟他们一样凶狠。”

听了我这话，女儿的脸上露出了害怕的表情。

“不是妈吓你！你要知道，嫉妒是一种不健康的、卑鄙的、可耻的心态，轻者出现心情烦闷、神经衰弱、失眠；重者产生消极的、破坏性的影响。”

这天晚上，在我事例加分析的引导下，女儿明白了嫉妒心理的危害性。

在随后的日子里，我从书本上、报刊上、电视上，选取现实生活中一些因嫉妒而产生悲剧的典型事例，加深女儿对嫉妒心理危害性的认识。

与此同时，我还向女儿灌输：嫉妒心经过自我调节与有效的控制后，能形成强大的奋斗动力，变嫉妒为鼓励和打气。

一天，我在一份晚报上读到一篇题为《我是怎样化嫉妒为竞争力》的口述文章，文中主人公田学民在经商过程中，因嫉妒曾把一位姓廖的同行树为攻击的对手。在此后的经商活动中，他一次次暗地里破坏对方即将成功的生意，用他当初的话来说，就是“我发不了财，我也不让你发财！”终于有一天，在他准备又一次实施破坏时，被当场揭穿。这样一来，原先一些老客户也因为他的卑劣行为而纷纷离去。落败后，他只得换一个地方经商。不过，此时的他已改变了自己的行为准则，在与比自己强大的对手面前，不是采取破坏的方式，而是与对方进行正当的竞争。三年以后，重振旗鼓的他，以崭新的面貌出现在商界。今年，他被评为全市先进个体经营者。

读了这篇启发性的文章，当晚回到家里，我就把它推荐给女儿看。

女儿看完后，满脸的怀疑表情，不相信地说：“我们市里真有这个人？现在闭门造车的文章很多。”

为了让女儿相信确有其人其事，第二天上午，我打电话给报社，要到了文章中那位主人公田学民的手机号码，当即联系上了他，说明了自己想带女儿拜见他的意图。田学民得知我的女儿目前陷入了嫉妒的困境中，一口答应见面，并愿意现身说法。

一个周末，我领着女儿来到田学民的贸易有限公司。田学民陪着慕名而来的我俩参观了他公司的办公大楼、成品库房。我们边走边聊，田学民感慨地说：“如果我当初不改变自己肮脏的心态，也不可能有今天的辉煌。现在，我才真正明白，为人处世，应该本着与人为善、公平竞争的原则。”

女儿聆听了田学民老板的肺腑之言，目睹了他所取得的辉煌业绩，受到很大的触动，回来的路上，她深有感触地对我说：“我要学习田老板，有错就改，重新认识自己。”

听了女儿这番话，我的脸上露出了欣喜的笑容。

（三）

让女儿客观地认识自身的缺点后，我觉得有必要对她进行扬长避短的启发，让她学会辩证地看问题。

一天晚上，我与女儿正在看电视连续剧《三国演义》。当看到赤壁之战时，我当即问女儿：“你知道东吴大将军周瑜为什么能以少胜多打败曹操吗？”女儿眼珠子一转，回答说：“因为周瑜采用了诈降和火攻的办法。”

我肯定了女儿的说法：“正确！这个战役告诉了我们一个道理，只有知己知彼，巧用天时地利、扬长避短，才能克敌制胜。”

接着，我向女儿灌输了每个人都有长处与短处的道理，人要学会扬长避短和取长补短。我拿女儿做事例，说她歌儿唱得好、字写得漂亮、文言文学得不错，这些都是她的长处；生活自理能力差、凡事不计后果、缺乏责任心，这是她的短处。而女儿一直嫉妒的对象季闽云，作文写得好，组织能力很强，这些是她的长处，需要女儿好好学习。

在我苦口婆心的启发与评估下，女儿接受了我的教诲，她像表决心地说：“妈，以后我以实际行动来回报你的一番苦心。”

果真如女儿表决心那样，此后，她调整好心态，用实际行动来改善与季闽云的关系。

元旦期间，市新闻单位与教育部门联合举办全市中小学生散文有奖征文比赛。女儿得知这一信息后，决定报名参加。女儿听说季闽云也报了名，这更加激发了她的竞争意识。

为了能在这次征文比赛中胜出，女儿使出了浑身的解数，她苦思冥想，精心选材、构思，最后把着眼点定在了写一篇自己在我的教诲下走出嫉妒困境的心路历程的文章。

由于女儿在写这篇叙事散文时，饱含着感情，文章给人以真挚、生动和有教育意义的好印象。最终，在征文揭晓时，女儿的叙事散文《妈，你是我的心理医生》获得了中学组一等奖。

女儿激动地拿着获奖证书和奖品兴冲冲跑回家，我与女儿共同分享了这一幸福时刻。

尝到了公平竞争的甜头后，女儿对提高自己的写作水平更有信心了。不过，她清楚地认识到，这次获奖并不说明自己的写作有什么了不起，她倒觉得季闽云的写作基础比自己扎实，应该虚心地向她请教。

一天放学后，女儿主动找季闽云求教。季闽云是个乐于帮助同学的女孩子，尽管此次征文比赛的成绩不如女儿，她也没有一点儿嫉妒心理。在女儿向她求教时，她不计前嫌，仍然耐心地与女儿探讨写作方面的心得体会，还把自己所知道的写作技巧毫无保留地告知女儿。见季闽云能够如此坦荡地与自己相处，女儿既感动又惭愧。

从此，两位班里的佼佼者又恢复了往日的友好交往，相互鼓励、平等竞争、共同提高。

后来有一次，女儿与季闽云同时参加了全国高中数学奥林匹克竞赛，在这次竞赛中，女儿得了第三名，季闽云拿了银牌。对于季闽云比自己取得了更好的成绩，女儿不是像过去那样充满着嫉妒心理，而是为她感到高兴。在得知结果的那天傍晚，女儿提议两人到校外的一家茶吧去AA制喝茶，以示庆贺。

五一节，学校准备搞一台全校师生文艺会演，限定每个班级选报一个节目。女儿所在的班级，除了女儿选报了歌曲外，季闽云和另外两名同学也各自选报了歌曲。名额只有一个，班主任采用公平竞争的方式，从四名学生中选拔参赛者。

女儿从小就喜欢唱歌，她想起了我“扬长避短”的教诲，为了在这次公平竞争中表现出色，她着力选报了自己最拿手的校园歌曲《拥抱奇迹》。一个多星期的准备时间内，只要一有空闲，她就口不离歌，反复演练。

比赛的那天下午，四名班级歌手进行了角逐，全班同学共同做评委，举手给他们打分。角逐的结果，女儿以 69 票取得了参加学校会演的资格。

五一节的晚上，女儿没有辜负全班同学的希望，在校礼堂的台上，她声音自然、甜美柔和地演唱了《拥抱奇迹》，赢得了台下师生的热烈掌声。这次会演，女儿为班里拿到了一面锦旗。

我作为家长嘉宾，被邀请观赏了这次文艺会演。我坐在台下，听着台上的女儿充满激情的演唱以及观众热烈的掌声，心里别提有多高兴了！

此后的一天上午，我亲眼看见女儿用小刀把那本曾经迷信的“死亡笔记”毁掉，并扔进了垃圾箱里。女儿终于走出了嫉妒的阴影，又恢复了往日笑口常开的样子。

女儿参加中考了，她以优异的成绩进入了市一所重点高中。

一天晚上，我应邀参加了学校的家长会，班主任告诉我，女儿在班里表现不错，善于团结同学，积极参加各种集体活动，主动帮助学习成绩比自己差的同学。

听了班主任的话，看着女儿健康地成长，我高兴之余，在思考这样一个问题：现代父母该如何引导心理出现问题的孩子？

专家谈心

嫉妒心理是指自己以外的人获得了比自己更为优越的地位、荣誉，或是自己宝贵的物、钟情的人被别人掠取或将被掠取时而产生的情感。嫉妒是一种包含抱怨、憎恨成分的激烈情感，是一种想保住自己的优势地位而极力排斥、贬低别人的心理倾向。

预防或纠正青少年的嫉妒心理，最根本的是要加强理想教育和世界观教育，因为嫉妒不是一种孤立的情绪，而是受理想、信念和世界观等因素制约的。

有嫉妒心理，并不仅仅是思想道德修养方面的问题，也同时是社会经济基础方面的问题，因此，我们必须从主观修养、社会意识环境和社会经济基础条件三个方面进行改进和努力。同时，还应看到，嫉妒，尤其是变态型嫉妒是一种心理疾病，具有心理疾病的特点，我们在防止和化解嫉妒心理的过程中，还必须采取一些必要的心理预防和治疗的方法，才能取得好的效果。

方法左右

文中的母亲发现了女儿的“死亡笔记”后，马上意识到这是一种嫉妒的表现，于是，开始为女儿做心理疏导。她给女儿讲《三国演义》里周瑜嫉妒诸葛亮的故事、领她去见报道中的人物，让女儿亲身感受嫉妒所带来的危害。在母亲的心理疏导下，女儿最终走出了嫉妒的阴影，成为一名有宽容心的可爱女孩儿。

如何帮助孩子走出嫉妒心理？这位母亲总结出了以下几点：

（一）要让孩子认清嫉妒心理的危害

这位母亲了解到女儿有嫉妒心理后，她让女儿明白：嫉妒心理是一种于人有害、于己不利的不道德心理疾患。为此，她列举了《三国演义》里周瑜嫉妒诸葛亮最后毁掉自己的故事，告诉女儿，嫉妒心理必须彻底清除。

（二）要让孩子学会心理移位

这位母亲告诉嫉妒心很强的女儿：在同学间的人际交往中，当发现自己产生妒忌心理，不妨这样去想一想：假如是你取得了成绩，别的同学对你不满或怨恨，你心中会有什么感受？通过换位思考，会十分有效地帮助孩子摆脱苦闷和妒忌心理。

（三）要鼓励孩子学会正常的竞争

这位母亲让有嫉妒心的女儿懂得：通过竞争这种积极进取的方法，去克服由妒忌而产生的消极心理，让妒忌成为一种强大的动力，激励自己奋起直追，使自己有所作为。故事中的女孩儿在母亲的指点下，客观地认识了自身的缺点后，便学会了扬长避短，辩证地看问题。

第二十三计

对等计：家庭意见箱让母女化敌为友

青春期的女孩儿就如同一个脆弱的“玻璃美人”，随着她们生理上的快速发育，心理上也逐渐走入了一个自我保护意识过强的阶段。很多女孩儿内心深处渴望着被关注和爱抚，但外表却始终是一副冷若冰霜、不可侵犯的样子。这点很是让家长们头疼。现今，家庭中的代沟问题俨然成为了社会所关注的一个热点，随着晚婚晚育的思想意识被普及和传播，当个性迸发的少男少女进入青春期的时候，正好碰上了父母的更年期，这让家庭内部之间的关系和青春期孩子的成长问题显得更加棘手。

其实，在子女和父母之间也并非真的有那么一道无法逾越的鸿沟。当我们真正地发现问题的关键之时，离问题的解决也就仅有一步之遥了。对于未经世事的孩子来说，只要父母们能静下心来，多思考一下他们在想什么，遇到困难时多一些耐心和技巧，那么这些问题就都会迎刃而解了。

案例说话

口述：戚巧沁，女，34 岁，某小学教师

（一）

我是一名教师，每天的工作都是在教管孩子，为人师表，对自己的女儿则是更加严格地去要求。女儿从小也一直表现得还算乖巧，虽然有点儿贪玩，但毕竟没有做过太出格的事儿。

事情从一天下午开始，我正忙于工作之时接到了女儿班主任的电话，她让我尽快赶过去。一走进教师办公室，我就瞧见殷笑雪低着头与另一位女同学站在班主任面前。

班主任见到我，马上向我说："殷笑雪今天课间时，因陆莉莉不给她抄数学练习，口角之后，就动手打了她。"我侧脸一看身旁的女学生，只见她的头发被撕扯得乱蓬蓬，脸上也有道道血痕。我立刻被激怒了，不顾班主任在场，便对殷笑雪破口大骂："你这个不争气的臭丫头！天天给我惹是生非！"说着，就要对女儿动粗。

班主任当即制止道："我叫你来，不是让你来打孩子的，是希望你配合学校，对你女儿进行正确的管教。"我这才住了手。

等殷笑雪和陆莉莉离开办公室后，我对班主任说出了自己心里的苦恼："胡老师，你是不知道，我这女儿，不只在学校里无法无天，她在家里，也是整天与我对着干。我骂也骂过、打也打过，可到头来，却拿她没有一点儿办法！胡老师，你说我该怎么办？"

班主任听完我的倾吐，她没有马上给予评价和指点，而是从办公桌上一大堆作业本里抽出一本，递到我的面前，说："你看看殷笑雪写的作文吧。"

我接过女儿的作文本翻开，一行歪歪扭扭的标题映入眼帘：我印象中的母亲。我认真地看下去：我的妈妈是一个凶巴巴的人，从我读小学一年级开始，她每天不是埋怨和指责我的学习成绩，就是像警察一样干涉我的一举一动，稍一不合她的要求，不是打，就是骂。在我面前，我说话和行动都没有自由，童年的快乐早就消失到爪哇国去了。我现在生活得好郁闷，真想找些事，好好发泄一下！……

读着女儿在作文中真实表露自己内心的不满，我的脸上一阵阵滚烫，心里也掀起了小小的波澜。

班主任见我放下作文本时有所感触，便因势利导地说："从殷笑雪的作文中可以看出，她在家里老与你作对，在学校里时有攻击行为，追根究底，这都是你长期以来采用的粗暴家教方式所致。按照少儿教育心理学的说法，殷笑雪的这种异常言行表现叫做'逆反对抗心理综合征'。要改变殷笑雪的现状，首先你自己要改变，再不能采取那种指责和动粗的简单教育方式。你可以选择一个平等的、民主的教育方式，比如用朋友式的语气与殷笑雪进行交流，又比如寻找一个双方都能接受的某种物质方式作为'媒介'，进行思想沟通。"

我认真听取了班主任的建议，在离开学校时，我暗下决心，回去后一定调整好自己，拿出实际行动，来改变女儿的不良言行。

（二）

从学校回来的路上，我一直在思考用怎样的“媒介”与女儿进行交流。我走到自己所居住的小区宣传栏前，一个群众意见箱吸引了我的眼球。站在这个群众意见箱前，忽然，我的脑海有了一个新奇的念头：如果在我们家里也弄这么个意见箱，那我与女儿不就有了内心交流的“媒介”了吗？

傍晚回到家里后，我一见殷笑雪的面，对女儿白天在学校惹的事儿，没有像往常那样又是指责又是动粗，而是问了她一句：“你爸还没有下班呀？”

准备挨罚的殷笑雪见我一反常态，也有些疑惑不解，心里嘀咕着“这葫芦里卖得是啥药”。

吃过晚饭后，我把女儿叫到自己的卧室。殷笑雪以为我要与她算账了，胆战心惊地跟进了房间。

我把房门关上后，笑着对女儿说：“妈妈今天不想骂你。”

殷笑雪一听这话，悬着的心放了下来，眼睛滴溜溜地望着我。

我先自我检讨了一番：“过去妈妈对你的态度不好，这是妈妈的不对。以后，即使你犯了错误，妈妈也不会再打你骂你。”说到这儿，我停顿了一下。

殷笑雪更加迷惑不解了。

我接着说：“妈妈有个想法，打算在家里设置个意见箱。你对妈妈有什么意见，妈妈对你有什么看法，我俩都可以写下来，丢进意见箱里。你看这样行吗？”我用征求的目光盯着女儿。

听了我这番话，殷笑雪眼睛眨了眨，脑瓜子转动了一下，然后点了点头。

我见女儿同意了，很是高兴。

两天后，我把一个木制的意见箱抱了回来，挂在客厅的房门背面，然后，郑重其事地递给女儿一把钥匙说：“你和妈妈各一把。从今天开始，我俩就实行批评与自我批评的政策。”

殷笑雪见我动真格的，望着精巧的意见箱，眼睛闪亮着，大概是想自己总算有一个向我宣泄内心不满的地方了。

当天晚上，殷笑雪坐在自己的房间里，埋头写下了第一封对我的批评意见：“妈妈，我对你有很大的意见。每次不管在学校还是在家里，只要我做了一丁点儿出格的事，你就不分青红皂白骂我、责备我。说心里话，我也不想与你顶撞，可我实在受不了你的恶狠狠！我现在很怕回家，很怕看你发怒的样子。”

第二天早晨，殷笑雪上学前，就把批评信投进了意见箱。

中午时分，我下班回到家里，第一件事就是打开意见箱，从里面拿出女儿的批评纸条，迅速看了起来。吃过中饭后，我伏案给女儿写了一封短信：“小雪，妈妈过去对你的做法确实过于粗暴了，妈妈一定接受你的批评，不再大声吼叫，也不再指责你。如果妈妈不改正的话，你可以再次向我提意见。”写完后，我当即把信丢进意见箱。

傍晚时分，殷笑雪放学回来后，她打开意见箱，掏出了我的回信，走进自己的房间。当她读完我的短信后，脸上露出了久未有过的笑容。

放下书包，她又给我写了第二封信：“妈妈，我虽然不是个听话的女孩儿，可我是个聪明的女孩儿，邻居的老奶奶老爷爷大叔大伯都这么说。可你总是看到我不好的一面，看不到我好的一面。还有，我虽然学习成绩总是七上八下不稳定，可我每次总想努力去做好，而你却次次打击我的积极性。我真希望妈妈能像童菲菲的妈妈那样，每次她遇到不顺心的事，她的妈妈总是给予肯定的微笑和鼓励。有时候，她犯了错误，她的妈妈也只是说一句‘以后可要改正呀’。”

我很快看了女儿的信，当即提笔写下：“你没有说错，过去妈妈对你的态度确实偏激了。妈妈静下心来想，你的身上还是有不少可爱的东西。比如，你对爷爷奶奶有孝心，对比你小的孩子有爱心。你放心，妈妈会慢慢变得像童菲菲妈妈那样的。”

殷笑雪也很快读了我的回信，她对我第一次能够给予她客观的评价感到满意。

接下来的一段时间，殷笑雪与我几乎天天都有纸条交流。有一天晚上，殷笑雪的班主任打电话给我，反映殷笑雪这两天上课时不用心听讲，时常拿出镜子来描眉画唇。我听了老师的通报后，没有像过去一样对殷笑雪大发雷霆，又吼又叫地指责她，而是采取了给女儿写批评意见的文雅方式。我在纸条上这样写道：“小雪，妈妈知道，爱美之心人皆有之的道理，妈妈对你喜好梳妆打扮并不反对。问题是，如果你上课时也分神去做这件事，妈妈就不赞同了。因为你现在是学生，主要精力应该放在学习上才对。你说呢？”

我的这张纸条，殷笑雪是在第二天中午读到的。她连读了三遍后，便提笔给我回了信：“妈妈，我错了！我不该在上课时照镜子。以后，我不会再犯这样的错误了！”

当晚，我看了女儿的检讨信，为自己采取这种文雅的教育方式收到初步成效而感到快慰。

没过几天，稳定性不够的殷笑雪上课与同学交头接耳，在受到后面同学的指责后，她竟然“老毛病”重犯，下课时与那位指责她的同学“较真”，除了骂难听的话，还动手推了那位同学。

当我从班主任那儿得知这一情况后，片刻的情绪激动之后，我的脑海里马上想到了“不能再用过去责备、埋怨的方式”。冷静下来后，我拿起钢笔，迅速地在纸条上写下了：“小雪，妈妈今天对你有意见！你不是曾经向妈妈保证过以后上课一定要好好听讲吗？可你今天在学校的表现，让妈妈感到很失望！当然，妈妈也不想再指责你、埋怨你，只要你自己认识到了所犯的错误，妈妈还是能够原谅你的！”

殷笑雪傍晚放学回家后，读了我情绪激动写下的批评纸条，她待在自己的房间里好长时间，反思“悔过之后”，给我回了信：“妈妈，我再次向你承认错误。今天是我不对，上课不应该讲话，不应该谩骂和动手推同学。谢谢妈妈给我改正错误的机会！我发誓，以后我再也不这样了。”

采取文雅的方式教育女儿再次奏效，更加让我痴迷意见箱的神奇魔力。

随后的两年多时间里，我和殷笑雪，只要心里有什么想法和看法，就会把它诉诸笔端，用文字的形式来表达自己的内心活动。

（三）

意见箱的神奇作用，在我的家中已开花结果。

原先，我与女儿殷笑雪的交流一直处于“敌对状态”：我隔三差五就要对女儿进行轰炸式“洗脑”；而殷笑雪对我的“狂轰烂炸”始终“负隅顽抗”，这只耳朵进，那只耳朵出，事到临头，她照样我行我素。我们母女间形成了对抗与反对抗的局面。

而现在，殷笑雪像换了个人似的，对我的态度有了 180 度的大转变。

这天是双休日，吃晚饭时，已读初中三年级的殷笑雪对我说：“妈，我想今晚请你去看一场电影。”

我以为自己的耳朵听错了，紧紧地盯住女儿的眼睛，说：“小雪，你再说一遍。”

殷笑雪咬字清晰地重复了一句：“我想请妈妈今晚去看周迅主演的新片《那时花开》。电影票我已经买好了！”说着，她举着两张电影票在我的眼前晃荡着。

我听清楚了、看清楚了，我的眼里有了被触动后的湿润，要知道，自女儿上小学后，我们母女俩从未一起进过电影院或去过其他娱乐场所，更别说女儿请我看电影。

吃过晚饭后，殷笑雪主动挽着我的手走出家门，朝电影院方向奔去。一路上，我俩形影相随，令目击者无不羡慕啧舌。

成绩报告单或告家长书历来是殷笑雪的一块心病。她清楚地知道，我一接触到这些“白纸黑字”的证据的反应：成绩考得漂亮时，我对她只有淡淡的微笑；如果考得马马虎虎，甚至考砸了，那我会像暴怒的母狮子，让她几天都不得安生。

可今天，当殷笑雪拿到滚烫的中考成绩报告单那一刻，尽管有三门功课只得了B，还有两门功课是C，她却没有了过去那种“恐母症”的心理，她在第一时间跑回家里，又第一时间把不尽如人意的“白纸黑字”呈送到我面前，听候裁决。

我冒着冷汗看完了“白纸黑字”上的所有证据，再明白不过，女儿要想进重点中学就读无疑是水中捞月。面对我所不愿看到的现实，我已不是过去的我，指责、埋怨外加狂怒已经远去。而是心平气和地对女儿说：“既然你已经尽力了，妈妈也没什么可抱怨的。读普通高中，只要在原有的基础上再加把劲，妈妈相信，你会有好的未来。”

见我如此通情达理，殷笑雪惭愧的同时充满信心地向我再次发誓：“妈妈，你放心，即使去了普通高中，我也会迎头赶上，好好学习天天向上，给你也给我自己争回面子！”

9月1日，殷笑雪义无反顾地进了一所极其普通的中学就读高中，正如她发誓所言，到了这所学校后，她好学上进的气势如虹，上课认真听讲、做笔记，下课用心温习，向老师和先锋同学讨教。原来殷笑雪的数学成绩总是在60分到70分这道门坎上徘徊，经过大力度的自觉努力，她竟然在一次期中考试时拿了97分的好成绩。

学校又要开家长会了，我从新班主任口中听到对女儿各方面的良好评价，那份高兴劲儿无法用言语表达。

参加完家长会回家的当晚，我就给女儿写了一封有感而发的信：“小雪，妈妈真的为你能够克服自卑心理找到自信心而由衷地高兴！也为你能刻苦学习并取得优异的成绩而感到骄傲！妈妈有理由相信，我的女儿，今后会做得更好！”

信写完后，我就把它投进了久未使用的意见箱。

第二天一大早，我上班之前，提醒女儿说：“小雪，今天你记得开信箱看看。”

我上班去了，殷笑雪忐忑不安地开启了意见箱，从里面拿出了折好的纸条，展开后，反复阅读了我的“白纸黑字”，这回轮到她泪如雨下了，那是女儿为我对她的欣赏而感动落泪。

如今，意见箱仍然悬挂在我家里客厅的房门背面，所不同的是，当初的意见箱里，盛满了我与殷笑雪批评与自我批评的文字；而现在，这个意见箱里，却装载着我们母女俩相互信赖、相互欣赏和相互鼓励的言词。

专家谈心

教育专家认为，处在青春发育期的孩子的思想变化、情绪起伏都比较大，在家庭中特别容易产生抵触情绪和逆反心理，做父母的很难和孩子进行语言沟通和情感交流。好多家长都感到，随着孩子年龄增长，跟孩子的交流越来越少，以前无话不谈，现在说不了几句话就没词了。

其实，大多数孩子内心是非常渴望跟家长交流的，但是他们需要的是适合他们的情感交流。而很多家长都只忙于工作，并没有给他们这样的机会，一旦有时间，他们也只会趁机过问孩子的学习问题，常常是正襟危坐地跟他们谈，或者就是问那些不知问过多少次的问题。这样的谈话，他们当然盼望早点儿结束。天长日久，他们会回避跟你交流。即使偶尔你心血来潮，想跟他们说句真心话，他们也不买账了。所以不知道跟孩子聊什么或者跟他们交流不下去，说到底还是心态和方法不正确。

跟孩子谈心交流，家长对自己要有个适当定位，要有个恰当的心态，还要有个恰当的切入点，更要想方设法营造一个随心所欲的自然和谐的氛围。只有这样，他们才会接受你。

方法左右

在上面的小故事中，母亲在发现与叛逆的女儿已经到了“无法沟通”的地步时，巧妙地采用了书信这一方式与女儿重新进行交流。交流取得了成效，也让母亲感悟到书信交流的优越性。

（一）青春期孩子喜欢用书写表达自己的想法

青春期的孩子大都不愿意将自己的心事直接地表露出来，这就是为什么青春期孩子喜欢写小纸条的原因。在书写中，他们可以尽情地吐露自己的心声，可以宣泄自己的快乐、痛苦和烦恼。通过这种宣泄，他们能获得心理平衡，从而达到调节身心的作用。

（二）写信可以避免父母与孩子间的正面冲突

在大多数情况下，父母们往往喜欢直接向孩子发泄自己的不满情绪，而孩子又因不满父母的指责，产生抵触、排斥心理。这样一来，双方难免会发生正面的矛盾冲突。而采取用书信的交流方式，完全可以避免这种唇枪舌剑，双方在书信中，可以因时间和空间的距离，使双方由于不满而出现的不理智情绪得以冷静和缓解，从而达到解决问题的目的。

（三）在信中说出自己的爱会更容易

在家庭里，我们总是习惯含蓄地去表达自己，“爱”和“恨”永远都是话到嘴边又被压到了舌头底下的，猛然地冲破这种禁忌，又会显得尴尬。在书信中，孩子不能当面向父母表达的情绪和情感，可以通过这种坦诚的方式让父母更加愉快地接受。因为，当父母拿到那些纸张的一瞬间，都会不自觉地有一种心理暗示，那就是孩子在向自己表露心声，孩子是懂事的。

第二十四计

励勇计：对儿子进行挑战自我训练

如今的孩子从一出生就在舒服的环境中成长，小时候稍有点恐惧，都会由爸妈来安慰，帮他们重新找回舒服的感觉。现在孩子虽然长大了，并且自立了，但仍然没有跨越舒服的界限，他们站在楼顶上向下看就感到眩晕很害怕，看见比自己强的人就有种自我服输的理由，遇到挑战性的困难只想着去逃避、去推辞，而从来没有想办法去解决。这就是现在孩子的现状。

孩子遇到困难，父母要告诉他们，不要逃避，要迎接挑战。当然，要战胜别人，就得先战胜自己；要战胜自己，就得先战胜自己的心理障碍。其实，孩子在学习中就是在不断地挑战自己，超越自己，对手并不可怕，最可怕的是他们自己不努力。

案例说话

口述：易桐，男，48岁，某房地产开发公司经理

（一）

我的儿子天生胆。一个双休日，我带儿子到游乐场去玩，我们来到一处叫“溜溜板”的大型玩具前，这儿正有许多儿童在欢叫着玩耍。我让妻子领着儿子上去把他往下溜，不想，儿子一到高处，竟吓得哭了起来，并紧紧地抱住母亲。妻子无法把儿子放到溜溜板上，只好抱他下来。

一看这情形，我有点生气地说：“让我来试试，我就不信，他的胆子有这么小。”

我接过儿子，重新登上了溜溜板。儿子再次大哭，死死地搂住我，闭着眼睛不敢看下面。

妻子叫了起来："算啦，别吓住孩子！"

我不管儿子的大声哭闹，直接把他放到溜溜板的滑道上。这时候，儿子顺着溜溜板往下滑去，他像失去救命稻草似的惊恐地哇哇叫。

这次，我虽然把儿子好好地"训练"了一番，可结果却是，儿子为此吓出病来，他一连几天处于惊恐状态中，而且高烧不止，两位大人只得把他送到了医院打点滴。妻子不断地责怪我太狠心了！

看到儿子这副可怜的样子，我对妻子的话没有反驳。

儿子得了恐高症，随着他年龄的长大，这种症状并没有消失。

（二）

儿子读初中了，可他的恐高症却越来越明显，改变儿子的现状迫在眉睫。

我过去是个体育爱好者，我想，我有能力帮助儿子克服恐高症。

一天晚上，我伏案拟写了一份训练儿子的计划。我把这份计划称为"挑战自我训练计划"，我专门挑选一些能够让儿子胆大起来的项目作为训练目标。

妻子听说我要对儿子"下毒手"，极力反对说："你不要忘了天天两岁时让你吓出病来的事。"这回，我反驳妻子说："就因为我们太溺爱天天了，所以才造成他一畏惧就寻找保护，不能自己去克服困难。这样做并不是爱他，而是害他！"

妻子一时难以接受我的观点，我只有我行我素地实施"挑战自我训练计划"，我要用事实来使妻子感觉到我这样做是正确的。

按照"挑战自我训练计划"，我的第一步是对儿子进行"洗脑"工作。我知道，恐高症主要源于心理障碍，要帮助儿子战胜恐高症，就得引导他排除心理障碍。

一个双休日，我带儿子到业余青少年体校去看跳水训练。我俩来到了一处大游泳池的跳台旁，我一边陪着儿子看一边向他解说道："你看这些学生胆子多大，他们敢从 10 米板的跳台上跃入水中。天天，如果爸爸把你放到那个跳板上，你敢不敢往下跳？"儿子吓得忙摇头："爸爸，我怕！"我马上对儿子说："其实，这没什么可怕的。"

说着，我领儿子走到一位正从水里上来的小运动员的面前，当着儿子的面问那位小运动员说："小朋友，你今年多大了？"

小运动员回答："十二岁了。"

我接着说："哦，比我们天天小一岁。你是从什么时候开始学跳水的？"

小运动员答道："我五岁学游泳，八岁学跳水。"

我夸奖他说："看不出来，你已经是老运动员了！那你从这样高的地方跳下来，一点都不害怕吗？"

小运动员如实地说："刚开始有些怕，可慢慢地就不怕了，现在从上面跳下来，就好像坐在飞机上往下飞一样，真的好玩极了！"

这时，我看见身边的儿子也被他描绘的景象所感染，用一种羡慕的目光望着他。

让儿子与同龄人零距离的接触以后的几天里，我还领着儿子到游乐场去看蹦极和冲浪，也用同样的方法，让儿子与玩耍的同龄人进行直接交流，使儿子从这些"小勇士"的身上感受到登高并不可怕。

经过一个多星期的"洗脑"工作，多少消除了儿子对登高的畏惧心理。

第二步是"手把手"地训练儿子。

又一个双休日的上午，我带着儿子来到了"未来世界"的索桥前，这是儿子曾经大丢面子的地方。儿子一见索桥，就有一种惧怕的心理反应。

我马上对儿子说："爸爸先陪你走两次。"我一边说一边陪胆战心惊的儿子走了两个来回，末了，我对儿子说："现在轮到天天一个人走过去了。"儿子还是有点惧怕，拉着我的衣服说："爸爸，我不敢！"我引导他说："你还记得那位跳水的小弟弟说的话吗？开始有点怕，慢慢就不怕了！"

儿子想了想，他绷紧的表情松弛了些，我趁势把儿子往索桥上推："天天勇敢点！"在我的激励下，不知哪儿来的勇气，儿子竟然迈开了脚步，直挺挺地走在索桥上，不一会儿，他就走到了桥的尽头。

一见这情形，站在这边的我立刻高兴地竖起了大拇指夸奖道："好样的！天天，你再走回来。"尝到了勇敢甜头的儿子又迈开了脚步朝我走来。当儿子回到我的面前时，我情不自禁地给了他一个重重的亲吻以示奖励。接下来，我又让儿子反复训练过索桥。

初步取得战果后，我马不停蹄对儿子进行连续性的"手把手式"训练。我带他去坐过山车、去冲浪……

这种常规式的训练进行了一个多月，基本上消除了儿子登高时的惧怕心理。

再接下来是第三步计划，我称之为"挑战自我训练"。我首先选择了蹦极这一训练内容。我知道，蹦极是当今一些娱乐场所里时髦而刺激的项目，有不少的"新新人类”都喜爱这一时尚的活动。就因为蹦极能把人在瞬间从地面抛至40多米的高空，经往复式反弹，最后复原，使人在享受到惊险刺激的同时，得到体能和意志上的锻炼。这一项目对培养儿子的勇敢坚强和意志坚定是有好处的。

一天上午，我与儿子来到了公园的“火箭式蹦极”场地，据操作人员说，“火箭式蹦极”每次只能乘坐两人。我只好排队等候着前面几对玩耍者结束。在等候的过程中，我不断地给儿子灌输：“你看那两位小朋友玩得多开心呀，爸爸相信天天现在也能在上面玩得开心。”

半个小时后，轮到儿子上阵了，只见他脸上出现了犹豫的表情，我再次给他以鼓励：“去吧，你能行的！”

轮到儿子上场了，他表情仍然显得很紧张，这毕竟是他第一次单独出征，而且高度对他来说达到了极限。我握着拳头向他挥舞着，示意他能行。

“火箭式蹦极”启动了，儿子在一瞬间被抛向了空中，他随即大叫一声。看着儿子在上面摆荡着，我的心悬了起来。十几分钟后，蹦极回复到原来的位置。当儿子从上面下来时，我问他：“好玩吗？”我本以为儿子会说“吓死人了”，没想到，儿子竟然说：“爸爸，我还想玩。”

儿子提出这样的要求，说明他已经跨过了恐高症这道坎儿。

为了进一步巩固取得的战果，我一上午就让儿子玩了三次“火箭式蹦极”。

我通过对儿子近两年的“挑战自我训练”，可以说，已彻底地消除了他的恐高症。

时间又过去一年多，我打算送儿子到业余体校去接受系统性的专业训练。不久后，我到业余体校给儿子报了名。依照少年体校的课程安排，儿子每星期的一、三、五下午下课后和双休日，都要到体校去训练。体校训练的内容有游泳、跳水、跳马、单双杠和短跑等，这些项目正好能锻炼儿子的体能和毅力。

由于在儿子进体校之前，我给他进行过“挑战自我训练”，他一到体校，很快就适应了跳水、跳马和单双杠这些恐高症者难以接受的训练内容。一天晚上，儿子训练完单杠回到家，我问他在单杠上害不害怕，儿子摇了摇头说：“我一点也不怕，教练还表扬我的动作做得标准呢！”说这话时，儿子一副自得的表情。

一个双休日的上午，我抽时间到体校去看儿子训练。当我走进体校训练大厅时，我远远地看见，儿子在教练的指导下，正双手抓住单杠做着空中转体180°的动作训练。我没有去打搅他们，而是坐在一个角落里静静地观看着儿子那认真训练的样子。我想，如今儿子确实已经彻底地克服了恐高症的心理障碍。

转眼，儿子已在体校训练三年了。一天傍晚，儿子从体校回来对我说，教练准备带他们去搞夏令营活动，他还说教练讲，在这次夏令营中要训练他们跳伞、攀岩和在大河里跳水。

一听这些惊险的训练项目，我这个体育爱好者都不由得吸了口凉气。当然，我的心理活动不会在儿子面前表露出来。

当晚，我趁儿子不在身边时给教练打了电话，与他交流了这次夏令营活动的一些事宜，在了解到教练明确的训练意图和安全措施后，我才放心让儿子去参加这种冒险性的夏令营活动。

几天后，儿子与体校的队友在三位教练的带领下出发了。儿子走后，妻子一直为儿子牵肠挂肚，我没有告诉她儿子此去的训练内容，我怕会给妻子增加心理负担。

半个月后，儿子终于结束夏令营活动回来了。瞧见晒得山里红梅似的儿子很精神地站在面前，我一拍他的肩膀："天天，给爸爸说说你这回在外面的感受。"儿子余兴未消地向我讲述了他的训练结果。他说在云梦山的一座较为陡峭的山岩前，教练对他们进行了攀岩训练。

这个项目训练了两天后，教练让他们四人一组进行比赛，每组的头两名进入前八名，他分在第三组。当轮到儿子比赛时，他使出了吃奶的劲儿快速地往上攀登，最后获得了这一组的第二名进入了前八名。在半决赛中，儿子得到了全队的第四名。对于这样的结果，儿子并不满意，他向我说："将来还有机会的话，我一定要拿第一名！"

听了儿子的讲述后，又见他对自己提出更高的要求，我感到儿子比过去成熟了。

（三）

时光飞逝，儿子高中毕业了，他以优异的成绩考取了澳大利亚悉尼大学。到悉尼大学后，儿子没有放弃自己在国内时的体育爱好，一有空闲时间，就到体育馆去锻炼，或到海滩上去尽情地畅游。

澳大利亚是个游泳、跳水强国，几乎人人都爱好游泳和跳水。儿子所在的大学时常会组织一些游泳、跳水等比赛。有一次，由悉尼大学学生会发起的全校同学游泳跳水冠军赛拉开序幕。儿子很积极地报名参加了，并在这次比赛中，获得了海外组第一名，得到了学生会颁发的奖杯。

又一次，澳大利亚教育司大学联合会准备在悉尼举办全国大学生运动会，儿子被悉尼大学作为种子选手推荐参加了此次运动会。比赛开始的那天上午 9 点左右，儿子随来自澳大利亚各大学的运动健将们走进了气派的游泳场馆。

儿子选报的运动项目是单杠和十米跳台跳水。第二天上午，儿子将进行单杠的比赛。当儿子走向比赛场时，场下的观众为他鼓起掌来。儿子充满自信地走到单杠前，不一会儿，他上了单杠，随后，他按照自己设计的动作有条不紊地表演着，就在他做最后一个动作时，由于重心前倾，身体失去平衡，落地时脚向前迈了一大步，导致这一动作失败。结果，儿子与冠军失之交臂。

单杠项目没有拿到冠军，儿子并不气馁，他很快调整好心态。当天下午，儿子又参加了十米跳台跳水。对于这个项目，儿子在国内的业余体校已花了不少的功夫进行过训练，曾得到过教练悉心的指导。轮到儿子跳水时，只见他很从容地走到跳台边，此时，一点也看不出儿子曾经是个恐高症患者。儿子跳出后的空中旋转动作极其优美，入水动作也很完美，水花压得很小。第一轮下来，儿子就排名第一。

之后的五轮角逐，儿子始终保持着领先地位。最终，儿子取得了十米台跳水冠军。

一个多小时后，颁奖仪式开始。儿子是第一个取得澳大利亚大学生运动会冠军的中国留学生，当他走上冠军领奖台，主办方的领导人把一个奖杯送到他手上的那一刻，儿子笑逐颜开。

当天晚上，儿子把自己得奖的消息，打电话告诉了国内的我，我眼泪止不住地流了下来，为恐高的儿子成为海外跳水冠军而感到骄傲，也为儿子的健康成长感到高兴！

专家谈心

孩子呱呱落地就踏上了挑战自我的征程，跌爬摔打、艰难爬行，只为能够直立人生。从爬到走，从跑到骑自行车甚至驾驶汽车，潜在的本能促使孩子不断地超越自我速度的极限。当孩子开始咿呀学语，隐约懂事，他们开始追求自我的实现。写的第一个字，烧的第一顿饭，拿到的第一个满分，第一次出外求学，拿到的第一份薪水，无不给孩子成功的喜悦和收获的快乐。

当孩子开始独自撑起一片蓝天，他们更懂得实现自我的重要性。因为自我实现不只是一种需要，更是一种必要。养家糊口，娶妻生子，成就事业无不需要他们有较强的生活能力和竞争实力。

环境在促使孩子、孩子自身追求成功的血性在驱使他们挑战自我、超越自我和成就自我。在挑战自我的征程上，有挫折和悔恨，也有迷失与彷徨，这又需要孩子克服他们的惰性，磨炼他们的意志。成就自我的动力支撑着他们的生存状态，无论是学习还是工作，都要让他们追求卓越，让他们倾心尽力。

当然，这种动力并非取之不尽用之不竭，孩子需要不断地为他填充养分和燃料。孩子可以不断调整他们的目标，包括长期目标和短期目标，使之与他们的能力所及和现实状况相适应。孩子要适时调节他们的状态，使之始终保持昂扬的斗志。

方法左右

故事里的父亲为了帮助儿子走出恐高症的阴影，他设计了一套“挑战自我训练计划”，这个计划是由“洗脑”、“手把手”训练、“挑战自我训练”三部分组成。之后，父亲又把儿子送进了少年体校进行综合训练，最终让儿子克服了恐高症。

这位父亲的“挑战自我训练计划”，除了采用循序渐进的方法帮助儿子克服恐高心理，更多的是从心理上训练儿子的自我挑战意识。他让儿子明白了，将一些他本来绝对有能力做到的事变换位置和环境，他依然能相信自己、把握自己，并且发挥出自己原有的能力。这种训练正是创造了一种非常态的情景，让他的儿子从这样的情景中发现自身平时意识不到的盲点和潜力。

通过训练使儿子克服了恐高心理，这位父亲归纳出了“挑战自我训练计划”的优越性：

（一）帮助儿子克服心理恐惧

“挑战自我训练计划”的第一步就是对儿子进行“洗脑”。因为要战胜恐惧感，就得帮助儿子排除心理障碍。通过眼见为实的“洗脑”，儿子缓解了恐高症的心理。

（二）增强儿子面对挑战和压力的自信心

“挑战自我训练计划”的第二步是“手把手”训练。这位父亲把训练地点定在儿子曾经失败过的地方。一见索桥，儿子的脸色大变。“爸爸先陪你走两次。”父亲一边说一边拉着胆战心惊的儿子走了两个来回。之后，他又训练儿子独立去完成。经过几个来回的独立训练，儿子终于能勇敢面对“失败过的地方”。这样的训练显然增强了儿子面对挑战和压力的自信心。

（三）让儿子体会超越自我的喜悦

“挑战自我训练计划”取得初步战果后，这位父亲又先后带儿子体验了过山车、冲浪和“火箭式蹦极”。持续一段时间后，儿子对高的惧怕真的渐渐消除，成为一个爱跑爱跳、阳光大方的孩子。与此同时，儿子也体验到了超越自我的喜悦。

（四）团队激发了儿子的潜能

让儿子参加少年体校组织的夏令营活动，给儿子提供了比较的机会。让他明白，个人在集体中应该如何显示自己的能力，从而激发了他与他人竞争的斗志。

第二十五计

连环计：对女儿的双重回报训练

现在的孩子大多是独生子女，不少孩子身上具有霸气、自私、任性和缺乏责任感的不良习气。父母对独生子女，除了要关心他们的身体健康，还必须注重对他们人格和美好心灵的培养。要让孩子明白，做人不能只一味地索取，应该懂得“回报”和“感恩”。

感恩是一种情怀，是所有美德的基础。很多现象和调查表明，多数的孩子不懂得去关爱他人，对来自父母的照顾视为理所当然，攀比心理强，不懂得珍惜来之不易的幸福生活。有一位高中生受助一年多，却没有主动给资助者打过一次电话、写过一封信，更没有一句感谢的话，这让资助者寒心不已。这些都说明现在的孩子普遍缺乏感恩情怀。

因此，父母对孩子的感恩教育迫在眉睫。感恩教育是一种以情动情的情感教育，是一种以德报德的道德教育，更是一种以人性唤起人性的人性教育。作为监护人，父母必须给缺失的孩子补上这一课。

案例说话

口述：浩雨琳，女，40 岁，某化工厂技术顾问

（一）

我的女儿是个自私、霸道、任性的孩子，女儿的自私不只在我和丈夫这儿表现得淋漓尽致，她连对爷爷奶奶和姑姑舅舅等亲人也不感恩，尽管他们经常满足她各种物质要求。女儿对这些亲人给她礼物，毫不在乎，觉得是理所当然的，连一句感

谢的话都不说。

改变女儿只知索取不懂回报这一恶习，已迫在眉睫。经过分析和思索，我决定对女儿进行人情世故的礼尚往来训练。

一个双休日的上午，我带读初中一年级的女儿来到较繁华的商贸城，女儿原以为我又像往常一样，会给她购买玩具和食品。出乎意料的是，我此次直奔老年保健食品商店。到了柜台前，我让售货员拿来两盒脑白金口服液。女儿瞧见后，不解地问我：“妈妈，你不是带我来买东西的吗？”我直言不讳地对她说：“妈妈今天是专门带你来给爷爷奶奶买礼物的。”女儿瞪大眼睛望着我，问：“爷爷奶奶又没有过生日，你为什么要给他们送礼物？”我故意询问她说：“爷爷奶奶每次带你出来玩，是不是给你买了许多东西？”女儿点点头。我当即引导她说：“平时，你没过生日时，爷爷奶奶不也送你礼物吗？爷爷奶奶那么喜欢你，难道我们送他们一点礼物不应该吗？”女儿想了想，然后点了点头。

礼物买回来后，我有意识地叫女儿亲手把两盒脑白金口服液送到爷爷手中。爷爷奶奶见孙女儿第一次孝顺的举动，笑得合不拢嘴。爷爷摸着孙女儿的头，很激动地夸奖道：“小威今天真乖！”女儿也是第一回受到爷爷的当面夸奖，脸上露出了可爱的笑容。

初次引导女儿以回报的方式孝敬两位长辈收到好的效果。没过几天，我又领着女儿走进了一家工艺饰品商店，我询问她说：“你知道姑姑最喜欢什么东西吗？”女儿眨巴了一下眼睛，摇了摇头。我马上诱导她说：“姑姑是不是很喜欢穿戴饰品？”女儿眼睛一转，想了起来：“是的！”我接着说：“那我们送她一些饰品吧。”女儿不解地发问：“为什么要送她东西？”我提醒她说：“以前姑姑经常给你买这买那，作为回报，你说，要不要送她一点礼物？”女儿想明白了，爽快地说：“那就送呗。”我有意识把选择权交给她，说：“你说，送什么好呢？”女儿开动了脑筋，忽然想起什么，说：“我记得姑姑最喜欢丝巾，我们就送她一条漂亮的丝巾吧。”我接受了女儿的建议。

当晚，我领着女儿来到姑姑家，姑姑见小侄女送她一条漂亮的丝巾，高兴得不断亲吻女儿的脸蛋。女儿绯红着脸，很害羞的样子。一旁的家人瞧见很是开心……

接下来的时间里，我领着女儿一一回报了曾经给过她好处的亲朋好友，每到一处，我都要向女儿灌输礼尚往来的做人道理。

经过近三个月的“物质回报训练”，基本达到了我预期的教育目的。

（二）

转眼，女儿上初二了。此时，我在“物质回报训练”的基础上，又对女儿进行“精神回报训练”。我要让她知道，除了物质回报之外，精神回报也是很重要的礼尚往来方式。我明确地对女儿说，爸爸妈妈、爷爷奶奶和姑姑舅舅经常关心和爱护她，时常对她问寒问暖，作为礼尚往来，她也应该关心他们的生活。

有一次，爷爷病了，我让女儿放学后陪在他床前，并叫女儿把从网上看到的笑话说给爷爷听。爷爷听了孙女儿讲的笑话后，很开心地笑了。有了孙女“精神疗法”的配合，几天后，爷爷竟神清气爽地康复了，他笑着对我说：“要不是这孩子整天让我开心，我的病也好不了这么快。”打这以后，为了使爷爷平时不感到孤独，女儿每天一放学，就钻进爷爷的房间，向他讲述学校里的奇闻趣事，这让老人笑口常开。

经过几年我对女儿的物质和精神双重回报训练，到了她读初中时，只要一有机会，她就显露出礼尚往来的人情味。

放暑假了，女儿所在的班级组织优秀学生搞了一次“庐山之行”夏令营活动，女儿在名单之列。当女儿结束了十天的庐山夏令营活动回到家里时，她有心给家庭每位成员都带回了一件旅游纪念品。爷爷接过孙女儿送的龙头拐杖，乐哈哈地笑了，直夸女儿长大了，懂事了，有人情味了。

随着时间的推移，女儿人情味的表现，不只局限于家里和周围的人，她还把这种回报意识扩展到了社会层面。一个周末的傍晚，我家三口逛夜市，在经过一处闹市区时，前方停放了一辆献血车，眼尖的女儿看见后，提出要上车献血。父亲听了她的话，当即予以反对，说这样做是“傻瓜”。可女儿却态度坚定地说：“为社会献一份爱心，是每个公民应尽的职责。‘我为人人，人人为我’，献爱心就是要从我做起。”女儿的话显然有道理，我毫不犹豫地支持了她这种回报社会的壮举。

（三）

女儿读高中了，一天傍晚，我下班回家推开门一看，只见满屋子都是女儿的同学，她们正在忙活着什么。客厅里的DVD传出流行歌手唱的劲曲。一见这场面，我以为又是女儿在搞同学派对。过去每隔一段时间，女儿不是把同学领到我们家来聚会，就是到其他同学家去参加这种活动。所以，我对这样的场面也就习以为常了。

然而，今天有所不同的是，女儿和她的同学除了在客厅里忙活外，厨房也被她们占领了。女儿围着一个塑料围裙和两位同学在厨房里又是切菜又是炒菜，这在过去可是没有的。以前她们大不了买些水果做成拼盘，或者弄些罐装饮料来搞活动。这回却有点异常，我走进厨房，用询问的口气对女儿说：“今天你们同学搞聚会怎么这样隆重？是不是有什么稀客光临？”女儿边切着菜边神秘地对我说道：“妈妈，您不用问了！一会儿您就知道了！您先到房间里去歇着吧！”女儿说这话时，拿眼睛与旁边两位同学笑着对视了一下。

女儿和同学的这次“异常”的聚会，让我摸不着头脑，猜不出她们葫芦里卖的是啥药。我坐在卧室的沙发上看电视，但脑海里始终在想着女儿的“神秘活动”。大约 7 点半钟，从客厅里传来了女儿的喊声：“妈妈，您请出来吧！”听到喊声，我来到客厅。一瞬间，我傻了眼：女儿和她那群同学在乐曲的伴奏下，忽然齐声唱起了“祝您生日快乐！祝您生日快乐！……”我做梦也没有想到，女儿会记住我的生日，并且与她的同学一块儿为我过生日。一种意外的惊喜令我激动不已，我兴奋得说不出话来。

女儿和她的同学把我拥向餐桌，让我坐在中心的位置上。在餐桌的中央，摆放了一个三层高的生日大蛋糕，周围排列着女儿与同学精心制作的“美味佳肴”。大家就坐后，女儿像“桌长”似的说了开场白：“今天是我亲爱的妈妈过 40 岁的生日，我代表我自己，也代表我同学衷心地祝贺妈妈生日快乐！下面第一个节目，由我的妈妈吹生日蛋糕上的小蜡烛。”我在小朋友们的鼓励下，站起身憋足气对着小蜡烛吹去。同学们都齐声为我鼓掌叫好。接下来的节目，便是女儿和同学举杯为我祝贺。当一张张稚气的脸上带着真诚的笑容说着吉祥的话时，我激动的心又一次被撩拨，眼里有了幸福的泪水……

酒足饭饱后，女儿宣布了下一个节目：跳舞。没有舞蹈细胞的我也被同学们拉着在客厅这个“舞池”里疯跳起来。她们跳的是拉手舞，给人一种积极向上的愉悦感。我身处这群小朋友之中，好像自己的年龄倒退了二十几年，真有种“返老还童”的感觉。

生日舞会一直持续到夜里 10 点左右才结束。当女儿的同学走后，我余兴未消地问女儿：“你哪儿来的钱搞这次生日晚会？”女儿本不想说出真相，可在我的一再追问下，她才吐露了事实。原来，女儿拿出了多年来我和亲朋好友过年时给她的压岁钱。一听女儿把她储蓄罐里的钱掏出来为我过生日，我的心再一次起了波澜。

我兴奋地追问一句："你为什么要这么做？"女儿的脸上泛起了红光，她用一种成熟的语气说："这也叫回报！以前都是妈妈为我过生日，现在我也想给妈妈过一回生日。"

听了女儿发自内心的话语，我忽地感觉到女儿长大了。

专家谈心

父母对孩子的教养，除了要关心他们的身体健康成长，还必须注重他们人格和美好心灵的培养。要让孩子明白，做人不能只一味地索取，应该懂得"回报"和"感恩"。尤其对当今独生子女的教养，做父母的更需要对他们进行情商的开发，要革除他们身上那种霸气、自私、任性和缺乏责任感的不良习气，使他们认识到自己也是家庭成员之一，同样需要履行家庭成员的各种义务和所肩负的责任，需要关心和帮助别人。

现在很多独生子女认为，接受父母给他们准备的一切是理所当然的，却不知道要去帮助别人。很多父母不遗余力地爱自己的孩子，甚至超出了他们的能力，却没有换来孩子的满心感激。孩子还总觉得自己不幸福，稍有不如意，就怨天尤人。很多时候，孩子没有感恩之心，是因为父母在生活中对他没有这方面的要求，没要求孩子对父母要感恩。

父母对孩子的感恩教育是说，当孩子做出某些爱的表示的时候，父母你要坦然地接受、重视、珍惜孩子的爱的表达。要真诚地表示感谢，最好能明确地告诉他，你也很爱他，很需要他。这样的环境，才可能生出感恩的心和责任心。

父母要让孩子明白，感恩是一种美德，是一种智慧，也是一种能力。常怀感恩之心的孩子，更能得到幸运之神的垂青。

方法左右

文中的母亲在感受了女儿的自私和霸道后，觉得应该对女儿进行感恩训练。她首先从"物质回报训练"开始，然后进行"精神回报训练"。经过母亲一系列的双重回报训练，终于把女儿培养成了一位有人情味儿、懂得感恩的优秀孩子。这位母亲的做法有几点值得效仿：

（一）改变孩子的一味索取，培养孩子的物质回报意识

文中的女孩儿曾经是一个只知道索取不懂得回报的孩子，为了改变女儿的自私，这位母亲首先进行了“物质回报训练”，她带女儿去采购礼品，送给关爱过她的亲人和同学。

（二）注重精神回报，让孩子懂得感恩

文中的母亲除了对女儿进行“物质回报训练”，还对女儿进行“精神回报训练”，她要让女儿知道，除物质回报之外，精神回报也是很重要的礼尚往来方式。她明确地对女儿说，爸爸妈妈、爷爷奶奶和姑姑舅舅经常关心和爱护她，时常对她问寒问暖，作为礼尚往来，她也应该关心他们的生活。

（三）别拒绝，父母要乐意接受孩子的回报

当女儿给母亲过生日时，这位母亲很高兴地接受了。她明白，这说明女儿已懂得了世间“付出与回报”的人生真谛，懂得了“爱与被爱”的辩证关系，这是女儿人情味的表现。

第二十六计

伴教计：把女儿打造成水中白天鹅

家长们应该了解到，孩子的恐惧心理是与生俱来的。刚出生几天的婴儿听到较大的响声就会出现惊吓反应；1岁左右的孩子见到陌生人或者与母亲分离时就怕得大哭大闹，甚至对于大人习以为常的洗澡、理发等行为也惧怕不已；4岁宝宝更多害怕动物、昆虫，害怕黑暗的房间……

孩子渐渐长大，环境中许多因素会引起他们产生恐惧的感觉，而且每个年龄层的孩子的恐惧对象也是不同的。

虽然害怕情绪是儿童成长过程中的一种正常现象，但并不是说家长可以对此视而不见，相反，对于这种现象爸爸妈妈不能掉以轻心。因为孩子尚处于心理的发育期，过多、过强的害怕情绪会影响孩子健康心理的形成，以致日后软弱、缺乏自信、过度依赖大人等。所以，爸爸妈妈要通过适当的方法，帮孩子战胜恐惧。

案例说话

口述：屠玉秀，女，47岁，某国企技术员

（一）

我大学毕业后，分配进了一家国企做技术员。三年后，我与廖栋梁走进了婚姻的殿堂。婚后第二年，我的女儿廖境佳来到了人世。

因丈夫是一家私营企业的小老板，管理企业事务繁杂，养育廖境佳的重任就落在我的肩上。有一天，我带已经3岁的廖境佳到近郊一位住在别墅里的女同事家玩，同事有一个 4 岁的儿子，两个小朋友见面后，很是亲热。小男主人一会儿领佳佳在别墅上下欢快地跑动，一会儿又带她到前后花园去玩耍。我见小男孩儿与佳佳玩得那么开心，也就放心地与女同事聊天。然而，没过多长时间，就在我与女同事忘情地天南地北闲聊的时候，女同事的儿子神色慌张地哭着跑进大厅，他大声地喊叫着："阿姨，佳佳掉到门口的水塘里去了！"一听这话，我的脑袋轰地炸响，立刻站起身迅速地朝房门外冲去。

当我来到门前不远处的一口水塘边时，只见佳佳在水里挣扎着，她一边哭叫，一边两手在水面上乱扑乱打。因我不会游泳，只能站在水塘岸边急得直叫"救人啊！"好在随后赶来的女同事水性还可以，她连衣服也没脱就纵身跳进水塘，三两下就到了佳佳的身边，顺势把她托出了水面。廖境佳被救上岸后，她全身颤抖、气息奄奄，脸色已经发青。懂得溺水救护知识的女同事当即给佳佳做了人工呼吸。等廖境佳的脸色恢复过来后，我紧紧地抱住了她，自责道："佳佳，都是妈妈不好，没看管住你！也怪妈妈不会游泳，不能很好地救护你！"

自从发生掉进水塘事件后，廖境佳开始产生了恐水心理。一个双休日，我带廖境佳到公园去玩，我们先来到长满荷花的湖旁，我指着盛开的莲花，想给女儿讲解朱自清写的《荷塘月色》的意境。谁知，廖境佳一见旁边的湖水，条件反射般地全身抽搐起来，吓得直往我的身后躲。一见廖境佳如此强烈的恐水反应，我忙对廖境佳说："佳佳不怕，有妈妈在你身边！"其实，我也是个"旱鸭子"，只能给廖境佳心理上壮壮胆，要是再出现上次的那种情况，我连自救能力都没有，更别说救廖境佳了。

在廖境佳读幼儿园时，有一天，幼儿园的老师在校园的游泳池里教同学们学游泳。据老师事后告诉我，佳佳一瞧见水就全身发抖，惊吓得脸色刷白，老师想亲自护送她下水游泳，可她怎么也不肯下去。听了老师的讲述后，我便把廖境佳患恐水症的起因告诉了老师，老师听后对我说："看来要让廖境佳克服恐水症，只有从心理上帮助她摆脱过去的恐惧阴影。让我们老师和你们家长共同来引导她吧。"

我决定亲自来为廖境佳做"心理医生"。当然，要做好这个心理医生，我要先学会游泳，这样才能更好地帮助廖境佳走出心理困境，进而引导她战胜恐水症。

（二）

要学游泳，我首先想到了那位水性不错的女同事，就让她教自己学习游泳的一些基本动作。每天中午或下午下班后，我与那位女同事便来到厂区的游泳池。女同事一开始教我学蛙泳，她说这是熟悉水性最简单的泳姿。说实在的，已经快 30 岁的我，不仅身体的柔韧性很差，骨骼也几乎定型了，要像少年儿童那样灵活是不可能的。虽然我学起游泳来很吃力，但一想到自己要为廖境佳作出表率，便很卖力地按照女同事所要求的基本动作和要点一一去做。三个多月下来，我已经学会了蛙泳、仰泳和蝶泳。

在学会了游泳之后，下一步，我便着手对廖境佳做学游泳前的思想工作。一天晚上，我趁在客厅里看电视的机会，有意识地把一盘录有几名少年儿童正在游泳池里戏水镜头的影碟放给她看。廖境佳猛然间看到了这样的画面，马上用手蒙住了双眼，有心理障碍地回避着。我当即对廖境佳说："佳佳，你看人家小朋友在水里玩得多开心，一点儿也不害怕，你瞧，那位小朋友还跟另一位小朋友在打水仗呢。"

廖境佳一听这话，立刻从指缝间偷看了一眼电视画面。我一见这情形，觉得有门道了，看来廖境佳的内心也是很矛盾的。我抓住时机，随即向廖境佳灌输："其实游泳是很好玩的游戏，妈妈现在也很喜欢玩这种游戏。"廖境佳很快把手放下来，望着我说："妈妈，你不是说自己不会游泳的吗？"我笑着说："妈妈过去跟你一样不会游泳，见了水就害怕，可现在妈妈已经学会游泳了。"廖境佳带着怀疑的目光看着我。"不信的话，明天就带你去看妈妈游泳。"

第二天下午，我把廖境佳从幼儿园接到了厂区的游泳池边，让廖境佳坐在较远的看台上，然后，我当着廖境佳的面纵身跳入池里，在水中一边游弋一边向看台上的廖境佳挥手说："佳佳，水里可好玩了！你想不想下来跟妈妈一块儿玩儿？"廖境佳在看台上直摇手："我不！我不敢！"我立刻对她说："有妈妈保护你，不用怕！"这时，廖境佳忽然朝我叫喊着："妈妈，我要回家！你快上来吧！"我知道廖境佳的恐水心理又发作了，只好上岸。

第一次尽管没能改变廖境佳的恐水心理，但多少让廖境佳感受到了下水游泳并不像她所想象的那么可怕。没过几天，我又领着廖境佳来到了厂区的游泳池，这回，我把廖境佳拉到游泳池旁边，对她说："佳佳，妈妈教你游泳好吗？"廖境佳仍然显出害怕的神情："妈妈，我好怕！"我立刻为廖境佳疏导恐慌的心理："佳佳不用怕！有妈妈在你身边，不会出事的。来，妈妈给你套个游泳圈，这就更安全了。"说着，我帮廖境佳脱掉外衣，穿上游泳衣，并把小游泳圈套在她的身上。

随后，我拉起闭着眼睛的廖境佳一块儿跳入池中。下到水里后，我马上对廖境佳说："佳佳，你睁开眼睛看看。"廖境佳好不容易把眼睛睁开，惊叫起来："妈妈，你别离开我！”我忙用一只手护着廖境佳安慰她说：“别怕！妈妈不会离开的！佳佳，来，妈妈教你戏水。”有了我的保护，廖境佳紧张的心理得到了一些缓解，她开始试着模仿我在水中拍打的动作。我见廖境佳有所举动了，便教她做划行的动作。两个多小时下来，廖境佳已渐渐地适应了在水中做动作，她对水的恐惧心理也没开始那么强烈了。

在这次带廖境佳入水取得一些成效后接下来的几天里，我趁热打铁，每天领着廖境佳来到游泳池，先教她学蛙泳。光这种泳姿，我就足足教了两个星期左右，直到廖境佳能用蛙泳的姿势游上十几米。学完了蛙泳，我又教廖境佳学蝶泳和仰泳。三个月后，廖境佳不仅基本克服了恐水心理，也已经能够拿掉身上的游泳圈，独自在水里游上一段了。

一个双休日，我带廖境佳到赣江去度周末。在沙滩上，我对廖境佳说：“佳佳，你敢不敢跟妈妈一块儿下江去游泳？”廖境佳从来没有下过江，一听要让她去体验江水的生活，她既兴奋又有些害怕。我当即打消廖境佳的心理顾虑：“江水跟湖水没什么区别，有妈妈在身边，你可以试试江水的滋味。”在我的鼓动下，廖境佳同意随我下水。真正下到浅水中，廖境佳的兴奋情绪一下子被调动了起来，她边游边高兴地用手拍打着小浪花。整整一个上午，我陪着廖境佳在浅水中戏水游玩，到中午上岸吃午饭时，她仍游兴未尽地对我说：“妈妈，我们下午再下江玩吧？”一听廖境佳主动要求游泳，我当即表示陪玩到底。

到了廖境佳读小学二年级时，我发现廖境佳对游泳的爱好已经到了入迷的程度，她一有时间就跑到我单位的游泳池里游上一两个小时。这时，我猛然感到，应该着重对廖境佳的这种爱好加以培养，为了能让廖境佳在游泳这一体育项目上有更大的发展，我决定把女儿送进业余少年体校去做专业性的训练。

不久，我给廖境佳联系好了一所业余少年体校，这个体校每星期一、三、五下午培训两个小时，双休日全天候训练。这样一来，廖境佳每逢培训的时间，就来到少年体校接受全面而正规的训练。作为廖境佳的游泳启蒙老师，我一有时间就前来陪练，我的目的很明确：一是了解专业教练的训练方案；二是回去后更好地指导廖境佳。

在业余少年体校和我双管齐下的训练下，一年后，廖境佳的游泳水平有了长足进步。一天傍晚，廖境佳从学校回来，告诉我说：“妈妈，我们学校下个星期要举行运动会，我代表班里选报了100米游泳项目。”一听廖境佳积极参加运动会，我鼓励她说："太好了！只要佳佳正常地发挥平时训练的水平，妈妈相信你能取得良好的比赛成绩！"

一个星期后，廖境佳很早就起床做参加运动会前的热身活动。吃过早餐后，她带着我的殷切期望去学校了。到了中午时分，我下班回来正在厨房里做饭菜，廖境佳情绪不佳地走进家门，我马上问她比赛的情况："让妈妈猜猜你今天得了第几名，是不是得了第一名？"廖境佳摇了摇头。我又猜："那准是第二名！"廖境佳再次摇摇头："也不是！我得了第三名。"她说这话时声音显然降了八度。"不错！不错！佳佳头一回参加这么大场面的游泳比赛就拿了第三名，这已经发挥出了你的水平。只要加强训练，妈妈相信佳佳下次比赛一定能拿冠军！"在我的激励下，廖境佳的脸上才现出了笑容。

由于廖境佳获得了本次学校运动会游泳比赛的第三名，学校的体育老师开始注意起廖境佳这棵有培养前途的好苗子。没过多久，学校组织了一支体育集训队，准备参加 1998 年六一儿童节区教委主办的全区小学体育运动会。廖境佳作为好苗子被选拔进了集训队。在集训期间，廖境佳每天上完文化课就留下来参加游泳集训。

比赛的日子终于来到了，这一天，廖境佳像要去参加盛典活动似的，让我把她打扮得漂漂亮亮地出门。为了能现场目睹廖境佳比赛的过程，我特意向单位请了一天假前去观看。上午 9 点左右，游泳比赛拉开战幕，只见代表各学校的小运动员来到了游泳馆的比赛场地。我远远地瞧见廖境佳排在十名小队员中，她发现了看台上的我，笑着伸出两根指头朝我的方向做了一个胜利的动作，我也回给她同样的动作。比赛即将开始了，十名运动员站到了各自的水跑道上。片刻后，只听裁判员一声枪响，廖境佳与小运动员们动作神速地跃入水中。我目不转睛地紧紧盯住她的身影，大声地为她呐喊："佳佳加油！"廖境佳起先落后于四名队员，当游到 50 米左右时，她追上了前面两名；又游了一个来回时，廖境佳与排在第三名位置的运动员紧紧地咬住，两人你争我抢地拼命往前划动着。只剩下 100 米了，廖境佳发起了猛攻，她使足了劲儿向终点冲刺。最后，廖境佳拿下了亚军。

对于廖境佳在此次较大比赛中取得的良好成绩，我给予了她一件新衣服的奖励，接着，我鼓励她说："佳佳如果有一天拿了游泳冠军，妈妈奖励你一台电脑！"廖境佳很有信心地当即伸出手指来与我拉了钩："妈妈，你等着，总有一天我会得到你的电脑奖励！"

廖境佳读初中二年级了，她经过几年游泳训练和参加各种游泳比赛，可以算得上老运动员了。五四青年节期间，本市举办了一次全省的青少年游泳大奖赛。廖境佳有幸参加了此次比赛，经过奋力拼搏，最后拿到了两银一金的好成绩。当廖境佳把奖杯放在我的面前时，我高兴地把廖境佳抱了起来，像小时候一样在她的脸上亲吻了两下。廖境佳得了冠军，我没忘记自己的承诺，当天下午，就到电脑公司搬回了一台电脑作为奖品送给了她。

（三）

高中毕业后，廖境佳以优异的成绩考上了厦门大学。来到厦门大学后，廖境佳没有放弃自己的游泳爱好，一有空闲时间，就到海滩上去尽情地畅游。

廖境佳所在的大学时常会组织一些游泳、跳水等运动项目的比赛。2011 年 5 月，华东六省一市大学联合会举办了学生游泳锦标赛，廖境佳作为厦门大学种子选手参加了此次锦标赛。5 月 18 日比赛正式开始，上午 9 点左右，廖境佳随来自各大学的游泳健将们走进了气派的游泳场馆。廖境佳今天的表情显得特别神气，她不时地抬头看看观众席的四周。

比赛开始了，廖境佳第一批出场。首轮比赛是自由泳 400 米，这对已经是老运动员的廖境佳来说算不得什么。一声枪响之后，廖境佳抢先划在了最前面，游了 100 米时，廖境佳被后面追上来的一位澳大利亚的运动员紧紧地缠住，她尽管使足劲地往前划动，可仍然摆脱不了对方的紧贴。又游了两个来回，廖境佳有些气力不佳，竟然被后面第三位追上的日本留学生甩了十几米的距离。只剩下最后 100 米了，廖境佳没能改变小组第三名的局面。

首轮比赛，廖境佳出师不利。5 月 19 日下午，又轮到廖境佳出场了，这次是 200 米比赛，廖境佳充满自信地奋力拼搏，取得了小组第二名的成绩，进入前八名。

经过五天的激烈角逐，廖境佳取得了 200 米冠亚军的决赛权。5 月 22 日，是廖境佳的最后一场比赛，是在下午 2 点左右开始的。150 米之前，廖境佳与另一选手不分前后。到了最后的冲刺阶段，廖境佳不知哪儿来的神力，只见她两只手臂快速划桨似的拍击着水面，撩拨起了好看的小水花。关键的时刻，廖境佳如离弦之箭冲向终点。廖境佳拿到冠军了！

当天晚上，廖境佳把自己得奖的消息打电话告诉了我，我的眼泪止不住地流了下来，我为女儿从一名恐水的女孩变成游泳冠军而感到骄傲，也为廖境佳的健康成长感到高兴！

专家谈心

家长与孩子的互动，就像是打网球——发球和回球。这种一来一回的互动是非常重要的。比如，宝宝还不会说话的时候，父母对孩子说“你好吗？”孩子就会看着你，对你微笑，你就知道他是有反应的。宝宝也在通过与环境的互动去学习。孩子在这个环境中，通过听到的、看到的、摸到的、闻到的来学习，所以，我们尽可能积极地邀请孩子参与到这个环境中来。父母要多做与孩子互动的游戏。儿童应该去玩儿，而作为大人，我们应该陪他们一起玩儿。在儿童玩耍中，家长是第一个也是最重要的一个陪伴者。事实上儿童正是通过玩耍来学习的。我们都想要自己的孩子去识字、学数学。但是他们在认字之前，必须要有一些基础，就像你在编一个网的时候，需要有交织点去支撑这个网。

方法左右

文中的母亲对于患有恐水症的女儿，采取了陪练的方式。原先不会游泳的她，为了能帮助女儿向别人学习游泳，然后，又手把手地教女儿学游泳。之后的日子，一有空闲，她就陪伴女儿去训练游泳。最后，在母亲的陪练下，女儿终于克服了恐水心理。这个典型的“陪练”故事，提示家长应该如何帮助孩子克服恐慌心理。

（一）不要惩罚或嘲笑孩子的胆小

这样只会适得其反，正确的方法应是承认孩子害怕的东西确实存在，孩子知道你了解他的恐惧，也就会相信你的劝慰、解释，这样才能解除恐惧的心理。

（二）教育孩子不要掩饰害怕

有些孩子往往会否认自己害怕，这是孩子常用来对付恐惧的一种方式，但实际上，越是这样，孩子自己越是恐惧。爸爸妈妈应该让孩子说出恐惧的具体内容，让孩子解除心理上的羞耻感，并逐渐克服恐惧心理。

（三）利用孩子的愉快情感来克服恐惧心理

家长应经常让孩子参加游戏、去公园玩等，产生愉快情感，克服恐惧心理。同时，还可以鼓励孩子用讲故事、绘画等方式，讲出或画出自己最害怕的东西，把内心恐惧表达出来，宣泄出去，从而解除恐惧心理。

第二十七计

心计：让女儿学会心平气和处世

孩子受到表扬会高兴，遇到不如意的事会苦恼，这些情绪变化在正常范围以内，对人体的影响不大，也不会引起疾病。但有的孩子遇到不顺心的事时往往不是大喊大叫、歇斯底里地发作，就是以伤害自己和他人的方式来发泄心中的不满。这样的不良情绪和排解方法是不科学的，也是不利于健康的。

案 例 说 话

口述：喻巧静，女，49 岁，办事处秘书

（一）

我的女儿秀莹是个多愁善感的女孩儿，从上幼儿园到读小学，情绪多变是女儿的家常便饭。只要一遇到不顺心的事，她不是大哭大吵与人闹别扭，就是噘着嘴巴自闭在心里闷闷不乐。

到了女儿上初中时，她的这种“天气晴雨表”似的情绪变化越来越明显。有一次，女儿的班主任原定周末带领全班同学去远郊的龙虎山游玩，为此，兴高采烈的女儿事先让我准备了一大包路上吃的零食。可是，到了周五的下午，班主任却临时取消了郊游计划。傍晚时分，女儿回到家里，脸上“愁云密布”。我问她出什么事了，女儿没有回答，而是伤心地哭了起来。一见这情形，我的心提了起来，急切地再次追问道：“告诉妈妈，到底发生了什么？”女儿抹着泪说：“老师不带我们去龙虎山玩了，她说话不算数！”一听这话，我悬着的心放了下来，马上对女儿说：

“老师不带你们去玩，肯定有其他的原因，你就别太计较了。”谁知，女儿却不依不饶地说：“不管她有什么理由，老师不能骗人！”因为这次郊游没有成功，女儿一连好几天都闷闷不乐。面对女儿的“死心眼”，我也只得叹息。

期末考试的第一场是语文，平时，女儿的文言文和作文成绩都是不错的，可是这次考试，也许是女儿心里过于紧张，不但一大段文言文翻译白话文的题目译偏了，连800字的作文也很费力地只写了500字不到，而当考试结束的铃声响起，老师要收试卷时，女儿心里一急，竟然大哭起来。当时在场的同学和老师都用一种异样的目光看着她。

接下来的几场考试，女儿由于受到语文考试不顺的影响，一进考场就条件反射般地缺乏信心，最后，其他几门功课都发挥得不理想，形成了“负面情绪”的恶性循环。

（二）

女儿遇事多愁善感，不仅对她的身体健康有害，而且也阻碍了她的心理健康成长，造成她对周围的人和事缺乏应有的爱心、理解和宽容，也损害了她自信心的树立。

面对女儿的身心发展受阻，我越发感到身为人母对孩子引导的重要性。一天，我在单位翻阅报刊时，一则文章的小标题吸引了我的眼球——“心情教育”是家长的法宝。文章谈了在家庭中开展“心情教育”的必要性，还从三个方面列举了“心情教育”的方式方法。读完这篇很有启发性的文章后，我郁结的心豁然开朗，暗自下决心，要按照这些切实可行的方法对女儿进行“心情教育”的尝试。

随后的一段时间里，我寻找各种机会让女儿体验“当遇到情况变化时，如何抱着理解的态度从容面对”。经过几次的言传身教，女儿开始接受了我的“灌输”。

第一个“引导”取得初步效果后，我又对女儿进行“善待他人”的引导。我选取的方法同样是言传身教，我列举了两件自己的亲身经历的事：第一件事是，我曾经帮助过一位家境困难的同事，可在单位评先进工作者时，这位同事却把最重要的一张选票投给了另外一位同事，我因此而失去了当选的机会。事后的几天里，我的心绪难平，怎么也想不通他为什么要这样做，直到我父亲的一席话点醒了我。他说：“你虽然有恩于那位同事，这也只是个人间的帮助行为，评选先进工作者的标准是全面的，我认为那位同事的做法是对的，他站在公正的立场上投下了这张选票。”在父亲的开导下，我很快调整好自己愁闷的心理，理解了那位同事的“异常行为”，不计前嫌地与他继续保持友好的关系。另一件事是，我读中学时，爸妈时常到外地出差，留下我独自守着空房，很是寂寞孤独。班里的一位女同学便经常来家陪伴我，还给我烧她拿手的好菜。有了这位女同学作伴，我很快乐地度过了许多的难熬之夜。一晃二十多年过去了，当这位多年不见的女同学再次出现在我面前时，我脑海里的第一反应是“我要报答她”。此后的日子里，我果然这样去做了。

我向女儿讲述这两件亲身经历的事，目的在于，让女儿懂得善待他人，不仅要学会宽容，还要知道珍惜他人的爱，并且学会爱他人。

善待他人的同时，也要善待自我，这是我对女儿的第三个引导。女儿参加中考体育时，除 800 米是必考项目外，她根据自己的特长选报了垫排球和投铅球两个项目。按学校规定，这三个项目加起来的总分为 30 分。女儿自认为这回考试准能拿到 27 分以上。

然而出乎女儿的意料，体育考试结束后，女儿的排球算是如愿以偿地得了 10 分，可 800 米长跑由于最后体力不够只得了 7 分。这个分数离女儿预想的结果有一定的差距。因此，女儿情绪波动很大，她很伤心。

面对女儿遇到的小小失败和挫折，我没有“雪上加霜”地去责备她，而是一方面帮助她分析和总结失败的原因，另一方面用自己的人生经历中所体验过的失败来开导女儿如何正确对待挫折。我对女儿讲述了一则与她相类似的“失败小故事”：我读中学时，一直梦想着将来当一名作家。然而，当我参加高考后，因文化成绩与高等院校相差十几分而落榜。眼看到自己的作家梦成了泡影，心里别说有多伤心！可是经过一段时间的心理调整，我又“活跃”起来了，虽然不能进正规的高等学校深造，但并没有了断我的作家梦。进入公司工作后，我通过自学，完成了高等自学考试的全课程。在公司里，一边做好本职工作，一边坚持业余写作，通过六七年的生活积累和笔耕，我完成了一部十几万字的散文集。当我的散文集《跌倒重来》出版后，本地的各家媒体争相报道，一时间，许多读者写来热情洋溢的信。直到这时，我才感悟到“失败是成功之母”和“条条道路通罗马”的人生真谛。

女儿听了我的这段经历后，结合自己的现状似乎领会到了什么，她几天愁眉不展的脸上有了阳光：“妈妈，我一定会像你一样从头来过，就是再失败了，我也不会灰心的。”看着女儿做好重振旗鼓的准备，我告诫她，人的一生也许要经历无数次的失败，可我们不仅要有勇气去接受它，而且要把它作为前进的动力、作为走向成功的财富，这是每一个生活强者的必经之路。

（三）

一晃三年过去了，女儿面临高考的抉择。经过这几年我对女儿的“心情教育”，此时的女儿已经能够比较平静地面对高考了。临考的前一天晚上，我故意试探地问女儿：“如果这次高考，你考得不理想，你会气馁、会哭鼻子吗？”女儿很轻松地对我说：“我才不会哭鼻子呢，大不了明年再考。”有了女儿这句话垫底，我的心里觉得踏实了许多。

7月中旬，正值骄阳似火的高温天气，女儿与同学们一道挥汗如雨地参加了高考。三天的高考结束后，女儿如释重负地对我说：“妈，这次高考，除了英语和物理没有发挥好，其他几门科目考得还比较满意，我自我感觉考上第一志愿应该没多大问题！”

两个月后，高考成绩张榜了，拿到分数的那天下午，我看女儿走进家门时脸上的表情显得很郁闷，便知道了一半。吃饭时，我见女儿的脸上有泪痕，显然她刚才进卧室后哭过鼻子。我有意识不打听结果，只想看看女儿是如何面对这次不理想的成绩。吃了一会儿饭，郁闷的女儿终于开口说话了：“妈，你不会怪我吧，我的成绩只能进专科学校。”听女儿这么一说，我表态了：“傻孩子啊，你能考取大学，妈高兴还来不及，只要你自己不烦恼就行了。”女儿的脸上立刻露出了笑容：“我想好了，即使没有考取本科，等将来专科毕业了，我再接着升考本科。”见女儿能够自己调整好心态，对未来进行自我设计，我感觉女儿的心理开始走向成熟了。

时间又过去三年，女儿大学毕业了，首先面临的是就业问题。女儿上人才交流中心去应聘。这里招聘的单位很多，可因女儿在大学学的是历史专业，一时间很难找到合适的工作，不是别人看不上她，就是她嫌弃人家档次太低。

两个星期后，女儿仍然没有找到理想的工作，心情有些急躁地闷在家里。此时，我也不对她作任何开导，想让她自己走出心理困境。果然第二天一大早，女儿仍然带上干粮去人才市场了，当她回来时，兴奋地告诉我，她找到了一份保险工作，她说这个工作的提成很高，而且也有一定的竞争力。

两天后，女儿上岗了。女儿做保险业务的第一天，按照公司对业务员划分区域“跑线路”的安排，她被指定专跑南湖这一片区域。女儿拿着公司给的有关介绍保险条款的宣传资料，走进一处机构大院，她首先敲开了第一单元的一家房门，开门的是一位中年男人。他警惕地问道：“你是干什么的？”女儿马上很热情地介绍说：

“我是保险公司的，你们家要不要做保险？”中年男人立刻拉长着脸：“不做！”说完，他重重地把门关上。

女儿吃了这个“闭门羹”后，心里很不舒服。回过神后，她又继续往楼上走，来到二楼，她敲了敲门，里面的人从“猫儿眼”看她，等她做了自我介绍后，里面传出了很凶的女声：“走开，我们家不做保险！”

来到三楼、四楼，女儿受到了同样的“冷遇”。

头一天下来，女儿不但一桩业务没谈成，还受了一肚子的气，心里很是憋闷。

回到公司，女儿本想向负责人诉苦，可话刚一出口，就遭到了业务部经理的训斥：“这一点儿苦算什么，你以为保险业务会自动送上门来？以后别在我面前叫苦！”

接下来的两个星期里，女儿没有谈成一单保险业务，这让公司的老总很是恼火，他一怒之下把她给“炒”了！

女儿在这家保险公司连头搭尾干了 15 天，不但没有分文进账，还倒贴了 400 多元钱用于乘车、复印资料、在外吃喝等。面对这样的结果，女儿的情绪虽然有些波动，但她很快就控制住自己，再次以良好的心态奔赴人才市场，重新找到了一份广告公司的工作。

就在女儿事业小有成就之际，爱情降临到了她的身边，男孩是另一家广告公司的业务经理，共同的事业使他俩的感情升温很快。可俗话说“相爱容易相处难”，女儿与男朋友相处了一年多，忽有一天，两人因为一件小事而发生了矛盾。矛盾出现后，女儿马上“小事化了”地调整好自己的情绪，抱着理解而诚恳的心理主动与男朋友言归于好。

回想起自己曾经对女儿所做的“心情教育”，真是感慨万千！

专家谈心

身为父母，对孩子的教育，不仅要关心他们的衣食冷暖、智力开发和知识的学习，还要关注他们的喜怒哀乐和内心世界，引导他们理解真爱，学会关爱他人，树立自强意识，使他们的品德、性情和意志朝着崇高的目标发展，成为一个身心健康、积极快乐的人。

当一个孩子的情绪处在积极状态时，他是快乐向上、聪明伶俐、有着丰富想象力和具有创造性思维的孩子。反之，经常有坏情绪的孩子则易形成多疑、孤僻、易怒等不良性格。所以，让孩子拥有一个幸福、健康的童年，让他在一个和谐、平静的家庭氛围里长大成人，比你给他一卡车的玩具更加重要！

方法左右

文中的母亲了解女儿是个情绪波动很大的孩子，决定给女儿进行“心情家教”。她的“心情家教”分为三部分：

（一）当遇到情况变化时，教孩子抱着理解的宽容态度

教孩子宽容待人的同时，也学会宽容自己，不对自己和他人过于苛求。把目标和要求定在自己可能达到的范围内，自然就会心情舒畅了。

（二）要学会珍惜他人的爱，并且学会爱他人

孩子是一个社会的人，家长要让孩子从小学会关心人和事，要孩子从小在心中播下爱的种子，让他懂得怎样关心别人，尊重别人。教孩子学会关心，重视培养关爱、同情、友善等良好品质。家长要不失时机地利用各种方式在孩子的心中种下关心他人的种子，使他们不仅拥有健康的体魄，还要拥有健全的人格。

（三）教孩子善待他人的同时，也要善待自我

要让孩子学会善待他人的同时，善待自己；而要善待自己，就要有自信；要有自信，就要有成功的感觉；要有成功的感觉，则要经常有完成自己能力范围内的任务的机会。

第二十八计

瞒天过海计：扮“电子眼”巧治网络成瘾儿子

当有一天你的孩子患上了“网络成瘾症”，你是采取责备和强行干涉的方法去处理，还是运用智慧，走进孩子的内心，去引导他走出虚拟的网络世界？方法不同，结果自然会不一样。前者所得结果，大多无效；后者却有可能达到预想的目的。

要想帮助孩子戒除网瘾，父母应该先了解网络，了解网络都能干什么，了解网络吸引孩子的是什么。父母不懂网络，很难有效地帮助孩子戒除网瘾。

案例说法

口述：乌岩，男，42岁，某电力公司维修工人

（一）

儿子是初二年级的学生，这个生性好动的男孩儿是个十足的“网虫”。

一天早晨，儿子背着书包去学校，可当他中途经过一家网吧时，强烈的欲望撞击他的心，他的脑海里即刻有了“逃课”的念头。他不想无缘无故地逃课，于是，打电话给班主任，谎称自己的父亲在医院打吊瓶要陪护，想请假一天。儿子名正言顺得到班主任的批准后，大摇大摆地进了网吧。

时间飞快，中午到了，正沉浸在游戏大战中的儿子不想下线回家吃饭。为此，他给我打电话，谎称学校课外大扫除有中餐吃。我便信以为真。

儿子瞒过我后，在网吧隔壁小商店买了两个面包、一瓶矿泉水，边吃边继续玩

游戏。

黄昏很快降临，儿子仍然舍不得下线。他再次电话告知我，老师要给他们补数学和物理课，要很晚才回家。我再次相信了。

儿子又一次欺瞒得手后，便甩开膀子，酣畅淋漓地大玩起来。

时钟不觉转到晚上 10 点 30 分，在家等候儿子归来的我，怎么也不见儿子的身影。我急起来，便拨打了班主任的电话。

当班主任把儿子请假的事告知我时，我立刻傻了眼，自知上了儿子的大当。

我即刻冲出家门，满城寻找“欺骗不眨眼”的儿子。足足四个多小时，我从城头到城尾，一家家网吧溜过去，连儿子半点儿影子也没发现。直到凌晨 3 点多钟，我才在一条狭窄街道上一家不起眼的网吧找到趴在电脑前打瞌睡的儿子。

儿子欺瞒老师和我逃课泡网吧的事件，对我触动很大。怎样才能把屡说谎话的儿子从网吧拉出来？我觉得自己应该“深入虎穴”，以儿子同类人的身份，在网上与他进行具有说服力的对话。

一天晚上，儿子对我说，明天双休日老师要组织他们去郊游。为了证实儿子的话，我拨打了班主任的电话，班主任肯定了这一事实。

按照过去的习惯，儿子在每次学校组织出去游玩之前，都会准备一些简易的行装，而这次，他竟然一点动静也没有，这不由得让我多了一个心眼儿。

第二天一大早，吃过早餐后，儿子前脚出门，我便后脚跟踪追击，想看看他是不是去学校集合了。

儿子走到半路时，鬼使神差地又钻进了一家网吧。

我瞧见儿子的这一举动，没有立刻闯进去抓现行，而是把网吧的老板叫到一边，对他说：“麻烦你，帮我去要刚才进去那男孩儿的 QQ 号。”当网吧老板知道我是那男孩儿的爸爸时，他很配合，不一会儿，就从儿子那儿要来了 QQ 号。

我拿着儿子的 QQ 号，悄悄地走进网吧，来到一处距离儿子较远的电脑前，坐下后，便立刻注册了一个 QQ 号，随后，便去敲儿子的“门”，打出的第一行字是：“劲天同学，你今天不是去参加学校的郊游活动吗，怎么来网吧了？”

那边，正在上网聊天的儿子看到了这一行字，很是吃惊，他即刻回话：“你是谁？怎么知道我的情况？”

这边，我又打出一行字：“我是谁并不重要，重要的是，我还知道你今天对你爸说了谎话。你并没有去参加学校的郊游活动。”

儿子更加惊讶不已，他迅速回话：“晕！你肯定是我爸派来监视我的侦探！”

我打出了一句俏皮话：“我不是侦探，是电子眼！”怕儿子发现，我很快收了线，提前离开了网吧。

留下了百思不得其解的儿子还在猜测：这是谁呀？

（二）

这天晚上 7 点左右，儿子回到了家。

我准备将计就计，故意装作什么也不知道地问儿子：“天天，今天老师领你们去郊游好玩吗？”

儿子愣了一下，马上又显出镇定的表情，说：“好玩，太过瘾了！”

我没有再追究下去，不想揭穿儿子的谎话。

第二天仍是双休日，已经上网成瘾的儿子，不想放弃这大好时光，他对我编出的理由是：“今天我的同学过生日，邀请我们几个要好的同学去他家庆贺。爸爸，你给我 50 块钱吧，我想送他一份生日礼物。”

对于儿子的这种“合理要求”，我虽然明知“其中有诈”，但还是满足了儿子。

等儿子一走出家门，我又尾随其后。果然，儿子并没有去所谓的同学家，而是拐进了一条较为偏僻的小巷，然后，钻入一间网吧。

我见儿子进了网吧，窃窃一笑，自言自语地说：“这小子，还跟我玩心计。”接着，进了身边的另一家网吧。

我很快上了网，登录 QQ，打出一行字：“劲天同学，我是电子眼。你今天不是要去同学家庆贺他的生日吗？怎么又来网吧了？”打完字，迅速发给了儿子。

儿子正在 QQ 上玩耍，便打开看了“电子眼”发来的信息，他的表情很是怪异，自言自语地说：“奇了怪了，这电子眼像我肚里的蛔虫，怎么知道得这样一清二楚？”于是，儿子回复了一句话：“我说电子眼，你是哪方神圣？我可没招你惹你，你为何总盯住我不放？”

“电子眼”很快有了答复：“我生性路见不平，对于所有喜欢欺骗人的人，都一视同仁地盯住不放。劲天同学，你就不怕我把你欺骗你父亲的事告诉他？”

儿子看了这话，慌了神，急忙求饶似的回复：“行行好，你千万别告诉我爸爸！不然的话，他会对我进行‘灵与肉’的超级折磨！求求你了！”

我读了儿子这话，会心一笑，而后又发出一句话：“要我不告诉可以，但你必须向我保证，以后再也不许欺骗你爸了！”

儿子即刻发誓：“我向你保证，如果再欺骗我爸爸，我就不是我爸爸生养的！”

我再次笑了，笑得很自得。

这天晚上，儿子回到家里，我仍然像没事人似的，不闻不问儿子在外的任何事情。

可是，儿子这晚躺在床上却多了一份心事，他怎么也琢磨不透那个神奇的“电子眼”。

我清楚，儿子在网上的保证对他并没有很大的约束力，他还会故伎重演。

果不其然，没过几天，儿子又以学校要交资料费为由，从我手上骗得 30 块钱去泡网吧。

当我第一时间从班主任那儿知道真相后，我立刻上网，以“电子眼”的网名给儿子发去了警告令：“劲天同学，你不守信用，再次欺骗了你的爸爸。既然你不义，就别怪我无情，今天的事，我一定要告诉你爸爸！”

儿子看了警告令后，还半信半疑地想：就你这么一个看不见摸不着的“电子眼”，能拿我怎么着？

这天傍晚，儿子一走进家门，我就铁着脸，两眼锐利地射向他：“说实话，你今天拿去的 30 块钱干什么了？！”

儿子还想抱着侥幸的心理蒙混过关：“我……我交了学校的资料费。”

“啪”的一声，我气愤地拍着沙发扶手，说：“你真是骗人不打草稿！老实跟你说，有人向我反映，你今天拿钱去了星星网吧，是不是？”

儿子倒吸一口冷气，看来“电子眼”还真是神通广大！见事情已经败露，儿子只得向我“坦白从宽”，并发誓，如果以后再欺骗我，任我怎么惩罚，他都心服口服。

见儿子这回有悔改的表示，我便就此打住。

（三）

尽管儿子向我发了誓，但他仍然心有不甘地想，也许城里的网吧容易被“电子眼”察觉，而郊区的网吧，“电子眼”肯定无法探查到。

几天后，儿子又从我手中“骗得”60 块钱，坐上了开往郊外的汽车，在一个集镇下了车，钻进了一家乡村网吧。儿子抱着侥幸心理，准备在这儿玩个昏天黑地。

对于儿子这次的行动，我早有察觉，给儿子 60 块钱，完全是“放长线钓大鱼”，我坐出租车一直尾随着儿子。等儿子一进入乡村网吧，我就打开向朋友借来的笔记本电脑，上网后，即刻给儿子传过话去：“劲天同学，你以为你换了‘马夹’，我就不认得你啦？！你想跑到乡下来忽悠你的父亲，打错了算盘！老实告诉你，我已经把你的再次欺骗告诉了你父亲，你如果不立刻返回城里的话，你父亲会从天而降来到你的面前，扭送你回家！你看着办吧！”

儿子再次傻眼了！他万万没想到，“电子眼”的足迹竟然连郊区也不放过。

返回家里后，儿子经过两天的反思，他觉得自己再欺骗我和老师的话，肯定不会有什么好结果的。儿子决定改邪归正，做一个诚实的人。

两天后是双休日，儿子想最后与网吧做个告别。这天下午，儿子在家做完功课后，他对我说想去书店买些课外读物。我想给儿子一次改正的机会，便给了他50块钱。

儿子拿钱后，朝书店的方向奔去。我想看看儿子到底是不是去了书店，又一次尾随其后。不料，儿子走到半路，再次进了一家网吧。我心里一震，自觉又上儿子的当了，便急忙进了另一家网吧。

很快，儿子与“电子眼”接上了头。还没等“电子眼”对儿子的欺骗行为发怒，他抢先发去了诚恳的话语：“电子眼，你好！我知道你在看着我，我今天是来与你告别的！从今往后，我不想浪费太多的时间和精力玩网络游戏了！我觉得做个欺骗别人的人好累啊，我不想再过那种提心吊胆的生活！我说到做到，再见了！”打出这些文字后，儿子长舒一口气。

那边，我读了儿子发自内心的话语，激动不已，当即回复：“劲天同学，好样的！如果你真那么想、那么做的话，我敢肯定，你一定会成为一个有出息的好男孩儿！为你的‘金盆洗手’而高兴！”

儿子挥泪告别了网吧，打这儿以后，他再也没有进过这个让他“废寝忘食”的场所。

专家谈心

网络成瘾症也称病理性网络使用，主要表现为：对网络有心理依赖感，不断增加上网时间；从上网行为中获得愉快和满足，下网后感觉不快；在个人现实生活中花很少的时间参与社会活动和与他人交往；以上网来逃避现实生活中的烦恼与情绪问题；倾向于否定过度上网给自己的学习、工作和生活造成的损害。调查显示，我国青少年网络成瘾症发病率高达15%。网瘾现象在初中生当中比较多，这个年龄段的孩子比较不懂事，自制力比较差，而且从小学升上初中学习压力比较大，常常借助网络的虚拟空间来忘却压力，一天上网至少5个小时以上，不上网就很难受。

网络成瘾对青少年身心多方面造成不良影响：长时间地沉迷于网络可导致视力下降、肩背肌肉劳损、生物钟紊乱、睡眠节奏紊乱、食欲不振、消化不良、体重减轻、进食过多而活动过少进而导致肥胖、体能下降、免疫功能下降，停止上网则出现失眠、头痛、注意力不集中、消化不良、恶心厌食、体重下降。患者一旦停止上网便会产生上网的强烈渴望，难以控制对上网的需要或冲动，这种冲动使其学习时注意力不集中、不持久，记忆力减退；由于沉迷于虚拟世界而对日常工作、学习和生活兴趣减少，与现实疏远，为人冷漠，缺乏时间感，情绪悲观、消极。网络成瘾对青少年学生最为直接的危害是耽误了正常的学习，尤其是网络游戏，导致他们不能集中精力听课，不能按时完成作业，成绩下滑，甚至逃课、辍学。

方法左右

父亲为儿子的“网络成瘾”伤透了脑筋，整天追踪、兴师问罪，可收效甚微。于是，他决定改换一种方式，扮演一位“电子眼”，用智慧逐渐“征服”儿子，让儿子主动放弃了迷恋的网络，重新回到了正常的学习生活上。

这位父亲通过治理儿子网络成瘾症的成功，总结出了一套有效的方法：

（一）培养良好的上网习惯，与孩子多做情感交流

父母要对孩子的网络使用进行控制和干扰，把孩子每天上网的时间控制在 2 个小时以内，经常与孩子进行心理的交流，避免亲子关系的恶化、感情上的被动。

（二）培养孩子其他的兴趣爱好，丰富其业余生活

可以为孩子安排丰富多样的活动，比如在暑假时，可以和孩子共同制订假期计划，培养孩子的兴趣爱好，以及共同关注的能力，经常与孩子旅游、参观、摄影和参加体育运动，用体验式的现实活动来控制孩子对互联网的过度沉迷。

（三）要鼓励孩子多交朋友，多表扬和欣赏孩子

孩子上网成瘾是由于成就感缺失，想要在虚拟的网络中满足自己的成就感。父母要重新评估自己的孩子，看看孩子是学习上出了问题，没有成就感，还是在交际上出了问题。要是在交际上出了问题就要鼓励孩子多交朋友，多带他和同学接触、交流。平时多鼓励孩子，多表扬、欣赏他，让孩子看到自身的优点。

第二十九计

悦纳计：让郁闷女儿成为快乐小天使

有人说，孩子是一块神奇的土地，播撒种子将会有神奇的收获。家长作为孩子的第一任老师，该在这块土地上播撒下什么呢？赫伯特·斯宾塞——快乐教育的创始人曾说：“我从来都不希望小斯宾塞成为一个天才和神童，但他比所有的神童和天才成就都大，更重要的是他获得了幸福完美的人生。我认为教育是一项充满快乐而漫长的事业，需要一点儿耐心和同情心。”

是的，假如你也希望自己的孩子能收获幸福完美的人生，还是播撒快乐吧。让我们以平和的心态静心以待，快乐之花终将盛开，与孩子一生相伴。

案例说话

口述：雷大巍，男，50岁，某电子产品开发公司技师

（一）

女儿就读初中二年级了，她的学习成绩在班里一直名列前茅。可近段时间以来，她的各科成绩呈直线下降的趋势。

对于女儿各科成绩的大退步，她的母亲火冒三丈，整天不是指责，便是埋怨和叹息。

一天傍晚，吃过晚饭后，我避开妻子，单独找女儿审阅她的作业本，然后借题发挥，问她最近为什么几门功课考得这么差。

女儿红着脸低下头，一声不吭。

见女儿哑巴了，我表情严肃地再次追问。

闷声不响的女儿忽地嘤嘤抽泣起来。

我一时不知所措了。

女儿成绩下降的原因没有找到，这让我忧心忡忡。为了寻找原因，一天下午，我特意向单位请了半天假，来到欣赣中学。我没有惊动女儿，而是直奔教师办公室见了女儿的班主任，想从她那儿了解情况。

班主任直言不讳地告诉我，女儿这个学期以来变得很孤僻，上课发言不积极；课间不愿和同学在一块儿玩；下课后，不愿参加班里的集体活动。

与班主任开诚布公的交流，让我知道了女儿在学校里孤僻的情况，但仍然没有寻找到女儿沉默寡言的根源，这让我整天寝食不安。

就在我不知如何掌握女儿真正的心理活动之际，一个双休日的上午，女儿去学校补课了，我在家里打扫卫生，当我走进女儿的房间，正准备给她整理写字台时，一本日记册吸引了我的眼球。

我随手拿起来，逐一翻看着，猛然间，我读到了女儿写的一则日记：爸爸妈妈整天关心我的，除了成绩还是成绩；学校老师关心的，同样除了升学率还是升学率；而同学间，天天谈的、比的，除了分数还是分数。面对这些枯燥乏味的焦点问题，我的头都要炸了。难道人活着就是为了分数和成绩，连一点儿其他的乐趣也没有吗？这样活着还有什么意思？真的太累了！太郁闷了！

读到这里，我的心释然，原来这就是女儿变得孤僻的真正原因。

看完女儿的日记后，我把它放回原处。此时此刻，我的心情也变得沉重起来。

（二）

发现了女儿内心的苦衷，怎样才能让她走出忧郁，重新回到开心的生活？这是摆在我面前必须解决的问题。

一个双休日下午，我准备带女儿去全市最大的新华书店买书。当我俩上了5路公交车后，车上的喇叭里，正在播放一段由笑星冯巩与人合说的相声片段。那风趣幽默的对话使车上的乘客不时开怀大笑。

我留意女儿的表情，看见她的脸上也露出了久违的灿烂笑容。我的心为之一动！闪念间，我的脑海里忽然有了一个设想：我可以采用快乐的方式，把女儿从忧郁的困境中引领出来。

下车后，我陪女儿来到新华书店。在一处文学作品的书架前，我看到了一本《笑话大全》，随手拿了下来，翻了翻里面的内容，我觉得挺有意思的，便向女儿推荐了这本书。

女儿瞄了一眼，她摇了摇头说不感兴趣。

随后，我又看中了一本《幽默搞笑精选集》，再次推荐给女儿。

不想，女儿有些反感地说没那个心情阅读。

无奈，我任由女儿自选她感兴趣的书籍。

目的没有达到，这让我有点儿失望。

傍晚回到家里，我正思索着，该采用什么方式向女儿灌输幽默信息的问题。这时，我的手机收到了一条短信息，我当即打开一看，原来是一则笑话，上面写道："有一节作文课教的是写信。上课后，老师先作一番启发：'同学们，当我们要把自己的学习成绩向远在他乡的亲人汇报时，当我们想和千里之外的亲朋好友共诉心声时，该怎么办？'全班同学齐声回答：'打手机！'"

读完这条笑话短信，我当即想到，如果把这条信息传到女儿的手机上，她看了肯定也会很开心的。

短信息发送出去不一会儿，我听到女儿的房间里传出了咯咯的笑声……

传递幽默信息成功了，这使我兴奋不已！可见，女儿接受了这种传递方式。

两天后的上午，我在单位读一份晚报时，一则小幽默引起了我的注意。我迅速阅读后，觉得这则幽默很有趣，便随即用手机把它发送到女儿的手机上。

随后一段时间里，我不仅通过手机给女儿发送笑话短信息，还利用网络给女儿传递快乐信息。我知道，每天中午或晚上，女儿放学回家后都要玩一个多小时的电脑。在掌握了女儿的邮箱地址后，我决定从网上给女儿发送经过选择的幽默笑话。

一天晚饭后，女儿走进自己的房间，习惯性地坐到电脑前，开始上网。

这时，我也奔进书房，急忙打开另一台电脑，把已经选定的两则笑话发送给了女儿。

过了好一会儿，从女儿的房间里传出了她的爆笑声……

我又一次成功了！

之后几天里，我紧锣密鼓地如法炮制，不断通过电脑和手机，给女儿发送各种类型的健康笑话。

我屡次给女儿发送笑话信息后，虽然女儿没有直接向我表露什么，但我看得出，她的心情比前一段显然要放松多了。她每天放学回家，在房间里走来走去，嘴里都会轻声哼着流行歌曲。她这一小小的可喜变化，令我感到欢欣鼓舞。我趁热打铁继续对女儿进行全方位的笑话轰炸。

我本以为，女儿只会一味地接收和索取我给予的精神食粮，万没想到，她竟然也懂得回报。一天下午，我正在单位整理材料，手机响了一下，打开一看，哇！是女儿给我发来的一则笑话：“一位儿子对爸爸说：‘爸爸，小华的爸爸游泳游得可好了，你怎么不会呢？’爸爸回答：‘小华的爸爸总是吃鱼，所以会游泳。爸爸不常吃鱼，怎么会游泳呢？’儿子又说：‘可是，爸爸你总吃鸡，你会下蛋吗？’”这一刻，我很是激动！要知道，能得到女儿回复的“精神食粮”，说明她愿意与我进行这种方式的交流。

我马上从办公桌的抽屉里，翻出早已准备好的一本《幽默精选册》，选了其中的一条幽默对话发送给女儿。

20 多分钟后，我再次收到了女儿回复的又一则笑话。读着女儿回复的笑话，我很是开心。

让我感到更开心的是，晚上在家里，我准备从书房的电脑里给女儿发送刚刚下载的一则校园笑话，猛然间，我发现自己的电子邮箱里有一封邮件。我急忙打开，嗬，原来是女儿发来的又一则笑话：“晚餐时，老公抱怨老婆煮的菜太难吃。老婆说：‘你娶的是老婆，不是厨师！’晚上睡觉时，老婆说：‘楼上有怪声，你上去看看。’老公说：‘你嫁的是老公，不是警察！’”晚上睡觉时，我把这个笑话讲给妻子听，我俩在床上笑破了肚皮。

第二天吃早餐时，女儿红着苹果似的脸蛋，正眼看着我说：“爸爸，我的那个笑话，不是针对你和妈妈的。”这是女儿几个月以来第一次主动找我说话，我马上迎着她的目光说：“爸爸知道。哎，你发给爸爸的那些笑话是从哪儿找来的？”

女儿随即从书包里掏出一本《笑话大全》，毫不隐瞒地说是从上面摘录的。

我拿过书一看，正是上次推荐给女儿而被拒绝接受的书。

经过一段时间与女儿的笑话信息交流，我感觉女儿的沉默寡言渐渐被喜笑颜开所取代，快乐的情绪又重新布满了她的脸庞。

（三）

女儿读高三了，在我几年“快乐疗法”的引领下，女儿已经变成了一个笑口常开的女孩儿。她除了时常给我发送各类笑话短信外，还把自己辑录的幽默笑话发送给同学和老师，也让他们一同享受快乐的信息。

由于女儿整天沉浸在快乐的情绪中，她的学习成绩又恢复到了往日的良好水平。尤其是女儿的英语成绩特别优异，在班级里始终名列前茅。

五一节那天，女儿所在的高三（6）班组织学生到道教圣地龙虎山去郊游。在龙虎山游玩时，几位从澳大利亚来的“老外”在导游的引导下正在游玩奇山怪石。

恰在这时，女儿的同学正好从这儿经过。其中，一位“老外”和颜悦色地用英语向两位同学问话，可这两个同学根本听不懂他在说什么。而此时，英语老师又不在身边，同学们只好把女儿这位班上的英语尖子推了出来。

女儿很大方地站在那位“老外”的面前，用流利而诙谐的英语口语与他进行了对话。那位老外见女儿的英语说得很到位，笑着竖起了大拇指，夸奖道：“中国同学，你的英语口语顶顶好！有机会的话，到我们国家去深造，会对你更有帮助的！”

正是这位“老外”的话触动了女儿的出国欲，当晚回到家里，女儿向我提出了要求：“爸爸，我想到澳大利亚去读书。我想真正提高自己的英语水平，学成之后再回来报效祖国。”女儿很有雄心壮志地表达了自己强烈的出国欲望。

我的姐姐几年前已在澳大利亚的墨尔本定居。为了满足女儿求学的心愿，我想给姐姐打电话，让她帮助女儿联系一所学校。可女儿不同意我这么做，她说：“学校的事，我自己会联系，姑姑只要帮我暂时解决吃住的问题就可以了。”

在女儿的提议下，我便按她的意思去办了。

几天以后，女儿果然自己行动起来。她首先在互联网上查阅澳大利亚墨尔本有哪些大学，以及这些大学对入学者都有些什么要求。等了解了基本情况之后，她按照上面的要求，把自己在国内学校能证明英语成绩已达到 50 分及相关的“业绩”传真给她选定的学校。

一个月后，女儿收到了申请的墨尔本皇家理工学院的雅思考试通过录取函。

两个月后，女儿如愿以偿地飞往澳大利亚的墨尔本就读大学。

到异国他乡后，女儿首先面临着生活和学业双重压力。尽管如此，受过“快乐教育”的女儿很快调整好自己的心理，始终抱着乐观的态度应对遇到的烦恼。

一天晚上，我从网上读到了女儿发来的邮件：“爸爸，我来到墨尔本已经两个月了。开始有点儿不太适应这里的生活方式，而且澳洲大学里的课程设置与国内也有很大的区别。可我想，既来之，则安之，在诸多的不适应中，我学会了自娱自乐。一有空闲时间，我就阅读一些幽默风趣的文章，上网看喜剧电影，还与新结识的别国同学进行语言交流。有一回，我与越南的女同学用英语对话，这位越南女同学每说一句话，都夹杂浓重的越南尾音，常常让我产生误解，同时，也惹得我笑翻了天……”

看完女儿充满快乐气息的电子信件，我为女儿能很快自我调节心态感到舒心。

没过几天，女儿的电子邮件又飘来，她写道：“爸爸，今天学校准备在圣诞节那天晚上搞一次文艺会演，我们中国的几名同学筹划，打算选取宋丹丹与赵本山合演的《钟点工》。同学们让我扮演老太太的角色。你说搞笑不搞笑？爸爸，您说我能演好吗？”

我得知女儿要表演小品，当即回邮件给予鼓励，相信她能演好这个角色。

圣诞节的晚上，我守在电脑前，等待女儿表演小品的好消息。夜里 11 点 30 左右，女儿如约给我发来电子邮件：“爸爸，我成功了！当我演完小品《钟点工》走下舞台的那一刻，全场响起了雷鸣般的掌声。文艺会演结束后，学校组委会还向我和“赵本山”的扮演者颁发了荣誉证书和奖金。”

闻知女儿表演老太太获得殊荣，我第一时间发去贺词。

10 月 29 日是女儿 20 岁生日。国内的我这天一大早就给女儿发去了一张自制的电子贺卡，祝女儿在国外生日快乐！

女儿收到爸爸的贺卡后，很是高兴！她把这张贺卡下载后，粘贴在自己的床头。

这天夜里 12 点左右，国内的我收到了女儿的电子信件，她向我汇报了今天在国外过生日的情况：“为了隆重庆贺我的生日，我向班里几位不同国家的同学发出了邀请，晚上到唐人街的电车餐厅好好地大吃一顿，因为我考虑到电车餐厅可以边享用美食边观赏美丽街景。在生日的前两天，我特意跑到一家很有名气的饼屋，预订了一个五层高的生日蛋糕。澳洲人的服务态度真不错，他们专门开了一辆小车，按时送来了大蛋糕。晚上 7 点左右，我们一行六人，坐在了一辆行驶的电车餐厅里，意大利的同学提议，每人除了点一份自己喜欢吃的美食，还可以要一杯红葡萄酒。7 点半钟，同学们正式为我过生日。我预订的生日蛋糕摆放到了小方桌的中央，意大利的同学用打火机点燃了插在上面的小蜡烛，然后，泰国的同学摁响了随身携带的小型收录机，里面即刻飘出了英语歌曲《祝你生日快乐》……同学们随即用英语齐声唱了起来。一边唱，一边让我吹生日蛋糕上的小蜡烛。等我吹灭了所有的小蜡烛后，同学们就拿起刀叉分割大蛋糕。有的同学吃蛋糕时，弄得一脸，像小花猫似的，惹得其他同学大笑不止。我们随着电车前行，一路吃着美食一路欢歌笑语，那种快乐的情形是我一辈子也忘不掉的！”

读着女儿在异国他乡快乐地过生日的文字，我的眼眶湿润了。

转眼到了元旦的晚上，我在网上收到了女儿发来的两张图片和一封短信，一张图片是精心挑选的贺卡，上面印有“祝爸爸妈妈节日胃口大开”的字样；另一张是女儿笑成大花脸的开心照片。

我随后点击了短信，上面写道：“送给亲爱的爸爸妈妈一个老外的笑话：有两位传教士被非洲的一个食人部落抓住，被剥光了衣服放在一只装满水的大锅里，下面燃着熊熊大火。过了一会儿，其中一位传教士突然大笑起来。另一个传教士简直不敢相信这是真的，问道：‘你怎么啦？我们正被活活烹煮，你竟然还笑得出来！’那位传教士回答：‘我刚刚在汤里撒了一泡尿啊。’”

看了女儿发来的这个笑话，我和妻子笑得前仰后合，我俩在女儿快乐信息的传递中欢欢喜喜地过着佳节……

专家谈心

幽默感是“情商”的重要组成部分。具有幽默感的孩子大多开朗活泼，因而往往更讨大家的喜欢，人际关系也要比不具幽默感的孩子好得多。在美国，人们不只把幽默看作一种可爱的性格，而且视其为可贵的品质。因此，在许多美国家长看来，培养孩子的幽默感也是素质教育的一个有机组成部分。

笑口常开可以消除精神紧张情绪，避免情绪抑郁，还可以提高机体免疫力。最近，有医学家通过研究，开发出一种男女老少均适用的笑疗法。具体细节如下：

1. 早上洗脸与晚上沐浴后，站在镜子前，一边观看自己的形象一边开口大笑；
2. 每天照镜子一次，每次 3 分钟；
3. 平时也可以手拿小镜子开口大笑。

方法左右

文中父亲偶然间读到了女儿的日记，发现了女儿整天忧郁的根源，他决定对她进行“快乐家教”。他通过电脑、手机等方式不失时机地向女儿传达幽默风趣的信息。经过一段时间的“快乐疗法”，女儿走出了忧郁的情绪，成为了一个开朗快乐的女孩，并且把这种快乐的情绪带到了海外的校园里。

家长如何在家庭中向孩子传递幽默快乐的信息，以下几种方法可以尝试：

（一）在家中创造幽默的氛围，以家长的幽默感染孩子

让孩子在有幽默感的环境中生活，是培养孩子幽默感的最好方法。家长每天和孩子生活在一起，最有条件向他们撒播幽默的种子。例如，在孩子一筹莫展时、遇挫折时，还有在提醒孩子应该怎样做或制止孩子某些行为时，家长都可以灵活运用幽默的方法来提出忠告、建议或批评。

幽默可以代替缺乏亲切感的批评，可以代替没味道的提醒和多余的唠叨，给孩子带去了新奇和有趣，让孩子愉快而有效地接受家长的指导。

（二）让孩子多积累词汇，以丰富他们的语言表达能力

家长平时可以多给孩子讲讲幽默故事、机智故事、脑筋急转弯等等，训练孩子思维的敏捷性，丰富孩子的词汇。父母在希望孩子具有幽默感的同时，请别忘记自己孩子的个性特点。有的孩子比较活泼，有的孩子比较内向，所表现出的幽默感的形式也会有不同，有的比较外露，有的比较含蓄。幽默来自人丰富的内涵，随着知识面拓宽、阅历增加，举止谈吐自然会有所改变。

（三）注重日常生活中的点滴培养

父母对孩子幽默感的培养，可随时在日常生活中进行。如饭前饭后，让孩子说谜语讲笑话；针对某件事或某个情节，让孩子编一句有趣的话；抓住他人幽默风趣的话进行即时点评等。此外，孩子与同伴的交往发生困难时，家长可以引导孩子学习用幽默的方法自主解决困难；告诉孩子需请同伴协助如何幽默；指导孩子用幽默的方法向他人提出批评或建议；用幽默的方法向他人提出分享的愿望；等等。让孩子在生活中学习和运用幽默，促进交往能力的发展。

第三十计

苦磨计：紧急启动“家庭运动计划”

有的家长说，孩子在上中小学时，除知识的存储以及智能性技巧的掌握是他们的主要任务外，家长也要关心孩子的身体健康。但很多家长，尤其是孩子上了中小学的家长，并没有把健康当作孩子成长的头等大事看待。如果家长平时能时刻地关注孩子的身体健康，能有意识地培养孩子锻炼身体的习惯，能时常督促孩子做健康运动，那就会对孩子身心两方面的健康成长带来很大的帮助。

案例说话

口述：居键鸣，男，38岁，某体委教练员

（一）

居宇恒现在是翰林小学六年级学生，在班里，由于他的体重大大超标，被同学们冠以“巨（居的谐音字）型胖”的绰号。

造成居宇恒“心宽体胖”的原因，要归结为家庭富足的经济条件，以及我们把他当“小皇帝”供养的宠爱生活方式。居宇恒不爱运动，从幼儿园到小学，每次上体育课，他都是懒洋洋地应付。

有一次，读小学三年级的居宇恒参加班级200米接力赛跑，接第三棒的他，因为他体重超标和不尽力，他所在的小组得了倒数第一名。比赛结束后，全小组的成员一致谴责他的懒散表现。

居宇恒不仅在学校里厌倦运动，在家里更是懒散成性，每天一回到家，就像一个树墩似的稳坐在沙发上看电视，还边看边吃着汉堡等洋食品，就连吃饭，也要让母亲端到面前来。吃完后的碗筷，他就摆在原位也不愿收拾。

居宇恒7岁时，个头1.51米，体重就达到了127斤；到了9岁时，他的体重就涨至153斤。对于居宇恒的超级体重，我们并不感到忧虑，反倒引以为荣，在亲朋好友面前一再显示自己对儿子的优越养育。

一天，居宇恒患了重感冒，我便带儿子去医院看病。医生经过一系列的检查，初步诊断出居宇恒患上Ⅰ型糖尿病，他的血糖高达20mmol/L，需要靠胰岛素来治疗。这使我非常震惊！我早就听说，糖尿病是成人“富贵病”的一种，只有中老年人才容易患上。我从医生那儿了解到，造成少儿肥胖及糖尿病的原因，除与无节制地喜食高热量、高脂肪、高蛋白的洋快餐食品有关外，还与不爱运动有很大的关系。

万万没想到，9岁的儿子竟然得了这种“富贵病”。直到这时，我才感到了问题的严重性，当即决定让儿子住院进行治疗。

居宇恒患上“富贵病”的消息很快传入学校，老师和同学们很是吃惊。大家纷纷议论起了有关“富贵病”低龄化的问题……

（二）

居宇恒小小年纪就得了“富贵”的糖尿病，这无疑引起了我的高度重视。

静下心来反思，过去，我和妻子出于溺爱，对儿子的不良生活方式总是采取纵容的态度，致使儿子的体形越来越“富态”。现在看来，过去所做的一切都是错误的。

认识到了养育儿子的弊病后，就要知错必改。经过几天的思考，针对儿子“不堪的体重”和病况，我打算对儿子进行大幅度的减肥运动和心理引导。我知道，要革除儿子的不良生活方式和改变目前的身体状况，非一朝一夕能完成。

我受到正在热播的电视连续剧《长征》的启发，制定了一个“家庭运动计划”。在这个计划里，把各类有益减肥的健身运动项目列入其中。

制定了“家庭运动计划”的第二天中午，我来到居宇恒就医的病房，耐心地对儿子说出了自己的“家庭运动计划”，希望儿子能够予以积极配合。此时，居宇恒见自己因病不能上学，整天躺在病床上，既无聊又受苦，也知道需要改变自己，听了计划后，他点着头说：“爸，我保证听你的！”我见儿子表态了，脸上露出了高兴的笑容，对实现这个宏伟计划充满了信心。

居宇恒出院的第一天，我就开始实施“家庭运动计划”。在此计划中，我设定了游泳、登山、打乒乓球和骑自行车郊游等具体健身项目。

我从报刊上知道，游泳是减肥的最佳运动之一。居宇恒从小就没学过游泳，现在，我准备为儿子补上这一健身课程。7月下旬，正值暑假，我想利用暑假的时间教会儿子游泳。一天上午，我领着居宇恒来到市工人文化宫的游泳池，把儿子拉到游泳池旁边，对儿子说："爸爸教你学游泳好吗？"居宇恒显出害怕的神情："我好怕！"我即刻为儿子疏导恐慌的心理，说："不用怕！有爸爸在你身边，不会出事的。来，爸爸给你套个游泳圈，这就更安全了。"说着，我帮儿子脱掉外衣，把游泳圈套在他的身上。随后，拉起闭着眼睛的儿子跳入了池中。下到水里后，马上对儿子说："你睁开眼睛看看。"居宇恒好不容易把眼睛睁开，惊叫起来："爸爸，你别离开我！"我忙用一只手护着儿子，安慰他说："别怕！爸爸不会离开的。来，爸爸教你戏水。"有了我的保护，居宇恒紧张的心理得到了一些缓解，他开始试着模仿我在水中拍打的动作。我见儿子有所举动了，便教他做划行的动作。两个多小时下来，居宇恒已渐渐地适应了在水中做动作，他对水的恐惧心理也没开始那么强烈了。

这次带儿子入水取得一些成效后，在接下来的几天里，我趁热打铁，每天领着儿子来到游泳池，首先教居宇恒学蛙泳，光这种泳姿，就足足教了两个星期，直到儿子能用蛙泳游上十几米。学完了蛙泳，我又教儿子学蝶泳和仰泳。

经过两个多月的游泳训练，居宇恒不仅能够独自在水里游上一段，他的体重也减掉了8公斤。

我陪儿子游泳取得一定的效果后，又利用节假日，陪儿子去登山。国庆长假，我安排了一次登鸡冠山的活动。10月2日上午，我带领包括儿子在内的三个孩子来到鸡冠山脚下。鸡冠山海拔1300多米，它的山道是没有开发过的泥土小道，登起来自然不那么舒服。三个孩子才登了不到五分之一的山路，就直喊腿脚酸痛，想打退堂鼓。尤其是居宇恒，干脆一屁股坐在了岩石上，喘着粗气说不愿再走了。我马上给他们鼓劲说："你们不是很喜欢看电视连续剧《长征》吗？听说你们写观后感的时候，都很佩服红军战士爬雪山的英雄精神。现在，正是你们用实际行动向红军战士学习的机会！"

听了我这番话，想当"逃兵"的两个孩子立刻来了劲，鼓足劲争抢着往上登。居宇恒也不甘落后，他站起身，抬腿往上登。我看到"激将法"起了作用，在后面又加大了"激将"力度。

攀登了半个小时左右，三个家中“小皇帝”又叫苦连天了。正在这时，同来的女孩子桐桐一声尖叫，大家的注意力转移到了她的身上。原来她的脚被路旁的荆棘刺了一下。我忙奔过去，只见她的腿肚子上划出了一条淡淡的血痕。桐桐“哇哇”大哭起来。我急忙从随身挎包里掏出事先预备的常用药水、云南白药和胶布给她包扎。之后，桐桐耍起了“娇小姐”脾气，死活不肯再往上走了。她不走，就意味着孩子们不能继续登山。我一下决心，对她说：“你的情况特殊，叔叔背你上去！”说完就把她背在身上继续前进。

登了200多米，没想到，年岁比桐桐大两岁的儿子竟自告奋勇说：“爸爸，您累了，让我来背桐桐吧。”我考虑了一下，觉得这是培养儿子帮助同龄人、锻炼毅力的机会，便答应了他的请求。于是，居宇恒接替了我，他背桐桐登了30米左右，就大喘气。接着，我和儿子又换手背起了桐桐。也许是同龄人的“帮助精神”打动了桐桐，当居宇恒准备再次与我换手时，桐桐就拒绝说：“别背了，我自己会走。”果真，桐桐咬着牙往上迈着步走给我们看。一行人经过一个半小时的艰辛攀登，终于到达了鸡冠山的顶峰。

站在峰顶的制高点，这时候，云雾已散去，太阳仿佛就在我们的头顶缓缓移动，低头四处远眺，顿时有种“一览众山小”之感。

我和孩子们在山顶吃过“野餐”后，便走另一条山路下山。

当大家疲惫不堪地坐在返城的中巴车上时，居宇恒仍兴致勃勃地对我说：“爸爸，下次我们去登梦龙山，听同学说那儿比鸡冠山还高，那才叫过瘾呢！”

此后的日子里，我先后陪居宇恒攀登了梦龙山、仙台山、塘源山和锦秀峰。

在陪儿子登山的同时，我还启动了骑自行车郊游项目。只要一有空闲，我和儿子就各骑一辆山地自行车，到郊外去兜风。每到一处农庄，就就地安排与儿子一道吃乡土味的农家饭。开始的时候，嘴巴娇惯的居宇恒根本吃不下这粗菜淡饭。可没过多久，走村串寨的次数一多，居宇恒渐渐习惯了农庄的田园生活，特别是骑自行车一路消耗，到了农庄歇息下来，一见香喷喷的农家饭菜，他的胃口就大开，有时一顿能吃三大碗饭。每每瞧见儿子狼吞虎咽的样子，我总会露出欣喜的表情。

经过一段时间登山和骑自行车郊游这两大运动项目的实施，居宇恒的体形越来越“苗条”，身体也越来越结实，他的体重又减掉了11公斤。

（三）

我从老师那儿了解到，居宇恒在学校一惯不喜欢参加集体性活动。为了培养儿子的集体主义意识，我启动了“家庭运动计划”中的集体竞技项目。

我知道，乒乓球运动是一种可以持久进行的健身运动，它不受季节和环境条件的限制。

寒假的一天，我领着居宇恒来到了市少年宫的乒乓球馆，首先让儿子在这里看别的孩子打乒乓球。当从儿子的眼神中看出兴奋情绪后，我便对居宇恒说：“爸爸给你报名参加乒乓球训练好吗？”居宇恒马上点头同意了。第二天，我就把居宇恒送进少儿乒乓球训练班。整个寒假，居宇恒都封闭在那儿学练乒乓球。到寒假结束后，居宇恒已经喜欢上了这种有趣的竞技运动。此后，每天下午放了学，他在学校都要和一些同学打乒乓球。到了年底，居宇恒的乒乓球打得有点样子了，他代表班级参加了全校的比赛，并获得了第二名。

六一儿童节，由市少年宫主办的“新星杯”少年儿童乒乓球大赛隆重举行。居宇恒参加了这次全市“新星杯”乒乓球赛，并成为所在学校的头号种子选手。

6 月 1 日上午，来自十几所中小学的选手云集体育馆。经过各代表队的抽签，儿子抽在了 A 组（少儿组）的第三小组。A 组共有四个小组，每个小组为四名选手。按比赛规则，采取淘汰赛的方式进行，每个小组最后只能留下两名队员进入前八名。

经过激烈的比赛角逐，居宇恒拼尽全力，一路过关斩将，最后夺得了“新星杯”乒乓球比赛少年组的第一名。

一个多小时后举行颁奖仪式，当居宇恒神采飞扬地笑着走上冠军领奖台，主办方的领导人把金牌挂到他的脖子上的那一刻，台下的我眼泪止不住地流了下来，为儿子成为“小球星”而感到骄傲。

一天上午，我带居宇恒到医院去例行检查糖尿病。医生告诉我，居宇恒的 I 型糖尿病已经被控制，有向好的方面发展的趋势。

从医院出来时，路过一个体重磅秤，我让居宇恒站上去，电子圆盘上立刻显示“55 公斤”。按居宇恒的身高和年龄，这是标准的体重。

自居宇恒的身材达标那天起，他所在的班级里再也没有同学叫他“巨型胖”了，取而代之的是“小球星”的称呼。

专家谈心

未成年人患上成人病已经有上升的苗头。孩子患成人病与少年儿童出现营养过剩和营养失衡等生活方式有关。全国流行病调查统计显示，城市中婴幼儿的肥胖率和超重率基本超过 45%，我国儿童肥胖率和超重率基本都超过 10%。有不少家长对儿童肥胖不以为然，认为等将来长个时“一抻”就瘦了。这是错误的。肥胖是许多疾病的源头，儿童肥胖不仅会给孩子带来肠胃、内分泌、心血管、骨骼、肌肉、呼吸系统等生理上的不良影响，还会因外形臃肿、体态笨拙带来精神方面的问题。而且，有数据显示，肥胖儿童中有 60% 至 70% 长大后会成为肥胖人，将持续体会肥胖带来的种种病痛。这一严重问题值得家长们高度关注。

方法左右

文中年仅 9 岁的男孩就患上了成人的“富贵病”，他的父亲紧急启动了“家庭运动计划”。在这个计划中，父亲设立了游泳、登山、打乒乓球和骑自行车郊游等具体健身项目。之后的日子里，父亲有意识地实施这些项目。经过较长时间的“陪练”，他儿子的“成人病”得到了控制，身体也变得健康结实。这位父亲的“家庭运动计划”值得效仿。

这个“家庭运动计划”经过他与儿子的共同实施，最终取得了成功。且看这个“家庭运动计划”是如何完成的。

（一）身体肥胖不用担心，要给自卑的孩子做心理疏导

他首先给儿子做心理疏导，让他明白，身体患病是可以改变的，对于同学们的讥笑，大可不必往心里去。这样做，可以稳定孩子的情绪，引导他朝好的方面去想。

（二）制定一个运动计划，与孩子共同去完成

要改变孩子目前的身体状况，就需要制定一个运动计划。这位父亲根据儿子的实际情况，给他设定了游泳、登山、打乒乓球和骑自行车郊游等具体健身项目。在实施这一计划的过程中，他让儿子参加一些集体竞技运动。参加这些竞技活动不仅能增强孩子的自信心，也能得到别的孩子的认同，从而帮助他走出自卑心理。当然，在参与这些项目的运动时，父母最好能一块儿参加，这会更加激发孩子的运动热情。

（三）有了强健的身体，让孩子变自卑为自信

通过“家庭运动计划”的实施，男孩儿不仅体格得到了加强，比过去更加健美了，而且自卑心理也消失了，取而代之的是自信和快乐。

第三十一计

容过计：花重金给犯错的儿子买教训

每个孩子犯了错误后，自己都会有所察觉，父母此时适时地说教，当然会起到当头棒喝的作用，但如果是由他自己认识到错误，效果会是最好的。

孩子犯错误时，每个父母都会采取自认为行之有效的方法去帮助、教育他：有的用讲故事的方法让他认识错误，有的用体罚的方式让他记住教训……无论哪种方法，其目的只有一个，让孩子认识错误，并且以后不再犯。

让孩子改正错误的过程正是其成长的过程，而给孩子一个很好的台阶下，是对孩子的一种理解和尊重，是两代人之间很好的一次沟通，也是让孩子真正改正错误的好途径。

案例说话

口述：欧阳海波，男，42 岁，铁路工人

（一）

我的儿子是个“铁杆网民”，从读初中开始，他一有机会就泡在网吧里，晕天黑地玩各种游戏。尽管我和妻子无数次地干涉，但仍然阻止不了，这可让我们伤透了脑筋。

一天下午，正在读高一的儿子到“神游网吧”玩游戏，在这儿遇到了他的同学董泉，他是与叔叔董刚强一块儿来玩的。

一番介绍后，董刚强向我儿子说起了他的经商史。当儿子了解到董刚强曾经做过文物生意时，情不自禁地对他说：“叔叔，我们家有一对祖传青花瓷瓶，你能够鉴别出它的商业价值吗？”儿子所说的青瓷花瓶是一对老祖宗遗传下来的宋代青瓷花瓶。这对古瓷瓶，在我们老家的家谱里记载有它的来龙去脉，经过二十七代人的手，才留传到我的手上。正因为是祖传的宝贝，所以它一直被我当作引以为荣的东西珍藏于红木箱子里。

一听这话，董刚强的眼睛忽地闪亮，他忙把儿子拉到一边，声音压得很低：“你说的青花瓷瓶在什么地方？”

儿子不假思索地说：“在我家里。”

董刚强急切地问：“你能不能让我看看？”

儿子有些犯愁了：“这……我可做不了主，我爸爸守得很紧。”

董刚强显出不高兴的神情说：“你不让我看货，我怎么判断得了它的价值？！”

儿子想了想，而后说：“那好吧，过几天，我就把花瓶拿给你看。”

当晚回到家里，儿子反复思量着如何把祖传宝贝弄出去。有我和妻子在家的情况下，他是肯定下不了手的。儿子先观察到我开红木箱子的钥匙放置的地方，然后看准机会再动手。

机会终于来了！两天后的下午，我和妻子一块儿到二叔家看满月的妹妹，晚上打算在他家吃饭。

我和妻子前脚走，儿子就急不可耐地拿起钥匙直奔红木箱子，打开箱子后，他小心翼翼地抱出花瓶，随后，用一个事先准备好的蛇皮袋，把一对花瓶装了进去。做完这一切，儿子立刻打董刚强的手机，他俩约定了见面地点。

当儿子把祖传花瓶呈现在董刚强的面前时，他左看右瞧后，不屑一顾地说：“这是宋朝景祐皇帝年代的货色，其实也很大众化，这种东西我见多了。”

儿子急忙问道：“你看它能值多少钱？”

董刚强眨巴眨巴眼睛，之后说道：“看在你是泉泉同学的分上，我就给你一个吉利的数字，2600 元拿走这对花瓶。”

儿子感到意外惊喜，两千块钱对他来说不是小数目，足够他泡一个月的网吧了，他连声说：“谢谢，谢谢叔叔！”

董刚强马上从裘皮大衣的内口袋里，掏出一叠百元大钞，他数了 26 张给儿子。

接过这些钱后，儿子的心里一阵热乎，他直奔常去的“神游网吧”，准备好好地过把游戏瘾。

祖传花瓶被儿子偷偷卖掉的第四天一大早，我像往常一样，每周例行打开红木箱子看看祖传花瓶。当我用钥匙开启箱盖后，面前的一切让我大吃一惊，花瓶不见了！我立刻大嗓门叫了起来："我们家来小偷了！"

妻子急忙赶过来一看，也尖声叫道："天哪，箱子里的两个花瓶都被贼偷去了。"

一听我们的惊叫，正在睡觉的儿子始终不出房间。我对妻子说："看来这个小偷很熟悉我们家的情况，他把花瓶偷去后，又把钥匙放回原处。"

妻子推测道："会不会是我们家里的亲戚偷的？他们都看过花瓶。"

我也开始怀疑起来，说："那到底会是谁呢？"

"东东。"妻子马上转过身，朝儿子的房间走去，见到儿子有些惶恐的样子，妻子询问道："这两天，我们不在家时，有什么亲戚来过？"

儿子装出极力回忆的样子，而后说："哦，对了，表弟、大伯和堂姐都来过。"

于是，我和妻子又把怀疑转移到他们身上。末了，妻子说道："即使是他们拿了东西也不会承认的，我看这事还是向公安局报案。"我赞同妻子的建议，说："行，我这就去报案。"

儿子见事情要闹大了，有些慌了神，不由自主地冲口而出："别去报案。"

我和妻子别过脸来，不解地望着他。儿子知道事情再隐瞒下去难以收拾，只好坦白交代了自己偷偷卖掉祖传花瓶的前后经过……

闻听儿子把老祖宗的宝贝卖了 2600 元钱后，妻子暴跳如雷地大叫起来："原来是你这个败家子干的，看我不打死你。"说着，妻子果真拿起了身边的一根木棒，劈头就朝儿子打去。

儿子捂着头想躲避，可恼羞成怒的妻子却追打着。

在我的劝阻下，妻子才住了手。

我感到了事情的严重性，心痛之余，如实地告诉他："你呀，人家出 8000 块钱，你老爸都没有卖给他们，而你竟然 2600 元钱就贱卖掉了老祖宗留下来的珍宝。你知道吗？国家明令禁止非法交易文物，私自盗卖文物是犯法的，你这样做，是在做犯法的事儿。"

听了我这话，儿子用怀疑的目光望着我："有那么严重吗？"

我马上从红木箱子的侧边拿出一本《中华人民共和国文物保护法》，翻到其中的一页，念给儿子听："私人收藏的文物，严禁倒卖牟利，严禁私自卖给外国人。否则，属于非法经营，严重的，要追究法律责任……"

儿子听我念完文物保护的法律条文后，知道自己犯了错误，脸红地低下了头。

我追问儿子把花瓶卖给了谁？儿子说出了董刚强。

我马上拽着儿子："走！找他要回青花瓷瓶。"

（二）

儿子领着我来到了董刚强的家。一见董刚强的面，我就气呼呼地对他说："你真会欺骗孩子！我这对祖传花瓶的价值可值近万元，而你却给我儿子 2600 块钱，花瓶我们不卖了。"

董刚强见我亲自出面了，羞红着脸说道："可……可花瓶现在已不在我这儿了。"我一听火了："什么？你把我的花瓶弄到哪儿去了？！"董刚强见我态度很强硬，只得如实说："我已经把它卖给了文物商葛语华。"我很关心地问："卖了多少钱？"董刚强停顿了一下，语气有些含糊地说："也没有多少，就五六千的样子。""说谎！我的青花瓶绝对不止这个价格。我不管你把我的花瓶卖给了谁，现在我要你带我去把花瓶拿回来。东东收了你多少钱，我一分不少地退还给你。"我眼睛里仍冒着火。

董刚强慑于我不容商量的威严，只得带我们去找葛语华。

半个小时后，我们三人打的来到了葛语华的家。不巧，他不在家，他的妻子告诉我们说他正在外面做生意，要到很晚才回家。我当即让董刚强打姓葛的手机。接通手机后，董刚强按照我教他说的话，约了葛语华在西苑酒吧见面。葛语华听说又有文物转手买卖，他很高兴地答应了见面。

打完手机，我们三人就匆匆地赶往西苑酒吧。不一会儿，我们到达了西苑酒吧，可不见葛语华的踪影。我用锐利的目光射向董刚强："他怎么还不来？会不会骗我们？"董刚强很肯定地说："他一定会来的。"

果然十几分钟后，葛语华满头大汗地走进了西苑酒吧，他连连赔礼道歉地说："久等了，真对不起！我刚谈完一笔文物生意。"他坐定后，马上问董刚强："这回又有什么好东西？"

董刚强看了我一眼，神情有点紧张地说道："老葛，上回我出手给你的那对花瓶还在吗？"

葛语华用不解的目光望着他说："你问这干吗？"

董刚强支支吾吾地说："我……我……"

我见他这副样子，便恼火地替他说道："那对花瓶是我们家的祖传珍品，我们不卖了，想拿回来。”

葛语华吃了一惊，口气生硬地说：“那怎么行？出手的东西不可能再拿回去的。干我们这一行的，从来没有听说过这种事。”“我拿钱买自己的花瓶不可以吗？！”我一急，竟说出了这样的话。葛语华邪笑道：“您出得起那么多钱吗？”我迎着他的话：“你说吧！”姓葛的立刻用三根手指头示意着：“这个数您拿得起吗？”“3000块。”葛语华忽地大笑起来：“您真是老外！实话告诉您吧，您说的数目后面得加个零。”“30000块。”我差点晕了过去。葛语华一口咬定：“没这个价钱，您谈都别谈。”

儿子也很震惊，他做梦都没想过，我们家的祖传花瓶值这么多钱，这回轮到他叫苦不迭，后悔自己太看轻祖传花瓶的身价。

面对被炒成天价的祖传花瓶，我一咬牙，忍痛地说出：“我就是砸锅卖铁也要买回祖传珍宝！”对于我的决心，儿子既痛恨自己的过失也为我的壮举而叫绝。

葛语华见我认真起来，他不得不说出实话来：“您要的花瓶，我已经转卖给了福建的一个做文物生意的小老板。”“你把我的花瓶又倒卖了？！”我再次惊讶得目瞪口呆。姓葛的实话实说：“干我们这一行，一般是不留现货的。”“那你能不能帮我追回花瓶？”儿子几乎有些恳求。“那个小老板已经回厦门去了，恐怕难以要回。”葛语华显出了为难的表情。

又一个出乎意料之外，让我一时不知所措！

（三）

当晚回到家里，我和妻子商量说：“我想带东东到厦门去追回花瓶，你看呢？”妻子一听，跳了起来：“你疯了！要花30000块钱，跑到厦门去买回自己的花瓶，这简直是天下最大的傻事！我不同意！”

我理解妻子的心情，可现在既然已经铸成事实了，就应该面对现实，我开始做妻子的思想工作。我对她说：“可我们总不能眼睁睁看着儿子犯下错误，不予纠正。作为父母，这也是一种失职。我想，为了现场教育既不懂法又不争气的东东，我们即使花再多的钱，也是值得的！”

妻子想了想，而后说：“你这样做，我怕到头来，既追不回花瓶，又对儿子的教育白费心机。”

我很有信心地说：“你放心，我一定能追回花瓶，也会让儿子在事实面前接受教训。”

做通了妻子的工作，着她交给我的一张银行卡，一个星期后，在葛语华引领下，我带着儿子一道坐上了远去厦门的列车。第二天下午 2 点左右，我们三人到达了目的地。在一家普通旅馆安顿好住宿后，我就催促葛语华赶快与那个小老板联系。

小老板名叫廖天嵘，他也以为葛语华这次亲自来厦门，准有大单生意可做，便在鼓浪屿的一家豪华大酒店里设宴为我们接风洗尘。

我们大家见面后，当葛语华一提起把祖传花瓶买回去的事儿时，廖天嵘圆睁着眼，很不高兴地说："你以为我们做生意的人是做游戏，想卖就卖，想拿回去就拿回去？没那么便当，姓葛的，我可是花了 25000 元从你手上接过来的货。"底牌被亮出，我心想，葛语华真够贪心的！他还想从我这里捞取 5000 元。葛语华马上堆起笑脸："这位老兄愿意出 30000 元买回花瓶。"廖天嵘冷笑一声："哼，现在别说是 30000 元，就是 50000 元，我也不会卖给你们，实话对你们说，台湾一位老板愿出 58000 元，我还没答应下来。"他的话让我和儿子都哑口无言。

第一次与廖天嵘的交涉没有结果。到了第二天，我又督促葛语华领我们到廖天嵘的公司里去商谈。这回，廖天嵘放出话来："要想买回这对花瓶，拿 66000 块钱来。"66000 元，这可是我倾家荡产也拿不出的天文数字，这回，我像"阉割"过的公鸡一样，再也没了雄壮的言行。第二次交涉又没有成功。

回到旅馆后，我对儿子说："你都看到了，你的一次失误造成了这样的结果。下一步，你看怎么办？"我有意把决定权交给儿子。

儿子不敢正眼看我，很懊悔地说："都怪我当时经不起金钱的诱惑。现在，我也不知道该怎么办了！爸爸，还是你来拿主意吧。"

见儿子真的有悔改之意，我在心里打定了主意。

第三天中午时分，我们又和廖天嵘面对面地坐在了一起。我知道，拿不回祖传花瓶是绝对不会罢休的，66000 也是我不可能接受的。第三次谈判又开始了。我见廖天嵘毫无松动之意，只得亮出最后的王牌说："你如果不同意 36000 的话，我只好报警说你们在搞文物走私。"

这一招出乎廖天嵘的意料，他惊了一下，但过了一会儿，他又显出镇定的样子："你想用这个来吓唬我？老兄，我既然能做这种生意，就不吃你这一套！"他的态度很强硬。然而，我也是个吃软不吃硬的人，见廖天嵘没有给我一点希望了，便横下心来准备去报案。

这一下可吓坏了一同前来的葛语华，他慌忙站出来做和事佬："我看大家都不必抬杠子！如果真的惹来了‘大盖帽’，对大家都没好处。我做个中间人，你们双方都各退让一步，40000元成交得了。”廖天嵘心有不甘地说：“不行！我不可能吃亏那么多。”葛语华立刻晓之以理道：“廖老板是个聪明的人，假如‘大盖帽’来过问这事儿，你不但一分钱拿不到，而且……再退一步说，这对花瓶也只不过是您生意的一小部分，以后我还会给您带来大买卖。”廖天嵘听他这么一说，便松口道：“看在葛老弟的面子上，那就40000吧。”

当天下午，我在厦门的一家银行自动取款机里取出了40000块钱。随后，我和儿子来到一家宾馆的房间，我让儿子亲手把钱数给廖天嵘。我这样做的目的，是想叫儿子亲身感受因他的一时错误而造成如此巨大的损失！

当失散多日的祖传花瓶再次回到我的手上时，我真是百感交集。

从厦门回来后，我把祖传花瓶又珍藏在红木箱子里。一天深夜，我在卧室里对妻子说：“找个机会，我们把老祖宗传下来的这对花瓶拿到博物馆去展览，这对下一代人了解历史也许有好处。”

一个星期后的下午，我领着儿子把这对失而复得的祖传花瓶送到了博物馆，当即得到了博物馆同志的热情接待和赞扬。

五一节期间，市博物馆搞了一次大型的当地历史文物展览，我家那对祖传花瓶也被放置在展览馆的橱窗里。当我带着家人前来观看文物展览时，我见踊跃参观的人群挤在我家的文物前充满着好奇，旁边的一位女讲解员对观众说：“这是一对宋代的青瓷花瓶，它是本市一位热心的市民送来展览的，关于这对青瓷花瓶，还有一段传奇小故事……”接着，女讲解员向在场的观众讲述了我和儿子千里追寻祖传花瓶的奇闻逸事。当观众听完了“父亲用重金买回祖传花瓶”的故事后，都赞叹不已。在场的儿子亲耳听到了观众的评价后，脸上露出了惭愧的神情。

没过多久，我在单位看一份晚报时，读到了一则令我吃惊的消息，说本市最近抓获了一批倒卖文物的走私犯，其中就有董刚强和葛语华。看了这条消息，我下班后回到家里，当即把报纸交给儿子看。儿子认真读了这一报道后，很是震惊。后怕之余，他对我说：“爸爸，谢谢您！幸好您及时纠正了我的错误，不然的话，我很可能就与这些铤而走险的人一样，陷入犯罪的泥塘。”

经历过“用重金买回祖传花瓶”的事件之后，儿子懂得了做人要遵纪守法的道理。有意思的是，儿子这个“铁杆网民”竟然自动远离了网吧，与此同时，儿子的学习成绩也在节节攀升。

看到儿子的长足进步，我打心里感到高兴，毕竟自己花重金所做的一切没有白费！

专家谈心

当孩子犯错时，很多父母都会生气和着急，之后还会好好地教训孩子一顿，心里觉得，孩子还这么小，老子难道还压不倒你，咱就试试看，一般就会来次“皮带炒肉丝”（暴打）。但是孩子只能是口服心不服，而且内心必定仇视父母，有些孩子会想：哼！等我长大了，一定把你也打下去。这样的教育最终只能宣告失败。

父母要允许孩子犯错，犯错本身不是一个错误，在孩子犯错后，父母对孩子应该加以合理正确的解释和指导，而不能一味地批评，甚至不断地揭发孩子犯过的错误。要学会正确对待孩子的错误，让孩子对错误形成良好的认知。

父母教孩子对自己的错误行为进行补救的最终目的是教给孩子发展自己的内在约束力。一般说来，孩子学东西快，忘得也快。父母要有效地运用补救的办法改变一个孩子不守规矩的行为，要在不同的情况下耐心地再三强化正确的行为模式。

方法左右

孩子犯了大错误，父母怎么办？文中的父亲在儿子把祖传花瓶卖给文物贩子后，用独特的方式，花重金买回了祖传花瓶。他这样做，不仅是给儿子一个教训，也让儿子从中懂得了做遵纪守法公民的道理。

这位父亲应对儿子犯错误的方法值得借鉴。

（一）孩子犯下错误，父母要心平气和地面对

当孩子不小心犯错的时候，也不是每位父母都能马上做到心平气和并且去安慰孩子的，难免一时冲动便立马指责孩子的错误。但骂完以后又会后悔，毕竟孩子还小，大人也难免犯错。父母要耐心地听孩子讲述犯错误的具体情况，心平气和地给孩子分析、解释，告诉孩子下次需要小心。这样的话，孩子是可以接受并且也会意识到不可以再犯此类错误了。

（二）给一个台阶下，父母要让孩子认识到错误的危害

当孩子不小心犯了错误时，父母一定要给孩子一个台阶，像对待荷叶上的露珠一样小心翼翼地维护孩子柔弱的自尊。面对孩子已经犯下的错，故事中的父亲采取了特殊的方式，花重金给儿子买教训。他的这种做法，让孩子目睹了残酷的现实，从而深刻地认识到自己所犯的错误。其实，这就是一种“润物无声，教育无形”的教育方法，这种方式能帮助孩子做到亡羊补牢，犹未为晚。

（三）将心比心，让孩子学会宽容和理解

孩子犯错误时，如果父母能将心比心，就会对孩子多一些宽容，增加一份关爱，就会使孩子与父母多一些宽容和理解。同样，要想得到父母的宽容和鼓励，孩子先要主动承认错误，还要学会去宽容、理解父母。

第三十二计

笑里藏教计：调动女儿笑的能力

具有幽默感的孩子通常很乐观，会在生活中不断地制造欢笑，让周围的人感到轻松愉快，自己也会富有成就感和自信心。因此具有幽默感的孩子，也较容易获得友谊。

根据美国教育专家的专题研究，幽默感是情商的重要组成部分。而人的幽默感大约三成是天生的，其余七成则须靠后天培养。因而，在儿童教育专家的倡导下，许多父母甚至在婴儿刚出世6周便开始对其进行独特的早期幽默感训练。实际上，不少较聪明的婴儿这时确已萌发幽默意识。

案例说话

口述：金钰玫，女，36岁，某小学教师

（一）

我是一名小学教师，历来对影视喜剧、相声小品、幽默笑话等情有独钟。对于人生，我有自己的理解：能够事业有成当然最好，退而求其次，最少应该成为一个快乐的人。

我这种对人生的认识直接影响了我对下一代的教育观。所以，当我的女儿樊晓恬出生后，我首先制定了教育目标：一定要把女儿培养成一个“快乐小天使”。

我读过一篇文章中讲道，德国幽默治疗中心主席夏埃尔·蒂特研究发现，一个高兴的儿童每天笑400次，一个有幽默感的成人每天笑15次，而精神忧郁的成人平均3天还笑不到一次。我想，如果这位德国的“幽默长官”所说的“一个高兴的儿童每天笑400次”有科学根据的话，那就是说，每个儿童每天除睡觉之外（按平均每天睡觉10小时计算），在剩下的时间（14个小时）里，每个儿童则须每2分钟笑一次。

刚开始时，樊晓恬的笑只有“形象”没有声音。可到了两个月头上的一天，在我用一个有声音的电动小玩具的逗引下，樊晓恬突然发出了“咯咯咯”的笑声。这突如其来的欢笑声让我感到了惊喜。惊喜之后，我趁热打铁地加大逗引的力度。樊晓恬果然很有节奏地频频发出“声情并茂”的欢笑。只这一天，樊晓恬就被我逗笑了280余次，这显然是长足的进步。

到了樊晓恬半岁的时候，我对她除了采取一般性语言和各类玩具外进行笑的逗引外，还利用VCD播放各种动物有趣的拟声来调动樊晓恬笑的机能。聪明的樊晓恬接受了这一音响信号，每次听了动物拟声后都会笑成一朵花。而我有了VCD的辅助，每天轻轻松松地让樊晓恬笑满400次已不是梦想。

等到樊晓恬学会说话时，我在原来逗引的方式上又增添了给她讲儿童笑话故事。虽然樊晓恬一时还不能理解故事的内容，但看到我用滑稽的表情和夸张的声音讲故事，她总是笑个不停。一个笑话故事刚一讲完，她又缠住我讲第二个。在樊晓恬步入两岁时，德国“幽默长官”所说的儿童每天笑400次的数目已经在樊晓恬身上得到了证实。有一天，我从早到晚对樊晓恬笑的次数进行了“全程跟踪”，统计的结果是：这一天，樊晓恬断断续续地笑了479次。这个数字彻底打破了德国幽默权威研究出的最高纪录。

（二）

到了樊晓恬4岁时，我把她送进了幼儿园。不过，这时候我对樊晓恬“笑机能”的调动，不只停留在每天400次的数量上，而是注重她“笑能力”的自我表现。

为了培养女儿自我表现的意识，我时常带她去艺术剧院看相声和小品表演，在那种观众气氛浓烈的氛围中，让她身临其境地体会笑给人们带来的艺术感染力，从而调动起她强烈的自我表现意识。有一次，全省大中学生小品大奖赛在市举行，我通过团委朋友的关系搞到了每场比赛的门票。每次去看小品比赛，我都要把樊晓恬带在身边。

一天晚上，在看中学生组表演的一出《唱铜锣敲铜鼓》小品时，我注意到，整个小品下来，樊晓恬被里面的喜剧语言和情节逗笑了57次。在看完这个小品后，樊晓恬第一次对我说出这样的话：“妈妈，将来我长大了，也要演这么好笑的小品，让所有的观众都笑破肚子！”

除带樊晓恬去剧院亲身感受观众的热烈气氛外，在家里，只要电视上播放相声、小品或影视搞笑片之类的娱乐性节目，我必定会陪着樊晓恬一块儿观赏。

也许是樊晓恬看多了这些搞笑的电视节目，模仿力很强的她经常有模有样地学着台词、做着动作。她的这些“逼真”的模仿，常常令我和丈夫大笑不止。

樊晓恬读小学了。有一天课间，樊晓恬给几位小同学讲了一个儿童笑话：“从前，有一个名叫尼克的小朋友和他爸爸一起去探望祖母，在火车上，尼克时不时把脑袋伸出窗外，他爸爸说：‘尼克，安静些！别把脑袋伸出窗外！’但尼克仍然把脑袋伸出去，于是，他爸爸很快地拿掉了尼克头上的帽子，把它藏在身后，说：‘看，你的帽子被风吹掉了。’尼克害怕了，哭了起来，想找回帽子。爸爸说：‘嗨，吹声口哨，你的帽子或许就会回来的。’尼克凑到车窗口吹起了口哨。他爸爸很快地把帽子放在尼克的头上。‘哦，真是奇迹！’尼克笑了，他很高兴，飞快地拿掉了爸爸的帽子丢出窗外。‘现在轮到你吹口哨了，爸爸。’尼克快活地对爸爸说。”

樊晓恬的笑话刚一说完，在小同学中立刻爆发出“咯咯咯”的笑声……

樊晓恬善于用自己的笑来感染周围的小朋友，这样一来，时常吸引了邻居家的小朋友来我家“大闹天宫”。樊晓恬一面讲着笑话，一面做着夸张的动作，她的滑稽神情惹得一群孩子一阵阵仰笑。

望着极尽自我表现的樊晓恬如此投入地“演讲”，我没有打搅他们的“好事”，而是独自到厨房里多做了一些饭菜，准备留这些孩子在家吃饭。

等做完了饭菜，我发现，这些小孩子仍津津有味地听樊晓恬给他们讲新的笑话故事。

吃晚饭了，这群孩子边吃边继续让樊晓恬讲笑话。一时间整个饭桌成了笑话演说场……

直到这些孩子的父母纷纷找到我家来，一见这欢笑的场面，他们都夸奖樊晓恬是邻居大院的“快乐宝贝”。

随着时间的推移，已读小学四年级的樊晓恬是班上的文艺委员，她时常在老师的支持下，组织同学课外搞一些娱乐活动。有一次，樊晓恬向班主任提议搞一次猜谜语比赛，得到了班主任的大力支持，于是，樊晓恬用幽默的语言和俏皮的动作，主持了这场猜谜语比赛。比赛结束后，班主任对樊晓恬轻松欢快的主持风格给予了高度评价。

六一儿童节期间，樊晓恬作为学校代表参加了市中小学庆六一文艺晚会的演出。这次樊晓恬表演的小品节目，取自春节晚会上宋丹丹与赵本山合演的《钟点工》。樊晓恬扮演的是宋丹丹所饰演的老太太角色，身为“宋丹丹迷”的樊晓恬，对这个小品里老太太的一举一动，尤其是那很有特色又滑稽的台词，早就烂熟于心。所以，无论是在排练过程中，还是正式演出时，樊晓恬都有种驾轻就熟的感觉。当她演完小品《钟点工》走下舞台的那一刻，全场的观众回报给她的是雷鸣般的掌声……

（三）

眼看着女儿天天沉浸在快乐的心绪中，我同样快乐着女儿的快乐。

读小学五年级的樊晓恬放暑假了，我看到周围不少家长给自己的孩子安排各种“特长速成班”和请家教，我不想给女儿太大的学习压力，而想利用暑假安排一些轻松愉快的活动。

一天晚上，我从网上读到一则消息：德国专门成立了“笑咨询公司”，可以帮助人们产生“理想的笑”；日本东京创办了一所“笑学校”，学生们在说话时都要注意自己的幽默感及自己的表情、动作；法国巴黎成立了一个“笑剧工会”；美国、加拿大和欧洲不少国家，专门设有“笑疗诊所”，主要进行心理疗法，就是让你笑个够，笑个痛快……

受到启发的我突发奇想，想利用暑假，自己创办一个沙龙式的“爱笑俱乐部”。这个“爱笑俱乐部”活动的主要内容是讲笑话、交流有趣的短信、编排幽默小品等等，主要目的是让女儿度过一个快乐的暑假。

第二天，我把这一想法告诉了樊晓恬。

听了母亲富有创意的想法后，樊晓恬高兴得蹦起来，她搂住我的脖子说：“妈，我喜欢您说的这个俱乐部！”

我提示女儿说：“咱们这个爱笑俱乐部的成员，可以选择你要好的同学和邻居家的孩子。至于活动场地，我们家的客厅和大阳台腾出来就可以了。”

一听这么细致周到的安排，樊晓恬兴奋地做了一个胜利的手势，叫了起来：“耶！”

在我的策划下，当天下午，樊晓恬就给几位中小学同学和邻居的孩子打电话、发手机短信和上门游说，一下子就有七人愿意加入“爱笑俱乐部”。

三天后，“爱笑俱乐部”正式在我家里启动。有趣的是，在樊晓恬的提议下，我被“爱笑俱乐部”的所有“笑友”一致推举为“名誉笑长”。

能与这帮开心的“笑友们”搅和在一块儿，作为策划者，我很是乐意，满口答应了“名誉笑长”的事儿。

“爱笑俱乐部”活动的第一天，我就以“名誉笑长”的身份，首先给“笑友们”说了一则《摇牛奶瓶》的笑话。我声情并茂地说：“把左手腾出来，想象自己左手拿牛奶瓶，右手拿着杯子，两手的大拇指相对。然后抬高左手，把牛奶倒入杯子，咦——然后再把牛奶从杯里倒入奶瓶，咦——把头向后仰，把牛奶倒入口中，咦啊——”

“哈哈——”在场的“笑友”听着那抑扬顿挫的“咦啊”声，忍不住大笑起来。

我的笑话刚一讲完，樊晓恬就接上趟儿地说开了：“有一天，李同学遇到了张同学，见他脸色很难看，便问道：‘瞧你愁眉苦脸的样子，有什么心事呀？’张同学如实说道：‘老师让我们写一篇文章，题目叫“昨天我干了些啥”。’‘那好办，你昨天干了些啥呀？’‘喝酒呗。’‘你别那么傻！我告诉你怎么写，凡是出现喝酒的字眼，你就把它改成读书不就成了嘛。’李同学出着馊主意。张同学得到了启发，忽然来了灵感，急忙拿起笔一挥而就地写下：‘我一早起床读了半天书，我想了想，又把后半本也一口气读完了，可是我觉得还不够，于是又到店里去买了一本。回来时，在路上迎面遇到了胡大，一瞧他的眼睛，就知道他也读得差不多了。’”樊晓恬的笑话说完了，“笑友们”一片叫好声。

紧接着，一位又一位“笑友”轮流出列，他们各自讲了自己最拿手的笑话。

这一天，“爱笑俱乐部”的笑话和谜语让“笑友们”都笑得合不拢嘴。

接下来的几天里，我安排了脑筋急转弯的游戏课，想与“笑友们”进行互动式开心交流。我首先向他们抛出了一个脑筋急转弯的题目：“有一位小朋友，手里拿着鸡蛋丢石头，但鸡蛋没破，这是为什么？”

我的问题提出来后，七位“笑友”都开动了脑筋，一个“笑友”眨了两下眼睛后，抢先举手说：“我知道，这个小朋友，丢鸡蛋时，没有砸到石头上，而是丢到了旁边的水里，所以鸡蛋没有破。”又一个“笑友”马上纠正了他的说法：“你说得不对！是因为那个小朋友把鸡蛋丢到了棉花里。”随后，又有两位“笑友”争先恐后地抢着回答。

等所有的“笑友”答题完毕，我才把谜底抖搂出来：“正确答案是，这位小朋友左手拿鸡蛋，右手丢石头，鸡蛋当然安然无恙啦。”一听这样的结果，几个“笑友”拍着脑袋取笑自己笨。

随后，我又给“笑友们”出了好几个脑筋急转弯的题目，每次都调动起了他们的大脑思维，而每次的答案都出乎“笑友们”的意料，让他们在遗憾中爆笑不已。

做完脑筋急转弯的游戏后，我又抛出了绕口令的游戏，让孩子们一块儿连续性地念“吃葡萄不吐葡萄皮，不吃葡萄倒吐葡萄皮”。“笑友们”念快了自然方寸大乱，引得大家笑作一团。

接下来的一个多月里，我采用了电视录像播放笑话动漫、翻阅少儿笑话故事、连环画齐头并进的方式，不断地向笑友们传达快乐的信息。

假期很快结束了，九位“笑友”（包括樊晓恬和我）在“爱笑俱乐部”快快乐乐地度过了每一天。

专家谈心

爱笑的宝宝长大后比较聪明。研究人员发现，儿童对外界事物发笑的年龄、次数与他们的智力发育密切相关。

从宝宝的发育进程看，一般到3个月左右出现发笑反应，只要醒着，一看到家人熟悉的面孔或新奇的画面与玩具时，就会高兴地笑起来，嘴里呵呵地笑，又伸胳膊又蹬腿，手舞足蹈。另外，当他吃饱睡足，精神状态良好时，尽管无外界刺激，也会自己微笑。前一种笑被称为“天真快乐效应”，后一种则被称为“无人自笑”。

研究表明，“天真快乐效应”是婴儿与他人交往的第一步，在精神发育方面是一次飞跃，对大脑发育是一种良性刺激，被誉为“智慧的一缕曙光”。至于“无人自笑”，乃是婴儿在生理需要方面获得满足后的一种心理反应。这两种笑均有益于大脑的发育。由此不难明辨，父母多与宝宝接触，并用快乐的表情、语言以及玩具等激发其天真快乐效应，同时注重喂养，让宝宝吃饱睡足，促使其早笑、多笑，乃是早期智力开发的一大妙招，值得年轻的父母们重视。

方法左右

笑是一种能力。笑代表着乐观和积极的心态。而爱笑的孩子，也更容易在社会交往中被人接受。早期对孩子“笑能力”的训练确实有助于孩子的身心健康，有助于塑造他们的健康人格，更适合现代少儿智商、情商的开发和培养。主人公金钰玫正是基于这样的认识，才成功地培养出了“快乐小天使”。那么，如何培养孩子的幽默感呢？

（一）父母首先应该是幽默的人

上课幽默风趣、深受学生喜爱的俞磊老师认为，幽默感有先天的成分，不过后天的培养更加重要。孩子是父母生命的延续，是父母最真实的镜子，潜移默化中，父母的许多特点在孩子身上都得到再现。所以，要培养孩子的幽默感，为人父母者，首先要看看自己是否也需要培养幽默感？最起码，要能真正欣赏幽默。

（二）教育孩子学会乐观宽容地面对人和事

乐观、宽容是幽默的精髓。要学会幽默，就要学会宽容大度，克服斤斤计较的狭隘思想，同时还要乐观。要培养孩子的乐观心态，最重要的是，当孩子遇到困难时，父母应站在孩子一边，给予积极的鼓励和支持，要帮助孩子积极进取，只有这样，才能教会孩子以正确的态度和措施面对人和事。

（三）多给孩子看或读幽默轻松的故事

幽默有趣的小故事不仅能使孩子在轻松愉快的氛围中喜欢上阅读，还能潜移默化地培养孩子的幽默感。同时，很多儿童文学作品中的主人公都是乐天派，他们虽然遇到各种各样奇怪的困难，但总能化险为夷，继续乐观地对待人生。多给孩子读或看这样的故事，可以培养孩子对乐观情绪的向往。

（四）多让孩子讲讲有趣的事

孩子对发生在自己身边的有趣的事，总是很有表达的欲望。这时需要家长做的就是认真倾听并发出会心的欢笑。如果孩子有足够的幽默感，大人还可引导他们编幽默故事，给课本、电影或电视剧改编甚至添加一个令人捧腹的结局。

第三十三计

受挫计：向郁闷女儿灌输逆境文化

现在的大人们，尤其是父母对孩子表现出过多的关心、过分的呵护，从而使孩子不能正确体验挫折的过程，不能正视成功与失败，导致孩子对自身没有自信。自信心是成功的支点，是勇于克服困难的前提。所以，我们要增强孩子的自信心，以培养孩子的耐挫力。

苏联教育家苏霍姆林斯基认为：要让孩子知道，人生不仅有快活而且还有悲伤、痛苦和死亡，要使孩子从幼小年龄起，就亲身体验、体会生活里有一个叫“困难”的概念。

案例说话

口述：柴艳颖，女，38 岁，某企业中层干部

（一）

我的女儿铭铭面临小学毕业考试。这次考试的成绩，对她是进入中学普通班还是尖子班有很大的影响。从这个角度来看，对女儿也造成了一定的压力。作为父母，我们很希望女儿能到尖子班接受更加精良的教育。

考试的那天早晨，我和丈夫一块儿送女儿走进了考场，第一场是数学考试。我和丈夫守候在考场外，我俩的心始终悬挂着，暗暗地为女儿祈祷。

考试结束的铃声响起，不一会儿，女儿阴沉着脸低头走出了考场。

一见这情形，我预感不妙。

果然，当丈夫急切地问女儿考试情况时，女儿声音降八度地说：“我有三道验算题做不出来。”

一听这话，丈夫埋怨说：“平时爸爸教了你那么多验算方法，到关键的时候，你怎么就会做不出来呢？真气死我了！”

女儿很后悔地哭了起来。

随后的三场考试，除语文考试正常外，其他两场，女儿都发挥得不理想。每次走出考场，她的情绪都很低落。看来，女儿能否进入中学尖子班，悬而未决。

等待消息的日子里，我们焦急，女儿也提心吊胆。丈夫整天唉声叹气，不时责备女儿考试不专心。说实在的，丈夫对女儿的期望值大大超过我的，毕竟过去他在辅导女儿的学习上，花费了不少的心血。在丈夫的不断埋怨下，性格内向的女儿脸上没有了一丝笑容，自责和自卑使她这种年龄段孩子应有的天真活泼荡然无存。

眼见到这父女俩消极的情绪，为人妻、为人母的我，只有平心静气地一一开导他俩。我对丈夫说：“也许是我们给女儿的精神压力太大了，造成她心里紧张，临场没发挥好，这也是很正常的事儿。设身处地想想，如果我们处在她的位置，会怎么样？”

丈夫听了，觉得有道理，便自我检讨说：“你说得对，我望女成凤太急了，不应该给她过多的压力。”

丈夫的思想工作做通了，我又找女儿谈心，对她说：“这次考试的成绩并不代表你的水平，妈妈相信你读中学后会有机会好好发挥的。”

尽管在我的疏导下，女儿低落的情绪在一段时间内有所缓和，可到了真正敲定她只能进入中学普通班时，我明显地感觉到了她焦躁不安的心理，吃饭不香睡觉不安，说话心不在焉，连看电视也经常走神。

好长一段时间，女儿处于精神恍惚中……

（二）

女儿进入一所中学就读普通班后，小学毕业考试留下的遗憾阴影仍然在她的内心挥之不去。从表面上看，女儿学习很努力，每门功课的成绩都在班上前 10 名，但我观察后发现，内向的女儿比以前更加沉默寡言了。每天放学一回到家里，除吃饭外，她独自关起房门看书做作业，一关就是几个小时。过去，每天傍晚，女儿一到时间就会打开电视，选择她喜欢的动画片看，边看边发出咯咯的笑声。可现在，她根本不愿走近电视机半步。有一天，我透过门缝往里瞧，看到女儿虽然双手捧书而眼睛却傻傻地望着前方。

对于女儿的这种变化，丈夫认为她学习的自觉性加强了，是上进的表现。而我却为女儿的心理变化担忧。

随后的两年多时间里，女儿虽然学习成绩一直保持前 10 名的势头，可她自闭的心理越来越严重，一天说不上三句话。

女儿初中毕业，面临中考。这次中考，将决定女儿是进入普通高中还是重点高中，或者职业技校。说真的，我和丈夫都很看重此次中考，尤其是丈夫，像下赌注似的对女儿说：“爸爸这回全看你的了！”女儿看着父亲期望的目光，什么话也没说，只是点了点头。看得出来，她在暗暗地为自己加油。

临考的那天，我不想让丈夫一道去，我怕他会在女儿走进考场那一刻给她施加精神压力。我单独送女儿来到了学校的考场，当女儿即将走进考场的一瞬间，她脸上的表情绷得很紧，只对我说了一句话：“妈，我有些害怕！”我知道，这是女儿“恐考心理”的条件反射，我马上稳定她的情绪说：“铭铭别紧张，尽量考，考不好，妈妈也不会怪你的，去吧。”女儿见我很放松的神情，才扭身朝考场走去。

两个半小时的英语考试很快结束了，女儿是最后一个走出考场的。此时，女儿脸上的表情比进去时开朗了许多。不等我问她，她主动地告诉我：“这次英语考试，我全都做完了。最起码有 80 分以上。”好久没有见女儿如此自信了，我高兴地笑着对她说：“太好了。妈知道你会考出平时水平的。”

中午回到家里，丈夫听说女儿考得比较顺手，显得异常兴奋，即刻“以资鼓励”说：“如果下面几场考试，你能考出理想的成绩，爸爸答应送你一部手机。”

接下来的五场考试，女儿的临场发挥不是很好，语文考得还可以，数学思路受堵，物理发挥不错，化学就一塌糊涂了。到第六场考试结束时，女儿全然没有了英语考试出来那种开朗的心情。丈夫瞧见女儿苦瓜似的脸，感觉没戏了，就黑着脸叹息地对女儿说：“看这样子，手机你是得不到了！”

正像丈夫预言的那样，中考结果张榜后，女儿得了一个A、两个B、两个C和一个D。这种成绩，别说进重点高中，就是进好一点的普通高中也很悬。平时成绩始终保持班上前 10 名的女儿，到了中考竟然连普通高中的分数都达不到。这不仅让我和丈夫难以接受，就是女儿班里的同学和老师也不能理解。

分数公布的那天，女儿关起房门，整整哭了一个下午和一个晚上。原本要狠狠训斥女儿的丈夫也因女儿这异常的举动收住了口。

到了第二天早晨，我去敲女儿的房门，叫她吃早餐，她也不开，只从里面传出哭声。丈夫有些不耐烦地说：“别理她，让她好好地反省反省，太不争气！太让人失望了！”

我和丈夫吃过饭后去上班了。

等到我中午回家，打开房门一看，女儿房间的门洞开着。我急忙走了进去，女儿不在里面。只见书桌上摆放着一张纸条，上面用圆珠笔写下了：“爸爸妈妈，对不起！我让你们大失所望了。我也想考好，可是，我就是考不好。我很恨自己，为什么会这样不争气！我没脸见同学和老师，也没资格做你们的女儿。我觉得活在这个世界上没有一点儿意思，太累太累了！我想好了，准备到另一个世界去寻找快乐！”看了这张叫我震惊的纸条，我的第一反应便是冲出房门，高声叫着女儿的名字。

我当即打丈夫的手机，告诉了女儿想“寻短见”的惊人消息，丈夫听后也慌了手脚。我俩很快会合了，坐着出租车四处寻找女儿的踪迹，女儿要好的同学家、亲朋好友家和女儿常去的几家书店，找了一大圈，也没有发现女儿的影子。

就在我和丈夫感到无望之际，晚上 8 点左右，从女儿要好的同学琳琳那儿传来消息，她在沿江大桥上看见了铭铭。

当我和丈夫见到伤心欲绝的女儿时，我紧紧地搂住女儿不放，嘴里说：“你怎么这样傻啊，考试成绩不好难道比生命还重要吗？跟妈回家去，妈妈还有好多话跟你说。”此时，一旁的丈夫并没有埋怨女儿，而是说：“回家去吧，爸爸妈妈找得你好苦！”

女儿在我的环拥下回到了家里。夜半时分，我和丈夫百般地对她进行呵护和安慰，身心疲倦的女儿才安静地入睡……

（三）

女儿轻生差点造成事实，这对我触动很大！我静下心来分析，虽然造成女儿走轻生这条绝路的原因，与学习压力过大、父母的期望值过高、理想和现实相背离有直接的关系，但同样与女儿自身的心理承受能力较差也有一定的关联。女儿从小到大，生活一帆风顺，我们做父母的一贯对她宠爱有加，形成了她在顺境中生活的习惯。当女儿遇到失败时，脆弱的心灵使她经受不起挫折，难以控制自己的负面情绪，以致产生不良的行为反应。看来，我有必要对女儿进行“挫折教育”，以增强她的心理免疫能力。

有了这一想法后，我很快就制定了“挫折教育”的引导方案。俗话说“榜样的力量是无穷的”，尤其像女儿这种年龄段的孩子，崇拜偶像、名人是他们的显著特点。

一天晚上，我见女儿的焦虑和懊悔情绪稍稳定，就开始向她灌输“逆境文化”，我问女儿：“你知道张海迪姐姐吗？”

女儿点了点头说：“知道。”

我马上抓住这一典型人物向她灌输说：“你看人家张海迪姐姐，虽然遇到了高位截肢这样的厄运，但面对不幸，她没有被击倒，而是身残志坚地坚持自学，不仅学会了医学知识，为老百姓治病，还自学了多门外语，翻译了许多外国作品，成了当今青少年的楷模。”

女儿眼睛闪亮地看着我。

接着，我又向女儿讲述：发明家爱迪生为找一个灯丝材料失败过 1000 次；索尔克为了找骨髓灰质疫苗，98% 的时间都花在不成功的实验上；埃尔利西把自己发现的治疗梅毒的药物命名为 606 号，意味着曾经失败过 605 次……

听完我讲述的这些名人故事，女儿的脸上显露出似有所悟的表情。

第一次向女儿灌输名人如何勇于面对挫折取得初步效果后，接下来，我准备选取身边的人和事对她作进一步的“挫折教育”。有一天，我从晚报上读到了本市一位下岗青年几经挫折最后成为公司大老板的感人故事。我觉得这个人物的事迹对女儿的“挫折教育”有帮助，于是，我当即与晚报社联系，索要了那位青年老板的电话。第二天上午，我打通了这位武姓老板的手机，向他说明了自己想见他的意图。当武老板听说了我女儿曾想轻生的情况后，立刻同意与我们见面，愿意以自己的亲身经历帮助我女儿走出心理困境。

当晚 7 点 30 左右，我带着女儿来到了与武老板约见的梦圆茶吧。三人见了面，一番客套之后，武老板毫不掩饰地开始讲述他的曲折经历：六年前，他从一家机械厂下了岗，当时，他上有身患重病的父母，下有一个正在读高中一年级的儿子，而妻子此前也下岗在家。这样一个特殊的家庭，首先要解决的是经济问题。为了保证家庭基本的经济收入，他去跑保险、跑产品直销，还去做过上门修理工。在这个过程中，他尝尽了人世的冷漠和嘲讽。半年后，他下决心向亲朋好友借钱开了一家机械修理部，谁知，由于他经营不善，修理部连续亏损。恰在这时，他的母亲已到肝癌晚期，妻子忍受不了苦日子，离他而去，而借款给他的亲朋好友纷纷上门要债。一时间，他陷入了生活的困境中。然而，生性要强的他并没有被这些困难吓倒，他重新调整自己，看准了一个很有市场的项目，在旧债未还清的情况下，又通过朋友向银行借贷了 100 多万元。经过四年多的打拼，他终于获得了成功，一跃成为一家集团公司的老总。

听了武老板讲述自己逆境成才的经历后，女儿肃然起敬，她的脸上露出了崇拜的神情，情不自禁地脱口而出：“武叔叔，您真了不起！”

我见女儿说出如此动情的话，心里一阵高兴。这说明女儿已经接受了我的这一“挫折教育”方式。

随后的日子里，只要一有机会，我就不失时机地列举事例向女儿灌输“逆境文化”。我要让女儿明白，人生本身就要面对各种各样的挫折，当遇到这些挫折时，要正视现实，勇于直面挫折，把挫折当作人生不可缺少的一部分，要变挫折为动力。

（四）

时光如梭，女儿要参加高考了。这次考试将决定女儿今后的前途。经历过前两次考试由希望到失败过程的丈夫，对女儿此次高考已经能够平心静气地看待。送女儿进考场之前，他对女儿嘱咐道：“尽量考出水平吧，爸爸也不指望你考上一本，能读个二本也不错。”

我见丈夫如此“开明”地叮嘱女儿，便没有再对女儿说什么嘱咐的话，只给她做了一个加油鼓劲的手势。女儿看见后，深深地点了点头，然后步入考场。

高考结束了，考试的分数很快就出来了。大大出乎丈夫的意料，女儿的分数，别说上一本，就是进二本，也还差十几分。

这样的结果，真让丈夫啼笑皆非，他摇头晃脑地自言自言：“孺子不可教也！我再也不管女儿的事了。”

对于女儿这次高考落榜，我没有责备她，而是抱着理解的态度来看待。我是这样理解的：进入少年与青春交接期的女儿，由于生理发生了一些变化，她的心理也会有所变化，情绪自然波动很大，尤其女儿每次遇到大的考试，她的“恐考心理”会反应很强烈，这说明女儿还没有真正摆脱忧郁心理的困扰。

分数公布的第二天晚上，我来到女儿的房间，她没有像中考时那样自闭和伤心，而是坐在电脑前阅读有关教育方面的文章。她的情绪看上去较为稳定，表明女儿比过去“成熟”多了。

我在女儿的身边坐下，然后问道：“铭铭，你现在是怎么想的？”

女儿侧过头来，很认真地对我说：“妈，这次没考好，我不会气馁的！你不是常对我说，遇到挫折，要勇于面对现实吗？这两天，我正在调整自己。”

女儿的回答太让我惊喜了！看来，我的“挫折教育”已经深入到了女儿的内心。

没过几天，女儿主动对我说：“妈，我想好了，我打算补习一年，明年再冲刺一回，行吗？”对于女儿的合理要求，我满口答应。

女儿复读了，这次补习，她学习的自觉性比以往任何时候都要强烈。每天回到家里，不用我们大人督促，她会合理地安排每门功课的温习。

一年很快过去了，时间到了2009年6月，女儿再次面临高考。这回高考，我和丈夫都没有陪女儿去考场，丈夫是对女儿不抱任何希望，而我则是为了锻炼女儿的自主能力。

高考结束后，丈夫没有问女儿的临考情况；我也没有探听女儿的感受；女儿自己也像没事似的，放松自己，约同学逛街。

一个月后的一天晚上，女儿坐在家里的电话机前拨打高考热线电话，查询考试成绩。

此时，正在厨房炒菜的我，突然听到客厅里传来了女儿的尖叫声。我不知发生了什么事，急忙从厨房跑出来。女儿兴奋地朝我冲了过来，她激动地告诉我说：“妈，我终于上了大学一本的分数线！”

我接过纸条一看，女儿得了632分，这个成绩足以进入大学理科一本。眼望着激动不已的女儿，我也流下了高兴的眼泪。

当晚，丈夫回到家里，听说此事后，一下子傻了眼，好半天也回不过神来。他做梦也没想到，让他屡次失望的女儿会考出这么好的成绩，等他醒悟过来后，忽然开心地大笑起来……

女儿最后被华东一所理工大学录取了。一天晚上，余兴未消的我独自问女儿这次临考前是怎样的心理。女儿如实地告诉我说，当时她的脑海里不断地闪现那些在逆境中成才的人物，她暗自下决心，即便这次高考失败了，她还要继续努力，直到成功为止。我想，正是女儿这种百折不挠的自信心理，使她在应考时能从容应对，最后实现了理想。

一天，女儿在大学课堂上给我发来一封电子邮件，上面写道：“谢谢妈妈曾经对我的‘挫折教育’，我会把这份宝贵的精神财富珍藏在心里，用它来指导我今后难以预测的人生道路。”

女儿终于走出了忧郁的心理困境，能够自信地直面人生，这是我作为母亲所希望看到的结果！

专家谈心

逆境教育是指让受教育者在受教育的过程中遭受挫折，从而激发受教育者的潜能，以达到使受教育者切实掌握知识的目的。在教育过程中，对受教育者进行逆境教育是非常有必要的。那些生活在逆境中饱经风霜的人，才能更深刻理解什么叫成功。因此，在教学中，对学生进行逆境教育是锻炼、提高学生潜能的一种很好的方法。

许多人认为，对孩子进行挫折教育，事实就是给孩子吃点儿苦头，其实不然。真正的挫折教育，是在正确的教育思想指导下，根据孩子身心发展和教育的需要，创造或利用某种情境，提出某种难题，让孩子通过动脑动手来解决矛盾，从而使他们逐步形成对困难的承受能力和对环境的适应能力，培养出一种迎困难而上的坚强意志。

孩子在没有经历挫折之前对遭受挫折的准备是不足的，我们应当采用适当的方式教孩子正确面对挫折。人生不总是一帆风顺的，总会遇到困难，孩子们也是一样。当孩子们遇到困难时，我们要鼓励孩子亲身去解决困难。在解决困难的过程中，让孩子们认识到生活中挫折的存在是非常客观的、普遍的。当他们成功地解决问题时，从中获得了成功的经验，更会激励他们今后勇于面对挫折。

方法左右

女儿考试一次次崩溃，还因此患上了严重的忧郁症，把自信心也丢了。母亲发现了不妙的情况后，针对女儿这一年龄段的特点，对女儿进行了一系列榜样式的“逆境教育”，收到了显著的效果。

（一）培养孩子的坚强意志

让孩子自己设定一定的目标，然后让他为这个目标去努力，并且要让他克服各种困难。要告诉孩子，在实现目标的路上肯定会遇到各种困难，正是在困难的时候才是培养他们意志的时候，鼓励孩子克服困难，并给予奖励。

（二）让孩子体验成功的乐趣

为了锻炼孩子受挫能力，必须让孩子知道成功的乐趣，一个没有成功体验的孩子不可能有坚强的意志力，也不必提什么受挫能力了。体验成功的乐趣就要求父母带着孩子一起从事一些有挑战性的活动，并在活动中帮助孩子获得成功，让孩子体验到成功的喜悦。孩子自己从事一些活动并获得成功更应该得到奖励。

（三）让孩子学会接纳失败

为什么一些人会被失败击垮？因为他们认为失败是不可接受的、是可怕的。所以当失败真的到来，他们往往变得像一个被宣布死刑的犯人，拼死挣扎一会儿以后，接着就放弃了求生的欲望。要孩子接纳失败，其实是要父母接纳孩子的失败，原谅孩子的失败并安慰孩子，这样孩子才能慢慢学会接纳失败。

第三十四计

激发计：健康家教把邋遢儿子变成了“保洁员”

家庭健康教育应格外重视生活方式教育，因为人们的日常生活活动大多数是在家庭中进行的。另外，一个人比较稳定的生活方式的形成，往往需要较长的时间。通过家庭成员之间的相互教育、相互影响和相互监督，尤其是家长对子女的言传身教，比之于其他形式的健康教育，更有利于建立良好的生活方式。

案例说话

口述：甘晓蔚，女，34岁，某建筑工程段预算员

（一）

我与丈夫童善潮结婚后，由于我俩在不同的城市工作，不得不过着两地分居的生活。结婚的第二年，我生下了儿子童威禾。童威禾一岁断奶后，我把他托付给婆婆照看，然后回自己的单位上班去了。

等到童威禾满6岁时，我与丈夫结束了两地分居的生活，我被调到丈夫所在市的一家事业单位工作。

几年没有和童威禾生活在一起，我忽然发现童威禾已经出落成一个小大人了，他不仅个子见长，而且性格也变得难以驾驭。最让我感到吃惊的是，童威禾那不修边幅的“邋遢”样，整个一副流浪儿的形象。

要历数童威禾邋遢的“劣迹”，可以举出以下一些事例作为佐证：一天傍晚，我下班后到幼儿园去接童威禾。在回家的路上，童威禾见路边的水果摊上有杨梅卖，

他想吃，我便买了两斤。谁知，杨梅刚一称好，童威禾的手就伸了过来，他抓起一颗就准备往嘴里放。就在这一刻，我严厉地制止了他：“不许吃！太脏了，回去洗了再吃。”童威禾有些不情愿地放回了杨梅。回到家里，我马上把杨梅清洗了几遍。正在这时候，童威禾去上卫生间，等我一洗完杨梅，童威禾从卫生间出来急不可待地拿了一颗杨梅又要往嘴里送，我立刻问道：“你洗过手没有？”童威禾向我保证说：“我洗了。”我带着怀疑走进卫生间一看，揩手的毛巾干干的，童威禾显然在说慌。我走回童威禾身边，表情严肃地对他说：“你为什么要骗妈妈？洗手吃东西对你自己的身体有好处！以后不许这样！”童威禾脸红地低下了头。

又有一天，我带童威禾去参加一个朋友聚会。临行前，我特意给童威禾换了一件新买的蓝色小汗衫，并对他一再交代说：“今天妈妈带你去吃饭，你一定要讲究卫生！不要像过去一样邋里邋遢的。听到了吗？”童威禾一口答应下来：“听到了。”可等到聚会开宴时，童威禾用手拿着鸡腿边啃边在自己的身上抹，不一会儿，他的蓝色汗衫就布满了油渍。童威禾的这些邋遢举动被一位同桌朋友的小女儿发现了，她对我叫了起来：“阿姨，禾禾哥哥不爱干净！他把衣服弄得脏兮兮的。”正和朋友聊天的我一听这话，马上扭头一看童威禾的邋遢样，心里不由得火起：“一下子没看住你，就成叫花子了！”旁边的一位女朋友见童威禾满嘴油腻腻的邋遢样子，有些不可理解地对我说：“没想到你自己这么爱干净，可禾禾却这样不讲究。”这次朋友聚会，童威禾的邋遢行为使我大丢颜面。

还有一天，当我走进幼儿园时，童威禾的老师马上对我说：“童威禾同学每天上课时都有个不好的习惯，他动不动在教室里随地吐痰，不少同学都向我反映了这一情况。我也批评过他，可他就是不改！”听了老师的话，我真为童威禾的邋遢举止感到羞耻。

童威禾的邋遢除了上述这些不良习惯外，还有诸如晚上不洗脸不洗脚就上床睡觉、乱喝生水、乱扔垃圾，以及衣裤一穿就是几天甚至一个星期也不肯换下来等等。

童威禾这样邋遢，我和丈夫都有责任。面对童威禾已经形成的不良生活习惯，身为母亲的我，在感到惭愧的同时打算对他进行彻底的“改造”。

（二）

为了有的放矢地改造童威禾的邋遢举止，我首先给他制定了一份“卫生守则”，在这份“卫生守则”上，我是这样写的：勤洗脸、勤洗手、勤洗脚、勤洗澡、勤换衣、勤剪指甲、不吃脏食物、不喝生水、不随地吐痰、不乱扔垃圾、不随地大小便。我刚制定完这份“六勤五不”的“卫生守则”，便即刻把它拿给童威禾看，一边让他看一边向童威禾解说“六勤五不”的重要性和危害性：“如果不洗手就随便抓食物吃，很容易得各种传染病；如果经常喝生水，就容易得寄生虫病；如果随地吐痰和大小便，就会影响别人的身体健康；如果不勤换衣服，身上容易得皮肤病……”解说完“六勤五不”的危害性后，我问童威禾：“你说邋遢是不是一种不好的生活习惯？”童威禾马上点头说：“是的！”“那禾禾要不要改正自己不良的生活习惯？”童威禾又点了点头：“要的！”

接着，我针对这份“卫生守则”继续问童威禾：“妈妈制定的这些规矩，你能做到吗？”童威禾用手摸了摸后脑勺，眼睛眨巴了两下，然后说：“差不多吧！”“我看你的态度不坚决呀！是不是妈妈要求得太严格了？”童威禾摇了摇头：“不是的！”“那好，从明天起，你就按照妈妈给你制定的‘卫生守则’去做。做得好，妈妈给你奖励；没做好，就要受到批评。你同意吗？”童威禾重重地点了点头。

为了让童威禾记住“卫生守则”的条款，我把守则写在一张白纸上，然后贴在童威禾的床头，想让他每天睡觉前起床后都看一遍，以便他按守则的要求去做。

“卫生守则”出笼的前几天里，童威禾一时难以改掉他的那些不良习惯，尽管在我的监督下，他把“卫生守则”背得滚瓜烂熟，可一到了实际行动，他又会老毛病重犯。

童威禾的这种积习难改的毛病到了一星期后才有所起色。那天一大早，童威禾起床后，我就给他拿来了一件新的格子衬衫说：“这是妈妈专门跑了好几家店才买到的漂亮衬衫，你要爱惜它。晚上的时候，我要检查的。”童威禾保证道：“妈妈放心，我一定会好好地爱惜它。”听了童威禾的保证，我心里很舒服。接着，我又监督童威禾洗脸、刷牙、上厕所后洗手。等童威禾吃完饭后，送他上幼儿园时，一再向他强调说：“你不许在学校里随地吐痰、乱扔垃圾，做得到吗？”在得到童威禾又一个保证后，我才把心放了下来。

然而，到了傍晚我去接童威禾时，第一眼看到的童威禾形象就差点没让我背过气去。只见童威禾那漂亮的格子衬衫上有两处红色的污渍，我很生气地说：“你就是这样爱惜妈妈给你买的衣服的？”童威禾当即解释道：“妈妈，我今天没有乱来！是其他小朋友把脏东西弄到我身上的。”听了童威禾的解释，我马上纠正道：“看来是妈妈错怪了禾禾，是妈妈不对！”当我再次见到童威禾的老师时，问及他的卫生情况，老师笑着说：“童威禾这几天有进步，他没有随地吐痰。”

童威禾能按照我制定的“卫生守则”去做，我也兑现了自己的承诺，周末的晚上就带他上书店去买了两本童话书并附带一根娃娃头大雪糕作为奖品。

受到奖励的童威禾，对改变自己的邋遢习惯有了一点儿信心。又一天早上，童威禾起床后，还没等我开始督促他的一举一动，他就搬了个小凳子坐在阳台上，拿剪刀很费劲地修着指甲。一看童威禾那副认真而吃力的样子，我走过去对他说：“让妈妈帮你剪吧。”童威禾没有放弃地说：“我要自己剪。”童威禾剪完指甲后，便上卫生间去大便。我守在门前想看童威禾之后会怎样做。童威禾上完厕所出来时，把清洗干净的手伸到我的面前：“妈妈，你闻一闻我的手香不香？我可是用了苹果洗手液的。”我当真闻了闻童威禾的手，然后拍着他的肩膀说：“小伙子今天表现不错！能自觉按照‘卫生守则’去做。”

童威禾比前几天更有了主动性。之后的几天里，童威禾几乎不用我监督，就能自觉地遵守“卫生守则”的每一条款。

随着时间的推移，童威禾进入小学二年级。一天，我到童威禾的学校去接他，正好遇到了童威禾的班主任。这位女班主任笑着对我说：“童威禾挺爱干净的！他不仅穿衣整洁，就连课桌和课本也都干干净净，不像有的学生那样不讲卫生。”我还是第一次从老师那儿听到对童威禾的形象给予如此高度的评价，心里别提有多高兴了。说真的，自从给童威禾制定了“卫生守则”到现在已有两年多了，这两年的时间里，童威禾在我的严厉监督下，已经能够自觉地按照“六勤五不”去要求自己。

在又一次朋友聚会时，我带童威禾去参加，席间，童威禾的一举一动令在场的朋友们不得不刮目相看。那位曾经评价过童威禾的女朋友这回说出了这样的话：“没想到你的儿子变化这么大，斯文得像个大姑娘！”

（三）

初春时节，一场源自北美的甲型H1N1流感疫情在全球蔓延。在这场突如其来的瘟疫中，人们关注的焦点一下子集中到了生活习惯的问题上来。

一天晚上，我和童威禾坐在电视机前观看有关甲型H1N1流感疫情的报道，一位男电视主持人表情严肃地面对观众说：“甲型H1N1流感的迅速传播与不良的生活习惯有着直接的关系。要遏制这种疫情的蔓延，首先需要人们改变不良的生活方式和生活习惯，诸如勤洗手、勤换衣、勤洗脸、勤消毒、勤通风、勤饮水、勤锻炼、不随地吐痰、不乱扔垃圾……”

一看到这里，童威禾马上兴奋地对我说：“妈妈，这位叔叔说的‘这些“勤”、这些“不”，跟你教我的‘卫生守则’简直一模一样！其实，我早就这样做了，所以我才不会得甲型 H1N1 流感，对吗？”我当即肯定了童威禾的说法。

甲型 H1N1 流感的出现，使曾经以邋遢著称而今已脱胎换骨的童威禾异常地活跃。此时的他除了自己每天自觉遵照“卫生守则”外，他还主动地担负起了家中“卫生监督员”的职责。

一天傍晚，丈夫坐在沙发上看报纸，童威禾在旁边看电视。我把饭菜做好后，叫丈夫和童威禾一块儿吃饭。丈夫立刻放下手中的报纸直接走到餐桌前，正当他准备拿起筷子的那一刻，童威禾大叫一声：“爸爸住手！你还没有洗手呢，就想吃饭！”丈夫马上解释说：“我下班回来洗过手了。”童威禾一脸严肃的表情：“那也不行！你刚才看了报纸。难道你不知道报纸从印刷厂出来要经过很多人的手吗？”听了这话，丈夫笑了：“小家伙说得对，我这就去洗手。”说着，丈夫在童威禾的监督下走进了卫生间。

一个双休日的中午，用餐前，童威禾忽然对正在厨房做饭菜的我说：“妈妈，今天我们家也搞分餐制吧，电视上说这样吃饭很卫生，不容易得甲型 H1N1 流感。”对于童威禾提出的这个建议，在场的丈夫当即反对说：“你小子懂什么，分餐制是指在外面吃饭，以避免传染。我们是自己人，不必要这么做。”我不赞同丈夫的观点，而是站在童威禾的立场上：“我支持禾禾说的分餐制！不管是家人还是外人，都要讲究卫生。你没见许多甲型 H1N1 流感病人都是由亲人传染的？”童威禾得到了我的声援后，高兴地拍起了手：“哦哦，二比一，爸爸输了！”

此后的一段时间里，童威禾不仅在三口之家当“家庭卫生监督员”，还在奶奶家和外婆家充当起了这一角色，使得两个大家庭里的所有成员都另眼相看一贯邋遢透顶的童威禾。

童威禾在家中形象的彻底改变，直接影响着他在学校里的精神面貌。已经读小学四年级的童威禾在班里始终以讲卫生爱干净而受到同学们的喜爱。

一天，班主任老师组织召开班务会，老师对同学们说：“今天大家选一名卫生委员出来，主要负责全班的卫生检查和监督工作。尤其现在是甲型 H1N1 流感时期，卫生委员的责任重大，所以要求卫生委员除自身讲究卫生外，他还必须有工作热情和责任心。今天采取无记名投票的方式。”话一说完，老师便给同学们散发选票。童威禾接过选票一看，三个候选人里面竟有自己的名字，他的心里一阵激动！十几分钟之后，老师把收上来的选票集中起来，然后再由两名学生进行唱票。经过一番公开的唱票，童威禾以 28 ： 22 ： 16 胜出。当老师宣布童威禾为卫生委员时，全班的同学热烈地鼓掌，童威禾也激动地为自己响亮地鼓掌。

童威禾自从当上卫生委员后，还真像那么回事投入其中。我了解到童威禾在学校里经常要检查同学的衣着是否整洁，检查同学是否剪过指甲，检查课桌板凳是否抹干净，监督是否喷洒过甲型 H1N1 流感的消毒药水，还监督随地吐痰和乱扔垃圾等情况。在履行完了这些职责范围内的工作后，童威禾每天下午放学前都要如实地向班主任汇报。为了让同学们知道讲究卫生所要遵守的具体条例，童威禾如法炮制地把我给他制定的“卫生守则”中“六勤五不”用粉笔写在黑板报的学习园地上。

一天上数学课，班里一位男同学随地吐痰，被童威禾发现了。等下课后，童威禾找这位男同学指出了他的不良行为。可这位男同学不认账，说自己没随地吐痰，于是两人发生了冲突。正在这时，班主任出现了，童威禾便如实地向老师反映了这一情况。

班主任在得到另外两位同学的证明后，对随地吐痰的同学给予了严厉的批评，而对童威禾能够“按制度办事”给予了表扬。

童威禾除在学校里做好卫生委员的本职工作外，还主动带领一些同学“志愿者”利用双休日积极参与了街道居委会搞的“告别陋习，树立文明新风”活动。一个双休日的早晨，童威禾衣着整齐、戴大口罩、手臂佩戴写有“卫生保洁员”的红袖章，俨然一个“小帅哥”的模样，领着几名同学很神气地走上闹市街头，与街道居委会委派的几名成人“保洁员”一道对过往的行人进行卫生监督。

年底，市卫生部门对“告别陋习，树立文明新风”活动中的优秀分子进行了表彰。童威禾和几位同学的志愿参与行为得到了卫生组织部门的肯定，童威禾也因此被评为“优秀卫生保洁员”，并受到嘉奖。

如今，童威禾的邋遢形象已经完全被“小帅哥”所取代。这从童威禾每天上学时穿戴整齐地出门，回来时同样整洁的样子可以得到证明。用童威禾的话来说：“我现在已经是卫生委员了，要以身作则，不能让同学们小看我。”

专家谈心

少年儿童是祖国的未来、家庭的希望，他们的身体素质和健康状况，不仅关系到个人的成长和未来的幸福，也关系到家庭和民族的未来。有道是，人的黄昏开始于黎明。如果不能从儿童幼小的时候就给他们科学的健康教育，培养他们养成良好的生活习惯，发展下去不仅会给他们学习、工作和生活带来阻力，而且对健康和生命也会构成威胁。所以，无论是家长、老师，还是社会各界，都要关注少年儿童的健康教育问题，给他们的成人、成才打下坚实的基础。

方法左右

文中的儿子是个不讲卫生的男孩儿，他屡次让他的母亲大丢颜面。母亲决定对儿子进行“改造”，她在“卫生守则”上制定了一系列的细则。此后的日子里，母亲严格按照“卫生守则”对儿子进行健康教育。以下几点值得借鉴：

（一）增强体质，培养孩子积极参加体育锻炼的习惯

家长要注重孩子的身体锻炼，每天都应安排短时间的锻炼项目，如散步、跑步、打球、跳绳等，特别是要督促孩子认真参加，增强体质；在节假日和双休日，家长可以安排孩子参与爬山、跑步、骑车、旅游等锻炼项目，使孩子一方面活动筋骨，另一方面感受大自然，特别是增加孩子美好的心理体验，感受与人交往、与大自然交融的情怀。

（二）获得健康知识，培养孩子身体保护能力

在家庭中，家长可以通过读书、看报、交流等方式，增加孩子身心保健的科学知识，还要让孩子具备一定的人体知识，懂得爱护身体。家长要在孩子发育成长的过程中，及时教给孩子关于人体及其生长发育的知识，让他们懂得如何预防疾病和卫生保健的常识。家长还特别要教给孩子安全知识和基本安全技能，防止和避免发生意外事故，学会自我保护。

（三）合理饮食，培养孩子良好的生活习惯

家长要让孩子掌握一定的营养知识，养成良好的饮食习惯。父母要给孩子安排合理的营养及饮食，使他们了解各种食物的营养价值及膳食平衡的知识，培养孩子良好的饮食习惯，不厌食、不挑食、不暴饮暴食，要饮食定时、定量。要让孩子养成良好的生活习惯、作息规律，注意用脑卫生，劳逸结合，注重个人清洁卫生。

第三十五计

防微计：对儿子进行为官清廉引导

有人的地方就有江湖，有江湖的地方就爱较出高下，有了高下就会有领导与被领导，也就是“官”与“非官”的区别。孩子们的“江湖”呢？新学期开学了，各班又马上要选出新一届班干部了。小朋友的“官场”会是怎样的？父母是怎样看待孩子的“官场”的呢？

父母要让孩子对“官”有个正确的认识，让孩子明白，当班干部是为了帮助老师，服务同学，并锻炼自己的组织、领导能力。当班干部更要注意自己的行为规范，让同学打心眼儿里佩服你。

案例说话

口述：余小琴，女，42 岁，某局级机关局长

（一）

我在一家局级机关当局长，兴许是第一把交椅坐惯了，无论在单位还是在家里，我的领导欲望和才能，都表现得淋漓尽致。然而没想到，我的宝贝儿子竟然秉承了我的“领导基因”，从上中学那天起就被老师瞄准了，作为“干部苗子”加以重点栽培。

儿子当的第一个“学生官”是劳动委员。从小受过我等长辈“吃得苦中苦，方为人上人”训导的儿子，一进入初中一年级就给老师留下了吃苦耐劳、做事利索的深刻印象，被列入第一批学生干部名单中。

到了初二年级时，儿子头上的“乌纱帽”已经有三顶了，除保留劳动委员外，

还包揽了文艺委员和体育委员。虽说这三顶帽子在班级里并不算最高长官，但儿子上进心很强，他拍着胸脯对我说：“我将来一定要当上班长！”

为了实现当班长的理想，身兼三职的儿子勤勤恳恳地完成各项本职工作。在卫生监督、文娱节目的组织和体育活动的安排上，儿子始终是老师的好帮手，能够身体力行地积极配合组织参与每项活动。

功夫不负有心人，由于儿子的领导才能在各方面得到了充分展露，在他读初三年级时，班主任经过一番民意调查，决定让他接任班长的职位。

班主任在全班宣布这一消息的那天傍晚，儿子兴冲冲地回到家里，对我说的第一句话就是：“妈妈，现在我和你的级别相等了，你知道班长的权力有多大吗？除了班主任，我可以掌管全班六十多号学生。”

（二）

瞧着儿子那副自得其乐的表情，我既为儿子的高升感到荣幸，又不免替儿子能否胜任这一“官职”而捏把汗。我当即对儿子说：“你现在虽然是一班之长，六十多号学生的领头羊，但如果你抱着居功自傲的态度凌驾于同学之上，那么必将会受到许多同学的反对。妈妈的意思是，即便你当了班长，也要做一个受同学们拥戴的好班长，要始终把自己当作‘同学的榜样’来看待。”

儿子显出若有所思的神情说：“我想我会做好的！”

自儿子当上班长后，他果然很卖劲地投入到班务工作中，早出晚归，每天回来都累得筋疲力尽。有一天傍晚，儿子7点多钟才跨进家门，刚吃完饭就走进自己的房间里，说去做数学作业。等我料理完家务活，来到儿子的房间，我发现他已经趴在桌上呼呼地睡着了。望见这一情形，我真为儿子的“呕心沥血”心疼。

儿子当班长之初，很注重自己在同学中的良好形象，他严以律己、乐意帮助同学。班里有一位后进生学习很吃力，每次考数学都排在班上倒数一二，这使他产生了自卑感。为了帮助这位后进同学提高学习成绩，儿子便主动与他一帮一“结对子”。每天一放学，儿子处理完班上的事务，总要抽出一些时间来，把自己所掌握的数学计算方法，“现炒现卖”地传授给那位后进生。

在儿子耐心细致的帮带下，不久，这位后进生的学习成绩有了明显的提高。儿子主动“结对子”的事在同学中传扬开来，大家一致评价他是个乐于关心同学的好班长。

儿子在同学中有了好口碑，这为他日后做好班长的工作打下了群众基础。大多数情况下，班里同学间出现了大小摩擦，只要儿子一出面，冲突很快就能平息下来，矛盾的双方也很快就能握手言和。有一次，两个男同学因为一支圆珠笔的借还问题发生了口角，闹到最后，双方竟然动起拳脚。儿子立刻上前“救驾”，他用自己的身体分开激战双方，然后把他俩拉到一边，一一进行劝解。在儿子的斡旋下，两位心生怨仇的同学第二天下课后又在一块儿玩游戏了。

儿子的“威望”随着他的好口碑而逐渐攀升。就在我为儿子“人气旺”感到欣慰之际，一天傍晚，儿子放学回家时，手上拿着一对新的乒乓球拍。一进门，儿子就得意地对我说：“妈，你看我这对乒乓球拍多漂亮呀！实话告诉你，这可是同学拍马屁送给我的。”

一听这话，我望着儿子自得的样子，马上问道：“同学凭什么送你乒乓球拍？”

儿子毫不掩饰地说：“语文测验时，姓洪的同学因为抄袭了另一位同学的试卷而被语文老师没收了卷子。这次考试，他不想得零分，准备让我到语文老师那儿替他说几句好话，所以才送我乒乓球拍。”

原来如此！我追问道：“那你准备怎么办？”

儿子很有把握地说：“我决定替他到老师那儿去求情，相信老师会给我这个班长面子的。”

儿子接受同学的“贿赂”，仗着班长的“威望”，请求老师为违规行为网开一面，这明显是糊涂的做法。我当即予以制止说：“你不能这样做！这明摆着是利用职务之便的受贿行为。”

儿子不解地看着我，说：“什么是受贿行为？”

我随即解释说：“你现在是班干部，有一定的权力，而那位同学想利用你的权力为他的抄袭行为开脱，他送你‘礼物’，而你又接受了这份不义之财，这就是‘受贿行为’。”

儿子听我这么一解释，似有所悟地点了点头。

儿子出现接受同学“贿赂”的苗头，这不能不引起我的极大关注。儿子想当官，而且把当官作为自己未来的理想，这无可非议，人各有志，这与一些孩子未来想成为科学家、艺术家和体育明星是同样的道理。问题的关键是，要让儿子明白，做官是做贪官还是做清正廉洁的官，是为个人谋私利，还是为大众谋利益。直接决定了儿子的世界观和人生观，也决定了儿子未来的人生走向。身处官场多年的我，不想让儿子走歪门邪道，而想让他堂堂正正地“做官”。

（三）

这么一想，我打算对儿子进行“为官清廉”的引导。于是乎，我选取了身边或影视作品中一些反面教材和正面事例，向儿子不断地灌输“为官之道”。

一天晚上与儿子独处时，我告诉了他一个消息：“你还记得苏伯伯吗？他最近被公安局抓起来了。”儿子一听，感到很震惊：“是我小的时候给过我酒心巧克力吃的苏伯伯？”我点头说：“正是。”儿子简直不敢相信地说：“苏伯伯可是公司的大老总，是个很好的人，他怎么会被公安局抓起来呢？”我直言不讳地说：“苏伯伯因一项工程的招标收受承包人的贿赂200多万元而被刑事逮捕。”儿子再次惊讶地叫了起来：“苏伯伯受贿那么多呀！他为什么要受贿呢？”我见儿子提出这一问题，便趁机向他灌输道：“因为苏伯伯经不起金钱的诱惑，他利用职务之便，与承包商进行了非法交易。这样做，虽然满足了他个人的物质欲望，可给社会带来了巨大的经济损失，所以要受到法律的严惩！”儿子感慨道：“妈妈，我以后当了大官，决不学苏伯伯这么贪财！”

又有一天晚上，电影频道正在播放戏曲电影《七品芝麻官》，我当即把儿子叫来一块儿观看。在观赏这部讽刺喜剧影片时，我和儿子都为剧中的主人公那刚正不阿的行为拍案叫绝，尤其这位七品芝麻官时常挂在嘴边的那句台词“当官不为民做主，不如回家卖红薯”，让儿子喷笑不已。我抓住时机向儿子灌输道：“你看人家小小的七品芝麻官，宁愿丢掉‘乌纱帽’，也不想损害老百姓的利益，向权贵低头，这就是好官。”儿子马上接过我的话头：“妈妈，我要向七品芝麻官学习，做个为同学办实事的好班长。”我摸着儿子的头，肯定地说：“好，妈妈相信你！”

之后的一段时间里，只要电视上播放反腐败题材的影视片，我就会拉儿子一块儿观看。在观赏影片的同时，我不断地向他讲解什么人物是值得仿效的好官、什么人物是让人唾弃的贪官，明确地告诉儿子，将来他想当官，也要当那种对得起老百姓的“清官”。每次儿子接受我的灌输后，会情不自禁地说：“当官不为民做主，不如回家卖红薯。”

在我“为官清廉”的灌输下，此后的日子里，儿子再也没有接受过同学的“贿赂”。儿子的班里有位家境富裕的男同学，每次花5块钱让另一位同学帮他做作业。这件事被儿子发现了，他当即找那位男同学谈话，告知他这种行为很不好，叫他写检查。开始，那位男同学还想拉拢儿子，说只要儿子放过他，答应给他20块钱。在被儿子回绝后，那位男同学便恼羞成怒地威胁说：“你要再管我，我就拿钱找人来摆平你！”儿子并没有被那位男同学的威胁吓倒，他不但继续监督他写检查，还把这件事向班主任和男同学的父亲通报了。

面对同学中的不良言行，儿子会站出来义正词严地进行斗争；面对需要帮助的同学，儿子则会伸出援助之手。有一回，儿子的班上一位女同学的母亲得了肝癌急需动手术治疗，而这名女同学的家境贫困，一时拿不出那么多钱。儿子得知此事后，就在班上发起了募捐活动，自己带头捐了100元钱。

也许是儿子“为官有道”，到了读高中时，经过学校层层选拔，他竟然被校领导看中，由班级干部晋升为学校的学生会会长。学生会会长这一职务的权力远远大于班长。虽然儿子当上了学校里的“大官”，但他嘴边始终挂着七品芝麻官的话：“当官不为民做主，不如回家卖红薯。”

专家谈心

如果孩子当上了“学生官”，父母就要从小培养孩子的清廉意识，这样既有利于孩子自身的发展，也有利于崇尚廉洁。让孩子懂得“苟非吾之所有，虽一毫而莫取”，“拿了别人的东西，刚正的人会变得柔弱无能，聪明的人会变得昏昧无知，只有廉洁不受贿赂，才能保持威严”，引导孩子从自己思想上筑起防范的堤坝。

父母要让孩子知道，“学生官”是领导，是公仆，同时也是联系老师和同学的纽带。所以，要想当好官，在履行自己职务的过程中，孩子不得不想方设法去揣摩领会老师的意思，并尽量与不同的同学做好沟通。经过一段时间之后，孩子的沟通协调能力自然会提高。

培养孩子的强者意识是每个父母的必修课，而班干部实际上就是孩子们的领导者，领导者往往在某些方面是优于其他孩子的。所以，让孩子当班干部首先肯定了他的强者地位，其次也提供了更多锻炼机会。

方法左右

从小就有“官瘾”，这本无可非议。问题是，儿子小小年纪就学成人“贪污受贿”，这不得不引起母亲的高度重视。她开始对儿子进行“清政廉洁”的教育，用身边的事实、用新闻报道中的人物作为正反事例来教育儿子：做人、为官要廉洁守法，不然的话，就会走上违法犯罪的道路。当然，鼓励孩子去当“学生官”，父母要注意引导，以下几方面值得关注：

（一）父母要告诉孩子，官职越大责任也就越大

父母要告诉孩子，他当了官，就要比别人承担更多的责任和义务，就要比别人做得更好，就要比别人想得更多，就要多从别人的角度去思考问题。要让孩子明白，组长是为全组的同学服务，班长必须为全班的同学服务。要孩子将权力和责任结合起来，让他从纯粹地比权力转为对责任的慎重。

（二）父母不能拿职位的大小来评价孩子

父母应告诉孩子：一个人的价值体现在很多方面，“官职”只能说明他某些方面的能力强，而且“官职”更多地体现的是一种责任，而非荣誉。家长帮助孩子树立正确的价值观，孩子的成长才不会偏离方向。

（三）父母要鼓励孩子通过努力获得别人的信任

孩子想当班干部，这本身并不是坏事，至少表明他是积极上进的，父母要给予鼓励，引导孩子通过自己的努力来获得同学们的信任。父母要让孩子知道，同学们为什么选他而不选别的同学当班长，这其实就是对他的一种信任。

第三十六计

点拨计：把捣蛋儿子培养成为环保志愿者

淘气是男孩儿天真、活泼的表现，是男孩儿探索世界的举动。而不良行为却是品行问题，例如，攻击性行为、不诚实行为、破坏性行为、恶作剧等。父母对男孩儿的不良行为不能宽容，要进行制止和纠正。有些男孩儿的不良行为就是父母误认为是男孩儿淘气而忽视的结果。

有些男孩儿做事没耐心，好玩，坐不住，听课不留心，动不动就打架。这些调皮捣蛋的男孩儿总是在不经意间会惹出很多麻烦事情，其实关键在于，这些男孩儿还没有建立规则意识，或者说，还不会“沿着道走路”。如果家里有这样一个捣蛋惹祸的男孩儿，对父母来说肯定是件伤脑筋的事。如何应对这样调皮捣蛋的孩子？

案例说话

口述：麦伦焕，男，42岁，某文化馆馆员

（一）

我的儿子是个破坏欲很强的男孩儿，从上幼儿园到上小学，几乎隔三岔五就有他“犯事”的消息传回家，不是破坏了学校里的游戏设施，就是把教室里课桌的横木条拆卸掉了。

一天，儿子所在的初中一年级（7）班的齐老师打来电话，向我通报了儿子在学校里“犯事”的情况，她说儿子把插在绿化草坪上的公益广告牌给弄坏了。一听儿子的这种劣行，我当即赶往学校，除代儿子道歉外，还拿出一些钱来让学校重新制作公益广告牌。我给儿子“擦完屁股”后，才领着他回了家。

没过几天，学校图书室的管理员打电话给我，说儿子把借去的课外书的封面和封底全撕掉了。这样一来，我又得前去给儿子“擦屁股”。

儿子不仅在学校里不间断地“犯事”，还在校外时常惹出事来。一天下午5点多，我正在单位上班，一位环保部门的工作人员打来电话，他让我赶紧到市中心广场去一趟。我不知发生了什么事，便坐了的士匆匆前往。到了中心广场，我一眼瞧见儿子正被两名环保人员看管着。这时，一名环保人员向我讲述了儿子踩踏花木和破坏护栏的“罪行”。末了，这位环保人员严肃地指责我说：“你是怎么教育儿子的！他连这点儿公德都不知道。”听了这话，再望着被儿子踩碎了一大片的菊花、月季花和茉莉花，以及旁边用小刀划得伤痕累累的铁护栏，我的脸一阵阵发烧。要知道，破坏这些公物，不只是赔钱的问题，还让我这个做父亲的在人前抬不起头来。

又一天傍晚，我下班回家，刚走到我家花园小区的路口，一名手臂戴着红袖套的社区保洁员叫住我。她领着我来到不远处的一个瓷制圆筒垃圾箱前，很气愤地对我说：“你儿子竟然用石块把这上面装饰的两个造型耳朵敲掉了。”我一看圆筒垃圾箱上方，果真被敲得只留下毛糙的边缘，这真是叫我头疼不已。

儿子“犯事”的足迹已遍及每个角落。一个周末，我的一位要好的朋友乔迁新居，准备在家里宴请朋友们。我带着老婆、儿子前去他家做客。本来这是一桩很喜庆的事，可万万没想到，我那宝贝儿子一到好朋友的新家，就手脚不停地摸这玩那，就在我们大人闲聊之际，忽听客厅的博古架旁一声炸响。我回头一看，不好，儿子竟然把朋友家的一个很贵重的漂亮古制花瓶给砸碎了，我的心猛地紧缩起来。一时间，欢笑的气氛被儿子这一砸给破坏了，众朋友都把目光投放到儿子的身上。有朋友马上感叹道：“伦焕的儿子太顽皮捣蛋了！”又有朋友接过话头说：“是啊，如果我搬了新家，绝对不能让这捣蛋鬼进门。”听了朋友的话，我真是无地自容，尴尬极了！

（二）

对于儿子的斑斑劣迹，我也曾努力想改变他。我每次向儿子板着脸训斥之后，他总是这只耳朵进那只耳朵出。我甚至大打出手，想威慑儿子，其结果往往是没过几天，他又“犯老毛病”。

面对屡教不改的儿子，我既气愤又无奈。然而，身为父亲，我又不能任儿子这样发展下去。

就在我苦恼之际，一位学过青少年心理学的朋友来家串门。他给我指点迷津，说我要想改变儿子的劣习，靠打骂是不行的！因为这个年龄段孩子的逆反心理很强，我越采取过激的行为，他就越对着干，应该用诱导的方式来感化他。

我急忙问他怎么诱导。

朋友停顿了一下，然后向我传授秘诀，说我可以采取“先破再立”的方法。所谓“破”，就是用一些反面的事例进行“破坏教育”，让儿子明白破坏行为给别人或社会所带来的危害；所谓“立”，就是利用正面的事例进行“树立教育”，向儿子灌输如何讲究公德。

听完朋友一席指导性的教育方法论，我明确了自己下一步该怎么做了。

一天傍晚，吃过晚饭后，儿子坐到书房的写字台旁，用面团很认真地捏起了泥人，这是儿子的业余爱好。当捏完了一个自认为很得意的“孙悟空”后，他叫我进来欣赏：“爸爸，你看我捏的孙悟空多棒呀！绝对不比‘泥人张’的水平差！”望着儿子扬扬得意的神情，我的脑海里猛然生发出了“破坏欲”，我假装给儿子出点子，拿起一小撮面团做成圆圈，然后把它放在“孙悟空”的脑门上说：“要是这样就更好看了！”一旁的儿子见之，大叫起来：“爸爸，你怎么乱搞我的‘孙悟空’？！”我解释说：“这可是唐僧的金箍。”儿子很不满意地说：“我不要金箍！”“那好，爸爸给你把金箍拿掉。”我边说边伸手去拿“孙悟空”头上的小面团，这时我趁机“手重”地碰掉了“孙悟空”的脑袋。旁边的儿子一看，再次尖叫起来：“爸爸，你把我的‘孙悟空’脑袋弄掉了，我要你赔！”说着，他的泪水滚落下来。见儿子愤怒的样子，我心里一阵窃喜，但表面上我显出很后悔的表情说：“爸爸是不小心的！”儿子不依不饶地说：“反正，我要你赔我的‘孙悟空’，要一模一样的！”看到儿子满脸愤怒而伤心的神情，我马上说出了事先准备好的话：“爸爸碰掉了你的‘孙悟空’，是不对。可是，你上次到阿东叔叔家去，不也把人家的花瓶打破了吗？”儿子争辩道：“我也不是故意的！”我接过话茬：“我知道你不是故意的，可你想没想过，你的破坏给阿东叔叔带来多大的损失？”听了这话，儿子立刻控制住自己愤怒的情绪，默不作声了。

“破坏教育”取得初步效果后，一个周末的上午，我陪儿子到书店去买课外读物，路过闹市区时，前面围着一群人在看热闹。原来，一名男青年在一家婚纱摄影屋门口粘贴了一张白纸黑字的推销广告单。店老板正在指责这名男青年破坏环保的不良行为。为此，男青年与店老板发生了激烈的争执。周围的群众也纷纷对男青年的“劣行”进行了指责。在众怒之下，男青年自知理亏地撕掉了那张“牛皮藓”广告单，灰溜溜地离开了人群。

目睹了这一幕，我马上抓住时机对儿子说：“你看，这个男青年破坏公共场所的卫生，遭到那么多人的指责，多狼狈呀！晓锴，你要不要学他？”儿子立刻摇了摇头。

几天后，我又抓住了一个反面教材。那天傍晚，我带儿子去露天公园散步，刚走到假山喷泉前，就见迎面两位男、女青年边走边吃冰淇淋，女青年吃完后，随手把纸筒扔到地上。这时，一名中年保洁员朝她走了过来，严肃地对她说：“小姐，请你把纸筒捡起来，丢进垃圾箱里去。”女青年不以为然地说：“有什么了不起的，干吗那么认真？”中年保洁员义正词严地说：“公共卫生必须大家遵守！请你捡起地上丢弃的垃圾。”此刻，女青年身边的男青年一步站到中年保洁员的面前，摆开斗架的样子，气势汹汹地威胁说：“你少管闲事，不然，我对你不客气！”说着，他举起握紧的拳头晃了晃。中年保洁员并没有被他吓倒，仍然坚持让女青年捡地上的纸筒。男青年火了，他果真举拳朝中年保洁员的脸上狠狠地打去。此时此刻，周围观看的两名群众马上站出来制止男青年的暴行。不远处的两位巡警闻声赶了过来，把男、女青年带走了。

我和儿子看完全过程后，我问他有什么感受，儿子很孩子气地说：“那个小哥哥小姐姐太霸道了！乱丢垃圾是不对的！”这话从“捣蛋”儿子口中说出，无疑是一种觉悟式的进步。

接下来的一段时间里，只要一有机会，我就利用反面教材对儿子进行“破坏教育”，让他从心理上感到破坏公物或损坏别人的东西是一种不道德的行为。如果任其发展，很有可能会触犯法律。

（三）

“破坏教育”的目的达到预想的效果后，我便开始实施“树立教育”。

一个周末的上午，我带儿子到动物园去玩。来到猴子山，儿子很兴奋地拿起旁边的一根竹棍恶作剧似的边抽打着小猴子边欢叫着。见此情形，我当即阻止了他的挑衅行为，我对他说：“动物是我们的好朋友，你不能这样对待它！”儿子狡辩说：“爸爸，我只是逗它玩玩，又没有伤它的皮毛。”我立刻纠正道：“你的这种玩法，本身就是虐待动物的行为！我们对动物要采取和善而友好的方式。”说着，我拿出从管理员处买的喂猴子的面包，递给儿子说：“你可以丢面包给猴子吃，这才是友善的做法。”儿子接过面包，撕下一片，随手往下扔，瞬间，那假山中的一群小猴子都来争抢面包。儿子来劲了，他迅速地撕下面包往下扔，一会儿工夫，手上的面包扔完了，他高兴地对我说：“爸爸，猴子们真可爱！你再给我面包，我要全部给猴子吃。”瞧见儿子与猴子们共欢乐的情景，我的兴奋情绪也被调动了起来，一块儿加入到“喂食”的行列。

从动物园出来后，儿子想去附近的天天游乐场，我满足了他的这一要求。我俩来到了一处打靶射击场，这里已经有不少小朋友排队等候射击。儿子没有耐心等待，他走到前排插队，立刻遭到了后面小朋友的指责，儿子充耳不闻。见儿子破坏公共秩序，我马上把儿子从队伍中拉了出来，严肃地批评道：“晓锴，你还记得在婚纱摄影屋门口乱贴广告的男青年吗？你这样做，跟他的行为差不多，这是不讲公共道德的表现。”儿子接受了我的批评：“爸爸，我错了。”我当即摸着儿子的脑袋说：“知道错了就好。”

纠正儿子违背公德的做法是“树立教育”的重要方面，而肯定和赞扬儿子维护公德的做法则是“树立教育”的另一方面。

一天傍晚，儿子放学回家后，告诉了我一件事。他说：“今天上课时，一位男同学因为抄袭同学的数学练习，被数学老师发现后，受到老师的严厉批评，可这位同学却不买账，当着全班同学的面与老师顶撞起来。我很气愤这位同学不尊重老师的行为，下课后，我立刻走到这位同学的面前，指责了他的不道德行为。他马上跳了起来，说我多管闲事，扬言要揍我。在周围同学的拉扯下，他才没有出手。”听了儿子讲述的这件事，我当即肯定了他的做法：“尊师爱生是一种美德，学生犯了错误，就应该接受老师的批评，顶撞老师，本身就是不对的。爸爸支持你今天的做法！这个闲事管得对！”得到了我的赞赏，儿子脸上露出了可爱的笑容。

国庆节那天上午，我带儿子去近郊的风景名胜区龙虎山旅游。在一座道教名山前，有不少游人在一块古越时期留下来的岩石上刻着“某某到此一游”的字迹。儿子看到后，他问我：“爸爸，这些叔叔阿姨在石块上乱刻乱画，是不是破坏公物？”我很肯定地说：“是的！这块古岩石属于文物古迹，应该受到保护。”儿子马上走到大岩石旁，朝正在上面刻字画图的人叫道：“叔叔阿姨，请你们不要在上面乱写乱画，这是文物古迹，我们要好好保护它。”闻听儿子的喊叫，几名男女游客都住了手，他们不好意思地看着儿子。儿子能主动站出来制止游客的不良行为，我为他叫好！

儿子终于由原先捣蛋成性的孩子变成了一名爱护公物、遵守公共秩序、懂礼貌和尊敬老师的文明学生。

专家谈心

青春期的男孩儿往往破坏性特别强。破坏行为是孩子在懂得自己的行为是错误的同时仍就做出损坏环境和他人的事情。

青春期的男孩儿自尊心强，对挫折的反应特别敏感，而挫折是导致破坏行为的主要原因。心理学家曾做过这样一个实验：让一些男孩儿站在玻璃墙外观看满屋吸引人的玩具，在长时间的痛苦等待之后才允许他们去玩玩具；而另一组孩子不用等待，直接让他们玩玩具。那些事先未受挫折的孩子非常高兴，爱惜地玩玩具；而那组经过等待、受过挫折的孩子却表现出极端的破坏性，他们往往打碎玩具，或把玩具踩在脚下。这是一例挫折导致攻击性行为的非常典型的心理实验。

有的学习成绩较差的早熟男孩儿常以学习以外的形式表现自信和自尊，比如酷爱体育竞赛、打架、在人际关系中称王称霸等；有的晚熟的孩子则常被教师和同龄人忽视，自卑感较强，但是他们有强烈的表现欲，常会做一些“恶作剧”式的破坏性行为，以引起别人的注意；还有的男孩子往往模仿那些争强斗狠的男子汉。破坏性行为是青春期男子体内的一种能量的外在表现，所以，为这种内在的能量寻找一个不危害社会的释放渠道是十分重要的。

男孩儿要正确对待挫折，要通过各种手段培养心理承受能力，并能对挫折采取积极的、富有建设性的措施，以培养自己必要的涵养。只要不是原则问题，就可大事化小，小事化了，适度容忍、宽以待人，避免产生攻击性行为。受挫后，尽量用另一种可能成功的目标来补偿代替，以获得集体、他人对自己的承认。

方法左右

故事中的父亲，在得知儿子“捣蛋”的劣迹后，采取了“先破后立”的方式来整治叛逆的儿子，收到了较好的成效。这位父亲的做法提示父母如何引导调皮的孩子：

（一）父母要让调皮的男孩儿充满成功的自信

爱迪生小的时候也非常调皮和淘气，因为爱迪生的捣蛋和喜欢别出心裁常常弄得老师哭笑不得，最终，校方通知爱迪生的妈妈将他领走，告诉爱迪生的妈妈说这个孩子不可能有出息了。小爱迪生非常害怕妈妈会责骂他，而爱迪生的妈妈并没有责骂他，只是说了一句：“孩子，我相信你能行！”

（二）父母要激发调皮孩子的上进心

高深的道理常常无法唤起孩子改正缺点的决心，父母应引导而不是压制，最好的方法是给孩子以足够的动力，激发出他的上进心。

（三）父母要用赞许的话鼓励调皮的孩子

如果孩子认为自己讨人喜欢并具有一定的能力，那他就会勇往直前，对自己充满信心，因此父母要用微笑、赞许的话来鼓励孩子。

（四）父母对调皮的孩子永远别说“你做还早呢”

孩子总喜欢跃跃欲试，做点儿超过自己能力的事情。父母首先不要轻率地否认孩子想要试一试自己能力的举动，说什么“你做还早呢”的话，把判断强加给孩子就是随意损伤他们的自信心，这等于给孩子的成长泼冷水。父母为什么不让孩子按他们的方式去做事情呢？